Außen-
werbung

Impressum

creativ collection ®
AUSSENWERBUNG
© creativ collection Verlag GmbH, Freiburg 2005

Herausgeber
Klaus G. Hofe, Monika Rost

Redaktion, Texte
Walther Pommer, Nadine Gerber

Layout / Gestaltung
Tilman Scheil, Richard Baumann, Dominik Trösch

Umschlaggestaltung
Werbehaus Freiburg GmbH

Fotos
a. verlagsintern
b. Werksaufnahmen (gekennzeichnet)

CD-ROM
Walther Pommer, Tim Schiffler

Produktion
Robert Haralambie

Druck und Verarbeitung
fgb GmbH & Co KG
Bebelstraße 11, D-79108 Freiburg

creativ collection Verlag GmbH
Basler Landstraße 61
D-79111 Freiburg im Breisgau
Telefon: 0761- 4 79 24-0
Telefax: 0761- 4 79 24-11
e-mail: info@creativcollection.com
www.creativcollection.com

3. aktualisierte und erweiterte Ausgabe
Die deutsche Bibliothek CIP Einheitsaufnahme
Ein Titeldatensatz für diese Publikation
ist bei Der Deutschen Bibliothek erhältlich

ISBN 3-929709-17-1
Printed in Germany

Gewährleistung
Alle genannten Daten, Preise, Fakten oder Herstelleranschriften wurden mit großer Sorgfalt recherchiert – dennoch sind alle Angaben ohne Gewähr! Die Nennung einzelner Anbieter oder Dienstleister sowie die Erwähnung von Produkten stellen keine fachlichen Klassifizierungen dar und beanspruchen keine Vollständigkeit. Es bleibt jedem Nutzer dieses Werkes überlassen, sich bei geeigneten Quellen über zusätzliche Anbieter und/oder technische Verfahren zu informieren.

creativ collection®

Außen-werbung

Inhaltsverzeichnis

Impressum 2
Vorwort 6
Lizenzvertrag / Copyright . . . 8
Hinweise zur CD 9

**Aussenwerbe-
gestaltung 10**

Plakatbewertung
(Pretests) 12

**Klassische
Plakatwerbung 15**

Bewertung von Standorten . 18
DTP 19
Druckverfahren 20
Papier / Klebeverfahren 21
Belegung 25
Verpackung / Lieferung 26
Bewertung der
gestalterischen Qualität 27
Großflächen 29
Allgemeinstellen 33
Ganzsäulen 37
CityLight-Plakate 40
3D-Poster 44

**Medien
an Straßen 48**

MegaLights 49
Leuchtsäulen 51
Uhrensäulen 53
Werbetürme 55
Standpylone 56
Bodenwerbung 57
Brücken 58
Fahnen 59
Lichtmastschilder 62
Stromkästen / Townboards . . 63
Kleinflächen 64
Werbe-Rotoren 65

**Medien
an Gebäuden 68**

Leuchtschrift 69
Einzelbuchstaben 71
Transparente 73
Superposter 75
Prismenwender 77
Videoboards / LED-Tafeln . . . 79
Dia-Werbung 81
Großdias / Leuchtkästen . . . 81
Dia-Projektion 81
Gebäudeverhüllungen 83
Riesenposter / BlowUps 85
Taschen aus Riesenpostern . 88
Baustellenwerbung 89

Inhaltsverzeichnis

Verkehrsmittelwerbung 93

Öffentlicher
Personennahverkehr 93
Nah- und Fernverkehrsmittel 119
Medien an / in Bahnhöfen . . 131
LKW 141
Müllfahrzeuge 146
Taxis 148
Privatfahrzeuge 154
Mobile Werbeträger 157
Fahrradtaxis 164
Werbung auf / in
Flugzeugen 166
Medien an / in Flughäfen . . 170

Luftwerbung 185

Heißluftballons 186
Luftschiffe / Zeppeline 189
Gleitschirme / Drachen 192
Bannerflug
mit dem Flugzeug 193
Bannerflug
mit dem Hubschrauber ... 196

Sportwerbung 199

Sponsoring 200
Fußball 203
Eishockey 210
Bergsport 215

Events 225

Fesselballons & Luftschiffe . 226
Kaltluftdisplays 231
Ballon-Massenstarts 235
Laser Show 236
Ice Carving 239
Wasser / Licht 241
Pyrotechnik / Feuerwerk .. 243
Werbung im Weltraum 245

Ambient Media 247

Gastronomie 248
Kino 257
Einkaufszentren /
Einzelhandel 263
Tankstellen 269
Bäder 275
Kindergärten / Schulen /
Hochschulen 282

Anhang 290

Adressen 290
Stichwortverzeichnis 332

Vorwort

**Verehrte Leserinnen,
verehrte Leser,**

die Möglichkeiten öffentlich zu werben sind vielfältig: von den klassischen Werbeformen – Allgemeinstellen, CityLights, Großflächen – über die umfangreiche Verkehrsmittelwerbung, Werbung an Gebäuden, Luftwerbung und Sportwerbung bis hin zur Gestaltung von Events. Alle einzelnen Out-Of-Home-Medien werden in diesem Fachbuch detailliert beschrieben und vorgestellt.

Neu in dieser Ausgabe ist das Gebiet Ambient Media; ebenfalls reich an Ideen und Anregungen – mit Medien in der Gastronomie, im Einzelhandel, in Bädern, in Kinos, an Tankstellen, in Schulen.

Jedes Werbemedium wird konkret mit Formaten, technischen Daten, Preisen, Anbietern und Beachtenswertem zu Schaltung und Produktion dargestellt.

So konzipieren Sie Ihre Außenwerbekampagne bis ins Detail, durch konkrete Hilfestellungen von der Planung bis zur Realisierung. Wertvolle Tipps zu Kreation und Produktion ergänzen die Beschreibung der Medien und helfen Ihnen Startschwierigkeiten zu umgehen.

Aktuelle Preisangaben und Kalkulationsbeispiele lassen Sie sogar Ihr Budget planen, das Sie durch die angegebenen Anbieteradressen sofort konkretisieren können.

Auf der CD können Sie nach Anbietern in Ihrer Nähe suchen und finden diese mit kompletter Anschrift, Telefon- und Faxnummer, eMail und Internetadresse. So können Sie direkt mit den richtigen Firmen Kontakt aufnehmen und Ihre Kampagne professionell realisieren.

Außerdem enthält die CD den Dekadenplan 2005 für Großflächen und Allgemeinstellen, das Lexikon mit den wichtigsten Fachbegriffen und Bilder von den Außenwerbemedien.

Die Bilder sind meist einmal original und einmal mit weißen Werbeflächen abgelegt, so dass Sie einfach Ihre Werbemotive einfügen können. So präsentieren Sie Ihre Kampagne sofort im realistischen Umfeld – professioneller geht's nicht. (Beachten Sie dazu auch die Lizenzbestimmungen auf Seite 8)

Wenn Präsentationen für Sie ein Thema sind, sollten Sie sich unterstützend das Produkt „CI-perfect" aus unserem Verlagsprogramm unter www.ccvision.de ansehen. Diese Doppel-CD ist speziell zu Präsentationszwecken konzipiert und enthält 250 Werbemittel und Objekte für die Darstellung von Werbekonzepten und Ideen.

Viel Erfolg bei Ihrer Arbeit und viel Spaß beim Lesen, Nachschlagen und Präsentieren wünscht Ihnen

das Team der
creativ collection
„Außenwerbung".

Lizenzvertrag / Copyright

1.
Diese Lizenz gestattet den Gebrauch der CD nur dem Käufer und zwar ausschließlich auf einem Computer. Die Lizenz gestattet, eine interne (Doppel-) Kopie der CD zur Arbeitsvereinfachung bzw. zur Datensicherung anzufertigen oder sie zu diesem Zweck auf einen anderen Datenträger zu überspielen. Eine Nutzung durch mehrere Abteilungen oder Niederlassungen des Käufers ist nicht gestattet. In solchen Fällen ist eine schriftliche Lizenzerweiterung erforderlich.

2.
Die Lizenz erlaubt dem Käufer der CD "creativ collection Außenwerbung" in die Leerflächen der dargestellten Werbemittel (Anschlagstellen, Fahrzeuge etc.) eigene Entwürfe und Layouts einzugestalten. Diese eigenen Entwürfe (Plakate, Fahrzeugbeschriftungen etc.), Layouts oder Collagen, können als Vorlage für eine spätere 1:1-Produktion, sowie für Präsentationen eingesetzt werden. Die direkte Übernahme von Bildmotiven dieser CD für den Fortdruck, für den Einsatz im Internet etc. ist nicht erlaubt.

3.
Die auf der CD (ebenso wie die im Buch) enthaltenen Entwurfsbeispiele und bildlich oder textlich dargestellten Werbemittelgestaltungen unterliegen dem Urheberrecht des jeweiligen Gestalters und dürfen weder direkt kopiert noch in abgeänderter Form übernommen werden. Alle Entwurfsbeispiele auf allen dargestellten Werbemitteln dienen allein der Anschauung.

4.
Wer die CD oder Teile davon kopiert und – auf welche Weise auch immer – weitervertreibt, muss mit extrem hohen Schadensersatzforderungen und zusätzlicher strafrechtlicher Verfolgung rechnen.

5.
CD und Buchwerk wurden unter Beachtung aller urheberrechtlichen Aspekte hergestellt.
Die creativ collection Verlag GmbH haftet jedoch in keiner Weise für den Einsatz von Bildmotiven durch den Nutzer, ebenso nicht für irgend geartete Ansprüche Dritter, die aufgrund der Verwendung von Bildmotiven erhoben werden.

6.
Eine Rücknahme der Ware wegen Nichtanerkennens dieses Lizenzvertrages ist nur möglich, wenn die versiegelte Verpackung der CD nicht verletzt ist und wenn das Buch völlig unbenutzt blieb.

7.
Mit der Nutzung der CD und des Buchwerkes erkennt der Käufer diese Lizenz- und Copyrightbestimmungen an.

Erfüllungsort ist Freiburg i.Br.

Hinweise zur CD

■ Auf der beiliegenden CD zum Buch finden Sie sowohl Bildmaterial zum Erstellen Ihrer eigenen Präsentationen als auch Maßstabzeichnungen der öffentlichen Verkehrsmittel einiger Städte (Quelle: Fachverband Aussenwerbung e.V.). Außerdem eine Adressensammlung, ein kleines Lexikon, den Dekadenplan für Großflächen und Allgemeinstellen und eine Übersicht der Nielsen Gebiete.
Die CD ist für Mac und Windows geeignet.

Zum Gebrauch aller Informationen inkl. Bildübersicht öffnen Sie einfach das Dokument „start.html" mit Ihrem Internetbrowser.

Die Bilder

Die Bilder auf der CD (Ordner „Bilder") liegen im Tif-Format in Layout-Qualität vor (72 dpi, RGB), einige Zeichnungen als EPS-Vektorgrafik. Es handelt sich dabei um Bilder, die typische Außenwerbe-Situationen darstellen (z.B. Litfasssäulen oder Plakatwände) und sind daher besonders gut für die Gestaltung Ihrer eigenen Präsentationen geeignet. Einige Bilder liegen in zwei Varianten vor: Einmal mit „leerem" Medium, zum anderen mit dem Originalmotiv, jeweils mit eingebettetem Alpha-Kanal. Dieser erlaubt es Ihnen, in den gängigen Bildbearbeitungsprogrammen (z.B. Adobe Photoshop oder Corel Photopaint) Auswahlen zu erstellen, in die Sie Ihre eigenen Werbemotive einfügen und so ein realistisches Präsentationslayout Ihrer Gestaltungsideen erzeugen können. Eine Bildübersicht finden Sie auf der CD unter der Rubrik „Bilder".

Die Adressen

Die im Buch vorliegenden Adressen der Außenwerbe-Firmen finden Sie ebenfalls auf der CD. Sie sind dort in der Rubrik „Adressen" abgelegt und lassen sich nach verschiedenen Kriterien anzeigen. Sie sind alphabetisch sortierbar, aber auch nach Werbeform, Postleitzahlen-Gebiet und/oder Schlagwort. In kürzester Zeit können Sie sich einen Überblick über die Außenwerbe-Firmen in Ihrer Region verschaffen und die kompetenten Partner für die Verwirklichung Ihrer Außenwerbe-Ideen finden.

Firmen mit Internet-Seite haben wir auf der CD mit einem Hyperlink ausgestattet. Wenn Sie über einen Internet-Anschluss verfügen, können Sie mit einem Mausklick auf die Homepage der entsprechenden Firma gelangen und dort weiterführende Informationen bekommen.

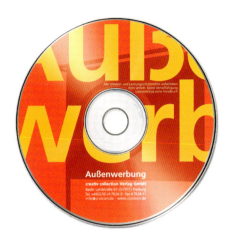

Das Lexikon

Im Lexikon werden Ihnen die wichtigsten Begriffe zum Thema Außenwerbung erklärt. Die dort vorhandenen Stichworte sind alphabetisch geordnet und leicht zu finden.
Sollten Fragen auftreten, finden Sie unter der Rubrik „Hilfe" die passende Antwort.

Außenwerbegestaltung

■ Jedes Werbemedium, das effektiv sein soll, stellt hohe Ansprüche an den Gestalter. Zu den Betrachtern, zum Beispiel eines Plakates, können Fußgänger, aber auch vorbeifahrende Autofahrer gehören. Daher müssen in kürzester Zeit Inhalt und Botschaft des Plakates für den Betrachter erfassbar sein. Das bedeutet:

– *Wort- und Bild-Inhalte auf das Wesentliche beschränken: Nach der KISS-Formel gestalten:*
 „**K**eep **i**t **s**hort and **s**imple"

– *Kurze Slogans und pfiffige Headlines eignen sich besser als ausschweifende Wortgirlanden; am besten nur eine einzige Bild- und Textaussage.*

– *Sich auf wenige, gut lesbare Schriftarten beschränken.*

– *Bildelemente müssen als Blickfang dienen; Ihr Logo, der Produkt- oder Markenname sollte dem Betrachter sofort ins Auge springen.*

– *Das Wichtigste im oberen Bereich eines Plakates platzieren, um Sichthindernisse wie z.B. parkende Autos zu umgehen.*

– *Den Kundennutzen ansprechen: Der Betrachter erinnert sich an das, was ihn persönlich interessiert.*

Achten Sie auf gesetzliche Bestimmungen. Zum Beispiel ist für politische Plakate ein Impressum auf dem Plakat anzugeben: Verfasser, Herausgeber, Druckerei.

Bildelemente mit Symbolcharakter:

Jedes verwendete Motiv, egal ob in Farbe oder in Schwarz-Weiß, muss die Aufmerksamkeit des Betrachters auf sich lenken, ihn emotional ansprechen.
Zahlreiche Beispiele bisheriger Plakatwerbung konnten durch den Bruch mit herkömmlichen Sehgewohnheiten Aufmerksamkeit auf sich ziehen. Witzige und erotische Motive kommen häufig besonders gut an.

Bild: DS Medien

Außenwerbegestaltung

Mit wenig Farbe eine starke Wirkung erzielen:

Jede Farbgebung hat auf das ästhetische Empfinden und auf die daraus resultierende Handlung (Kaufimpuls) eine starke Wirkung:

- *Rot wirkt erregend,*
- *Orange vitalisierend,*
- *Gelb anregend,*
- *Grün erfrischend,*
- *Braun beruhigend,*
- *Blau seriös, herb und frisch,*
- *Violett wirkt mystisch und unruhig,*
- *Gold dominant und mächtig,*
- *und Silber wirkt technisch und neutral.*

Quelle: Klaus G. Hofe: Praktisches Werbe- und Marketing ABC, 4. Auflage, Freiburg: 1999

Werbemedium:

Schrift- und Bildgröße hängen davon ab, in welcher Höhe und aus welcher Entfernung der Werbeinhalt noch erkennbar sein soll. Bei der Gestaltung von Leuchtplakaten (CityLights, MegaLights, Leuchtsäulen) ist zusätzlich zu beachten, dass nicht alle Plakatsujets zur Durchleuchtung geeignet sind. So erzielt man mit Volltonflächen, Überdrucken oder schwarzen Balken negative Wirkung.
Außerdem sollten hier die Textelemente nicht zu nahe im Randbereich liegen, um nicht vom Vitrinenrahmen verdeckt zu werden.

Für jede Form von Außenwerbung gilt, dass eine in allen Bereichen durchdachte Gestaltung sich sowohl positiv auf die Wirksamkeit der Werbemaßnahme auswirkt als auch dabei hilft, die Produktionskosten möglichst gering zu halten.

Grundsätzlich ist die Abstimmung der Formate pro Werbemedium mit dem Anbieter empfehlenswert. Bei zahlreichen Werbeformen ist es notwendig, die Werbebotschaft in einem Zwischenformat anzulegen, zum Teil besteht das Endformat aus mehreren Teilen und somit sind Überlappungen erforderlich. Beachten Sie die DTP-Tipps der jeweiligen Werbemedien.

Das Musterbeispiel für Plakatkampagnen, leider für ein ungesundes Produkt.
Bilder: Klingenberg, Berlin

Außenwerbegestaltung

Plakat Pre-Test

Um die Werbewirkung von Plakaten bereits im Vorfeld zu ermitteln und die Gestaltung zu beurteilen, empfehlen sich so genannte Pre-Tests. Hier werden die Plakatmotive Testpersonen gezeigt und die Kommunikationsleistung eines Plakates überprüft:

– *Fällt es ausreichend auf?*

– *Was sagt es aus?*

– *Wird der Anbieter erkannt?*

Hierbei gibt es unterschiedliche Ansätze:

Plakat Pre-Test von Posterscope

Posterscope kooperiert mit dem Marktforschungsinstitut Forsa und kann somit auf das forsa.omninet-Panel mit derzeit 20.000 Testpersonen zwischen 14 und 65 Jahren zurückgreifen. 10.000 Haushalte sind mit einer sogenannten „Forsa Set-Top-Box" ausgestattet, die TV und Internet miteinander verbindet. Für den Test wird eine repräsentative Stichprobe von 200 Personen ausgewählt, die dann den Test selbstständig zu Hause am Fernsehgerät durchführen.

Zuerst werden die Plakatmotive, die in eine realitätsnahe Umgebung eingebunden sind, je 4 Sekunden auf dem Bildschirm präsentiert, dann werden die Testpersonen durch einen multimedialen Fragebogen geführt, der mittels einer speziellen Tastatur beantwortet wird. Erhoben werden Motiverinnerung, Produkt/Markenzuordnung, erinnerte Inhalte, Verständnis der Inhalte und eine Plakatbeurteilung.

Die Anfrage erfolgt auf drei Ebenen: ungestützt, teilgestützt mit Vorlage von Markennamen und gestützt mit Motivvorlage. Diese Daten werden dann an Forsa per Internet übermittelt und dort ausgewertet. Für den Test einer Plakatkampagne belaufen sich die Kosten pro Motiv auf € 2.500,–.

Plakat Pre-Test von Jost von Brandis

In Zusammenarbeit mit dem Forschungsinstitut ABH führt Jost von Brandis sogenannte Face-to-Face-Interviews durch. Pro Test werden in Fußgängerzonen und Einkaufszentren 200 Personen nach Geschlecht und Alter ausgesucht. Den Befragten wird eine Mappe mit 6 Motiven vorgelegt. Pro Motiv beträgt die Betrachtungsdauer 4 Sekunden.

Die Motive werden in einem plakataffinen Umfeld platziert, so dass eine möglichst realistische Situation entsteht. Nach einer Störerfrage werden die Teilnehmer des Interviews dann zu den Motiven befragt. Diese Befragung erfolgt dreistufig: ungestützt („An welche Motive können Sie sich erinnern?"), teilgestützt („Können Sie sich erinnern, Motive der Firma XYZ gesehen zu haben?") und gestützt („Was will das hier vorliegende Motiv aussagen?").

Der Kostenrahmen beläuft sich bei 2 Testmotiven und je 200 Interviews auf € 4.500,– bis 5.000,–.

Außenwerbegestaltung

Bild: Posterscope

Klassische Plakatwerbung

...Großflächen

...Allgemeinstellen

...Ganzsäulen

...CityLight-Plakate

...3D-Poster

Klassische Plakatwerbung

CityLight-Plakate: attraktiv bei Tag und Nacht (AW3_101) Bild: DS Medien

■ Klassische Plakatwerbung – darunter verstehen wir Großflächen, Allgemeinstellen, Ganzstellen und CityLight-Poster. Zusammen entsprechen sie 98 % der Werbeflächen im öffentlichen Raum. Allein die Großflächen bilden mit über 225.000 Stellen 55 % der Flächen, CityLight-Poster machen rund 23 %, Allgemeinstellen 16 % und Ganzstellen 4 % aus. Zusammen erreichen sie die gesamte mobile Bevölkerung. Diese Werbeformen mit der längsten Geschichte sind aktueller denn je, sie können nicht „weggezappt" werden, sie werden nicht überblättert oder überhört und laut Umfragen wirken sie am wenigsten störend und lästig auf die Konsumenten.

Klassische Plakatwerbung

Die Umsetzung einer Plakatkampagne bedingt eine gute Vorplanung, spezielle gestalterische Kriterien und technische Voraussetzungen. Die große Zahl an Fachleuten, die Planung und Umsetzung aus dem „ff" beherrschen, geben gerne Hilfestellung. Spezialmittler, Plakatierer und Druckereien sind seit Jahrzehnten auf die klassischen Plakatmedien spezialisiert und wissen worauf es ankommt. Auch Verbände wie der Fachverband Außenwerbung e.V. (www.faw.de) geben gerne Auskunft und unterstützen Werbetreibende mit Informationen und fundiertem Fachwissen.

Knapp 9 m² bietet ein Großflächenplakat (AW3_102)   Bild: DS Medien

Adressen von den Spezialisten finden Sie entweder im Anhang des Buches (ab Seite 290) oder auf der CD, hier haben Sie auch die Möglichkeit, Anbieter nach Fach- und Postleitzahlengebiet zu suchen.

Die Auswahl der richtigen Standorte für den Werbekunden kann nach genauen Kriterien vorgenommen werden:

Zielgruppenaffinität, Kaufkraft und Standortleistung
Unabhängige Spezialmittleragenturen haben für diese Kriterien sehr genaue Mess- und Bewertungsmethoden entwickelt, die sie als Serviceleistungen kostenlos anbieten. Das Hinzuziehen eines solchen Spezialmittlers hilft bei einer effektiven, neutralen und kundenorientierten Standort-Selektion. Dabei ist aus dem riesigen Gesamtbestand aller möglichen Plakatanschlagstellen in Deutschland die für eine Werbeaktion sinnvolle und optimale Auswahl zu treffen. Wie bei jeder Werbeform ist auch hier das Ziel, mit einem klar kalkulierten Aufwand einen möglichst hohen Grad an Effektivität zu erreichen.

Hier kurze Tätigkeitsbeschreibungen der Beteiligten einer Plakatkampagne:

– der Spezialmittler, der Plakatwerbung plant, abwickelt, kontrolliert und abrechnet,

– die Plakatunternehmen, denen die Werbestellen gehören und von denen der Spezialmittler die Werbeflächen anmietet,

– die Plakatdruckerei, welche die Plakate herstellt,

– die Plakatkleber (Afficheure).

Klassische Plakatwerbung

■ Planung von Plakatkampagnen

Bewertungsmethoden von Plakatstandorten

Um die Leistung eines Plakatstandortes zu beurteilen, müssen verschiedene Kriterien beachtet und mit entsprechender Gewichtung zueinander in Beziehung gesetzt werden. Um jeweils eine aktuelle Beurteilung zu gewährleisten, muss diese sehr zeit- und kostenaufwendige Untersuchung regelmäßig erfolgen. Dies übernehmen Spezialmittler.

Ein Spezialmittler stellt bereits im Vorfeld fest, mit welchem Werbeträger und an welchen Standorten Sie Ihre Zielgruppe am besten erreichen. Für Sie als Kunde ist dieser Service kostenlos, da sich Spezialmittler durch Provisionen der Außenwerbeunternehmen finanzieren.

Nahezu alle großen Plakatanschlagunternehmen verfügen über firmeneigene Spezialmittler. Empfehlenswert sind aber unabhängige Spezialmittler, die sich nur dem Kunden verpflichtet fühlen.

Ein Spezialmittler sollte in der Lage sein, für jede Werbeaktion den passenden Media-Mix zusammenzustellen. Wie geschieht das? Bestimmte branchenspezifische Kennziffern und Modelle kommen in diesem Zusammenhang zur Anwendung. Zu den planungsrelevanten Daten gehören immer Reichweite und Kontakthäufigkeit, die beispielsweise über die Kennziffern GRP und TKP gemessen werden.

GRP: in Gross Rating Points werden die Werbemittelkontakte pro 100 Zielpersonen für den Streuplanvergleich gemessen. Die GRPs

CityLights bieten oft eine Solitärstellung für Werbeplakate (AW3_103) Bild: DS Medien

sind das Produkt aus der Reichweite in % und der durchschnittlichen Kontakthäufigkeit.

TKP: Der Tausendkontaktpreis stellt dar, wieviel 1000 Kontakte mit einem Werbeträger kosten.

Neben diesen Kennziffern spielen außerdem folgende Faktoren eine wichtige Rolle:

Klassische Plakatwerbung

- Standortgröße und -häufung
- Einsehbarkeit der Stelle (Abstand, Winkel und Höhe der Plakattafel im Verhältnis zum Hauptstrom von Verkehr und Passanten)
- Lichtverhältnisse
- Sichteinschränkungen (z.B. durch parkende Autos)
- verkehrsbedingte Verweildauer (z.B. Ampeln, Haltestellen)

PMA: Die Plakat-Media-Analyse des Fachverbands Außenwerbung basiert auf ca. 21.000 Interviews (jährliche Aktualisierung von 7.000 Interviews) sowie einer jährlich aktualisierten Tarifdatenbank. Sie weist den erinnerten Werbeträgerkontakt für Plakate auch in speziellen Zielgruppen aus.

Technik

DTP

Üblich ist die Verwendung von digitalen Druckvorlagen – auf ZIP, CD-ROM oder auch durch ISDN übermittelt.
Die digitalen Dokumente können in allen gängigen DTP-Programmen wie QuarkXPress, Photoshop, Freehand, Illustrator, Corel Draw, usw. erstellt und verarbeitet werden. Grundsätzlich sollte man sich vorab mit der Lithoanstalt und der Druckerei absprechen, um einen reibungslosen Produktionsablauf zu gewährleisten.

Die Größe des Dokuments sollte kleiner als das endgültige Plakatformat angelegt werden. Spätere Randanschnitte der Motive im Endformat müssen aber schon im Ausgangsformat beachtet werden.

Durch die Projektion der Filme bzw. Daten auf die Druckplatten entsteht nach der zuvor genannten Vergrößerung bei der Großfläche ein 10er Raster.

Ausgangsformate für klassische Plakatwerbung		
Beispiele von Klingenberg Berolina. Die Ausgangsformate variieren zwischen den Druckereien		
	Endformat	Ausgangsformat
DIN A1	59,4 x 84,1 cm	59,4 x 84,1 cm
DIN A0	84 x 119 cm	27,7 x 39 cm
4/1 hoch (Doppel A0 hoch)	119 x 168 cm	27,7 x 39 cm
4/1 quer (Doppel A0 quer)	168 x 119 cm	39 x 27,7 cm
CityLight-Poster	118,5 x 175 cm	26,2 x 38,9 cm
6/1	119 x 252 cm	22,7 x 48 cm
8/1	119 x 336 cm	22,7 x 48 cm
8/1	119 x 336 cm	27,7 x 78 cm
18/1	356 x 252 cm	59,4 x 41 cm
Ganzsäule	z.B. 360 x 400 cm	22,7 x 48 cm

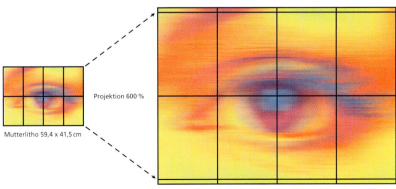

Mutterlitho 59,4 x 41,5 cm
Projektion 600 %
Projektion 600 % (Druckhöhe 249 cm, Plakathöhe nach Nassdehnung 252 cm)

Klassische Plakatwerbung

Zur Vermeidung von Blitzern müssen Überfüllungen berücksichtigt werden, das heißt, Überdruckungen vorgesehen werden, wie bei allen im Offset weiterverarbeiteten Drucksachen. Von den Dateien werden seitenverkehrte Offsetfilme im 60er Raster produziert, sogenannte „Mutterlithos". Hiervon werden dann die Endfilme für die Plattenbelichtung projiziert oder die Druckplatten direkt über die so genannte Plattenprojektion belichtet. Achtung: frequenzmoduliertes Raster ist bei Plakaten nur bedingt möglich!

Auf Plakate spezialisierte Druckereien verwenden für die Herstellung der Endfilme aus dem Mutterlitho vorgefertigte Masken oder spezielle Programme, in denen die Überlappungsränder und die Nummerierung der Einzelbogen berücksichtigt werden.

Inzwischen ist auch die direkte Plattenbelichtung von den digitalen Daten an der Tagesordnung und wird von den meisten Plakatdruckereien angeboten. Beachtenswert ist, dass hier eine höhere Auflösung der Daten benötigt wird, bitte sprechen Sie mit Ihrer Plakatdruckerei.

Druckverfahren
Auflagenhöhe, Farben, Rüstzeiten und Fortdruck entscheiden über die Wahl einer der drei gängigen Druckverfahren:

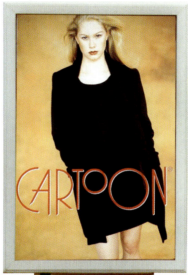

AW3_104 Bild: DS Medien

1. Offsetdruck
Der Offsetdruck rechnet sich bereits ab einer Auflage von 100 Stück. Er erlaubt ein sehr feines Raster und eignet sich daher für detailreiche und differenzierte Sujets. Es können für das Nassklebeverfahren geeignete Affichenpapiere (100 bis 120 g/m^2) und Vitrinenpapiere (120 bis 170 g/m^2) eingesetzt werden. Plakate bis zum Format DIN A0 und CityLight-Poster werden in einem Stück gedruckt. Großflächen werden unterteilt (siehe S. 29). Als Druckvorlage dienen seitenverkehrte Positivfilme oder digitale Daten.

2. Siebdruck
Dieses Verfahren findet Anwendung bei Auflagen von unter 100 bis ca. 1.000 Stück. Zum Einsatz kommen ausschließlich hochwertige Farben mit hohem Lichtechtheitsfaktor. Diese werden beim Druck dick aufgetragen, so dass sie kräftiger wirken und länger farbecht bleiben.

Im Siebdruck können Affichenpapiere (100 bis 120 g/m^2) und Vitrinenpapiere (120 bis 170 g/m^2), sowie selbstklebende Folien bedruckt werden. Die Bogenaufteilung ist mit der des Offsetdrucks identisch. Das maximale Bogendruckformat liegt bei 1,33 x 2 m. Als Druckvorlage dienen seitenrichtige Positivfilme.

Klassische Plakatwerbung

3. Digitaldruck

Der Digitaldruck eignet sich besonders für Kleinstauflagen von 1 bis 50 Stück.

Zu unterscheiden sind der Inkjet-Druck und das elektrostatische Verfahren. Letzteres bietet bessere Lichtechtheit der Farben, es sei denn, es werden beim Ink-Jet-Verfahren speziell pigmentierte Farben verwendet. Es spielt hier keine Rolle, ob man 1-, 2-, 3- oder 4-farbig druckt. Die Einrichtzeiten sind kurz, und es ist möglich, die Einzeldrucke zu individualisieren.

In diesem Verfahren können sowohl Affichenpapiere (100 bis 120 g/m²) und Vitrinenpapiere (120 bis 170 g/m²) als auch Selbstklebefolien, Vinyl (für Banner und Transparente), LKW-Schiebeplanen und kunststoffverstärkte Papiere bedruckt werden. Selbst der für die Leuchtplakate empfohlene Konterdruck ist im Digitaldruck möglich. Als Druckvorlagen dienen digitale Daten – es entstehen keine Filmkosten.

Papier

Da Außenplakate jahreszeitlich bedingten klimatischen Schwankungen ausgesetzt sind, müssen folgende Grundanforderungen an das Papier beachtet werden:

Holzfreiheit

Das Papier muss hochweiß und holzfrei sein, um nicht zu vergilben.

Laufrichtung der Bogen

Mehrteilige Plakate sollten auf Papierbogen gleicher Laufrichtung gedruckt werden. Gleiches gilt für nachträglich anzubringende Aufkleber.

Nassreißfestigkeit

Zur faltenfreien Plakatierung werden Plakate vor der Anbringung gefalzt und in Wasser eingeweicht. Nur spezielle Papiere eignen sich dazu.

Großflächenplakate zielgruppennah an Einkaufszentren (AW3_105)

AW3_106 Bilder: Klingenberg, Berlin

Klassische Plakatwerbung

Zunächst muss entschieden werden, ob das Plakat im Nassklebeverfahren (siehe S. 24) oder im trockenen Zustand angebracht werden soll. Für das Nassklebeverfahren sollte hochweißes holzfreies Papier, vollgeleimtes Naturpapier oder Affichenpapier (100 bis 120 g/m²) eingesetzt werden. Ungeeignet sind dagegen Bilderdruck-, Chromo-, Glanz- und Kunstdruckpapiere, sowie eingefärbte Papiere. Das Papier muss Nässe aufnehmen können und eine ausreichende Leimung besitzen, damit es sich nach dem Ansetzen auch noch ausrichten lässt ohne zu reißen. Für eine optimale Haftung ist eine raue Klebeseite erforderlich. Dünneres Papier reißt schnell, dickeres lässt sich dafür nicht so gut falzen. Speziell für den Außenwerbeeinsatz gibt es auch Papiere, die mit einem Oberflächenanstrich versehen sind, der gegen den Grauschleier (sichtbare Klebstoffstriche auf der Plakatoberfläche) wirkt.

An das Papier für Leuchtplakate (CityLight-Poster, MegaLights, Leuchtsäulen) werden sehr hohe Anforderungen gestellt. Das Plakat muss sowohl bei Tageslicht als auch bei nächtlicher Durchleuchtung wirken. Das sogenannte Leuchtpapier (120 bis 140 g/m²) muss eine gleichmäßige und hohe Transparenz aufweisen und beidseitig gestrichen sein. Um nicht zu wellen, darf es nur wenig Feuchtigkeit aufnehmen.

TIPP

Papiere mit gestrichener Oberfläche gibt es inzwischen aus chlorfrei gebleichtem Zellstoff und mit einem Anteil an Sekundärfasern von 50 bis 100 %.

Achtung Nassdehnung!

Das Papier sollte schmalbahngeschnitten sein, damit es sich bei Nässe nur geringfügig ausdehnt. Die Nassdehnung kann je nach Papierqualität z.B. bei einem Großflächenplakat bis zu 12 cm horizontal und bis zu 9 cm vertikal betragen. Es ist daher darauf zu achten, dass sich ein Plakat nicht über die Maße der Tafelbreite bzw. Tafelhöhe ausdehnt. Wird der überstehende Rand abgeschnitten, können wichtige Details verloren gehen.

Bei mehrteiligen Plakaten müssen die einzelnen Bogen alle die gleiche Laufrichtung haben, denn das Papier dehnt sich bei Nässe in Länge und Breite unterschiedlich stark aus (quer zur Laufrichtung stärker als in Richtung des Faserverlaufs).

Um das Anschlagen kümmert sich das jeweilige Plakatunternehmen. Es liefert dem Afficheur eine Klebeskizze mit, die Teilungslinien und Nummern der Druckbogen enthalten sollte.
Leuchtplakate werden in spezielle Haltevorrichtungen in Vitrinen gehängt und erfordern keine Klebung.
Zur Aktualisierung oder Ergänzung bereits aufgeklebter Plakate dienen sogenannte Überkleber oder Tekturen. Es empfiehlt sich, hierfür das gleiche Papier und Druckverfahren anzuwenden wie

Auswirkung der Nassdehnung bei verschiedenen Papierlaufrichtungen

Klassische Plakatwerbung

AW3_107

Bild: Wall AG

Klassische Plakatwerbung

beim zu beklebenden Plakat. Ebenso sollte man darauf achten, dass der Überkleber die gleiche Laufrichtung wie das Plakat hat.

Farben

Druckfarben für Außenplakate müssen folgende Eigenschaften besitzen:

– Wasserfestigkeit (Witterungsbeständigkeit)

– hohe Lichtechtheit (mindestens Wollskala = WS 6)

– Elastizität (Bruchschutz beim Falzen)

– Alkaliechtheit (die Klebstoffe der Afficheure können alkalische Bestandteile enthalten)

– Siebdruckfarben müssen gut gebunden sein und dürfen nicht abmehlen.

– Nicht geeignet für die Plakatgestaltung sind Leuchtfarben, da sie Verkehrsteilnehmer irritieren können.

– Lackfarben brechen beim Falzen und leiden beim Einweichen in Wasser.

Beim Einsatz von Metallschmuckfarben (Gold, Silber) ist darauf zu achten, dass die Farben nicht oxidieren und problemlos überklebt werden können. Dies gilt auch für Veredelungen der Plakate wie z.B. Lackierungen.

TIPP

Für 18/1-Plakate und CityLight-Poster bietet die Druckerei „te Neues" in Kempen eine High End Poster Skala an. Die Farben sind eine spezielle Sonderanreibung für „te Neues" und sind für besonders farbintensive Plakat-Motive entwickelt worden. Die Lithos oder Daten werden genauso angelegt wie für die Euro-Skala, es kommen nur die genannten speziellen Druckfarben zum Einsatz.

Bild: Ströer

Das Nassklebeverfahren

Das Nassklebeverfahren gewährleistet eine saubere und knitterfreie Plakatierung. Die Bogen werden auf DIN A2 oder DIN A3 gefalzt, ein bis drei Tage vor dem Anschlag bis zu 15 Minuten in Wasser eingeweicht, in Folie verpackt gelagert und im nassen Zustand angeschlagen.

Plakate werden in der Regel von links nach rechts und von oben nach unten angeschlagen.

Es müssen also rechts und unten Überlappungsränder eingeplant werden.

Klassische Plakatwerbung

Bei der sogenannten Euroklebung werden Großflächenplakate von links nach rechts und von unten nach oben angeklebt (siehe Skizze auf Seite 31). Hier liegen die Überlappungsränder rechts und oben. Diese Art der Klebung hat den Vorteil, dass bei Regen kein Wasser in die Nahtstellen gelangen kann, da das obere Plakat das untere überlappt.

AW3_108　　　　　　　　Bild: Ströer

Opazität

Unter Opazität versteht man die Deckkraft von Papieren. Das Papier von Klebeplakaten muss eine hohe Opazität gewährleisten. Bei geringer Opazität scheint (besonders an unbedruckten Stellen) das darunter liegende Plakat durch. Bei Feuchtigkeit nimmt die Opazität ab. Ein frisch angeschlagenes Plakat lässt also vorläufig mehr durchscheinen.

Bei Klebeplakaten

erhöht ein Rückseitendruck die Opazität. Besonders bei Plakaten mit viel Weißfläche verhindert der Rückseitendruck das Durchscheinen alter überklebter Plakate. Bei Plakaten, die ganzflächig bedruckt sind, ist eine Bedruckung der Rückseite nicht nötig. Der Rückseitendruck darf nicht mehr als 50 % der Fläche bedecken. Ansonsten wird die Klebung beeinträchtigt, da zwischen den Rasterpunkten zu wenig Fläche für die Klebung bleibt. Außerdem darf der Rückseitendruck nicht bis zum Rand der einzelnen Bogen gehen. Um eine gute Klebung zu ermöglichen, muss ein unbedruckter Rand von mindestens 1,5 cm (Breite der Überlappung) bei jedem Bogen bleiben.

Auch ein zu feines Raster des Rückseitendruckes kann die spätere Anbringung erschweren. Die groben Rasterpunkte sollten sich nicht berühren. Spezielle Affichenpapiere, die schon bei der Herstellung eingefärbt werden, begünstigen die Opazität.

Bei Leuchtplakaten

ist eine sehr niedrige Opazität erwünscht. Zur Durchleuchtung sollten die Plakate möglichst transparent sein. Ein Konterdruck sorgt

AW3_109　　　　　　　　Bild: Ströer

nachts für eine gute Farbintensität bei Durchleuchtung. Hier werden die Konturen und / oder die Farbflächen spiegelverkehrt auf die Rückseite des Plakates gedruckt.

Belegungsdauer

Plakate können grundsätzlich einzeln, regional oder überregional in Netzen gebucht werden. Plakatstellen werden meist dekaden- und wochenweise belegt. Eine Dekade umfasst 10 oder 11 Tage (Ausnahme: Jahreswechsel ca. 14 Tage). Für unterschiedliche Plakatformen haben sich typische Belegungsdauern herausgebildet:

– Großflächen und Allgemeinstellen werden dekadenweise belegt

– CityLight-Plakate werden je nach Anbieter für eine Woche oder eine Dekade belegt

Klassische Plakatwerbung

Der Dekadenplan
wird jährlich im Sommer / Herbst für das Folgejahr festgelegt. Aus organisatorischen Gründen erfolgt die Plakatanbringung innerhalb einer Dekade zeitversetzt in jeweils 3 Klebeblöcken A, B und C, die für ein ganzes Jahr im voraus und für alle Anschlagunternehmen gleich eingeteilt werden. Mit dieser Einteilung wird vermieden, dass alle Stellen an einem einzigen Tag beklebt werden müssen (allein bei Großflächen gibt es bundesweit über 225.000 Tafeln).

siehe CD → Dekadenplan

Verpackung und Lieferung
Die Einzelbogen von großen Klebeplakaten (z.B. Großflächen) werden von den Druckereien maschinell gefalzt und zu einzelnen Plakatsätzen zusammengetragen „gemapped". Die einzelnen Bogen müssen deutlich nummeriert sein und auf dem außen / oben liegenden Bogen sollte der Name des Werbetreibenden stehen. Die Nummerierung ist standardmäßig von links oben nach rechts unten aufsteigend auf jeden Bogen zu drucken.
Damit ist für den Plakatierer zweifelsfrei erkennbar, wie und an welchen Stellen das Plakat anzukleben ist. Hinterleuchtete Plakate werden generell nicht beschnitten und gefalzt.

Die Lieferung sollte spätestens 10 Tage vor Anschlagbeginn beim Anschlagunternehmen angeliefert werden. Zusätzlich zur Lieferung muss eine notwendige Anzahl an Ersatzplakaten beigefügt werden. Als Ersatzmenge sind 10 bis 15 % einzuplanen.
Um Verwechslungen zu vermeiden, sollte jede Plakatsendung einen Lieferschein mit folgenden Angaben enthalten:

1. Anschrift, Telefon- und Faxnummer der Druckerei
2. Ansprechpartner in der Druckerei
3. Werbetreibender und Werbeagentur
4. Plakatmotiv
5. Anschlagort
6. Anschlagtermin
7. Format
8. Stückzahl

Am Besten wird auch eine Motivanweisung im DIN A4 Format mitgeliefert in der sich die Bogennummerierung wiederholt, so dass der anklebenden Person die Auf-

Das Abzählen, Zusammentragen, Falzen und Banderolieren der Großflächenplakate wird oft durch einen Barcodeaufdruck auf der Plakatrückseite gesteuert.

Klassische Plakatwerbung

teilung der verschiedenen Bogen ersichtlich wird.

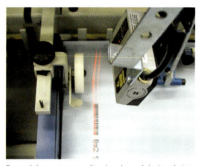

Barcodeleser steuern die einzelnen Arbeitsschritte

Prüfmethoden der gestalterischen Qualität von Plakaten

Die gestalterische Qualität des Plakates hat einen entscheidenden Einfluss auf die Wirksamkeit der gesamten Kampagne. Von Marktforschungsinstituten werden zur Überprüfung und Bewertung dieser zentralen Eigenschaft folgende Prüfmethoden angeboten:

Werbemonitor
Mit dem Verfahren Tracing Advertising Campaign Effectiveness (TRACE) wird kontinuierlich die Werbewirkung laufender Kampagnen gemessen. Dabei werden auch qualitative Aspekte wie die Image-Wirkung der Kampagne in Betracht gezogen.
Durch Einbeziehung aller relevanten Werbekampagnen des Mitbewerberumfeldes können sowohl die Effektivität der eigenen Kampagne als auch die der Mitbewerber verfolgt werden.

Tachistoskop
Bei diesem Test wird das Motiv dem Betrachter für den Bruchteil einer Sekunde dreimal präsentiert und geprüft, welche Bild- oder Textelemente schnell erkannt werden und einen hohen Aufmerksamkeitsgrad haben.

Die kognitiven (um welches Produkt handelt es sich?) und emotionalen Wahrnehmungsreaktionen (welchen Eindruck haben Sie von dem, was Sie gesehen haben?) werden durch eine Befragung der Betrachter ergänzt.
Mit Hilfe dieses Tests kann man feststellen, welche spontane Botschaft vom Objekt ausgeht, welche Gestaltungsteile in welcher Reihenfolge erkannt werden und

Gefalzte Bogenteile vor der Zusammentragmaschine

Bilder: Klingenberg Berlin

Klassische Plakatwerbung

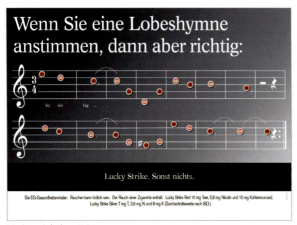

Motive mit hohem Erinnerungswert

Bilder: Klingenberg Berlin

ob die Bild-/Textaussage und die Werbebotschaft verständlich sind.

Stereoskopisches Tachistoskop
In einer Brille werden dem Betrachter zwei unterschiedliche Motive gleichzeitig eingeblendet. Mit diesem Test kann gezeigt werden, welches der beiden Bilder leichter zu erfassen ist.

Perimeter
Beim Perimeter wird das Motiv nur am äußeren Blickbereich eingeblendet. Damit wird getestet, wie gut das Motiv aus den Augenwinkeln zu erkennen ist. Bei der Blickwinkelprüfung wird das Plakat dem Betrachter im 45-Grad-Winkel präsentiert.

Nytoskop
Mit dem Nytoskop wird die Erkennbarkeit eines Motivs bei Dämmerung getestet. Dabei wird dem Betrachter die Wahrnehmung durch Verdunkelung erschwert.

Fernsehkameras
Passanten werden mit einer an der Plakatwand befestigten Kamera gefilmt. Dieser Test zeigt, ob die Passanten auf das Plakat schauen, und wenn ja, wohin.

Augenkameras
Augenkameras zeichnen die Augenbewegungen des Betrachters auf Video auf und geben Aufschluss darüber, welche gestalterischen Elemente vom Betrachter besonders (und in welcher Reihenfolge) beachtet und fixiert werden.

Entfernungstest
Bei diesem Test wird die Entfernung ermittelt, aus der ein Plakat noch gut erkennbar ist. Dazu wird dem Betrachter ein DIN A3 Plakat aus großer Distanz gezeigt, so dass er das Plakat gerade noch erkennen kann. Aus der Relation dieser Entfernung zu der Größe des Testplakates kann der Abstand, bei dem das Originalplakat noch erkennbar ist, errechnet werden.

Alle genannten Methoden liefern objektiv messbare Werte und bieten damit eine fundierte Basis für die Planung von Plakatkampagnen.

Klassische Plakatwerbung: **Großflächen**

AW3_110 Bild: Ströer

■ Die Großfläche ist die am häufigsten genutzte Form der klassischen Plakatwerbung. Die über 9 m² großen Plakattafeln begegnen uns im Straßenverkehr, zum Beispiel quer zu Hauptverkehrsstraßen, an den Fassaden von Geschäften und Dienstleistungsbetrieben, an Verbrauchermärkten, Banken, Autohäusern oder in der Nähe von öffentlichen Einrichtungen, zum Beispiel an Bahnhöfen. In Deutschland gibt es derzeit über 225.000 Großflächen in Städten unterschiedlichster Größe. Neben den Großflächen an Gebäuden gibt es auch freistehende Stellen.

Klassische Plakatwerbung: **Großflächen**

Jede Großfläche steht jeweils einem einzelnen Werbetreibenden zur Verfügung und kann nur als Ganzes gebucht werden, im Gegensatz zu Allgemeinstellen. Für die Selektion der gewünschten Anzahl von Flächen stehen bei den meisten Anbietern elektronische Tools zur Verfügung. Durch die GPS gesteuerte Standorterfassung und -verwaltung ist es möglich nach Region, Bundesland oder Nielsengebieten zu selektieren, flächendeckende Kampagnen, aber auch bestimmte einzelne Standorte zu wählen und zu buchen.

Sonderformen der Großfläche:

- die angeleuchtete Großfläche
- die hinterleuchtete Großflächenvitrine (siehe MegaLights S. 49)
- die mobile Großfläche (siehe Verkehrsmittelwerbung ab S. 94)
- der Prismenwender (siehe S. 77)

Technik

Papier
Es kommen ausschließlich für das Nassklebeverfahren geeignete Papiere in Frage (siehe S. 24).

Format
Die Großfläche misst im Endformat nach Klebung durch Nassdehnung 356 x 252 cm. Dieses Format von 18 x DIN A1 (59 x 84 cm) wird als 18/1-Bogen bezeichnet. Die Ausdehnung in Breite und Höhe entspricht der vom Deutschen Normenausschuss für Papierformate festgelegten Norm DIN 683. Großflächenplakate werden beim Druck in 4, 6, 8 oder 9 Teilen produziert (siehe Grafik).

DTP-TIPP

Die Größen der einzelnen Bögen beziehen sich auf das schon angeschlagene Plakat nach dem Dehnungsprozess. Die ursprüngliche Größe der Plakatbögen ist kleiner, deshalb hat das Mutterlitho etwas abweichende Proportionen. Außerdem können die Mutterlithogrößen je nach Druckerei variieren, eine individuelle Abstimmung ist also zwingend erforderlich.

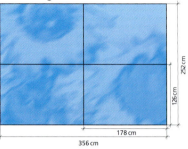

4er-Teilung

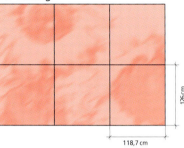

6er-Teilung

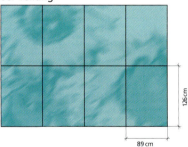

8er-Teilung

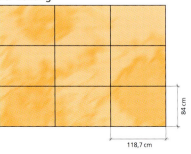

9er-Teilung

Klassische Plakatwerbung: **Großflächen**

Druckvorlage

Für das 18/1-Bogen-Plakat werden als Grundlitho seitenverkehrte Positivfilme z.B. im Format 59,4 x 42 cm zzgl. Beschnitt im 60er Raster benötigt oder ein entsprechendes digitales Dokument (mit höherer Auflösung!). Nach dem Druck liegt das Endprodukt im 10er Raster vor.

TIPP

Die Firma Staudigl, Donauwörth, wirbt mit ihrer digitalen CtP-Technik (Computer to plate), wodurch im Endformat ein 26er Raster erreicht wird.

Druckverfahren und Druckfarben

Die Auswahl des Druckverfahrens hängt von der Auflagenhöhe ab (siehe Seite 20). Die Druckfarben müssen wasserfest, gut gebunden, elastisch und alkaliecht sein. Zusätzlich sollten sie eine hohe Lichtechtheit besitzen, mindestens Wollskala 6 (siehe Seite 24).

Klebung

Die einzelnen Druckbogen werden in ihrer Klebereihenfolge sortiert zu einem kompletten Plakatsatz zusammengetragen. Die Klebung erfolgt im Nassklebeverfahren (siehe S. 24). Durch einen 5 mm breiten doppelt gedruckten Überlappungsbereich zwischen den einzelnen Bogen wird bei Großflächenplakaten die Flexibilität beim Anschlag erhöht.

DTP-TIPP

Keine komplexen Gestaltungs- und Bildelemente (z.B. Augenpartien) auf die Teilungsnähte platzieren. Siehe Außenwerbegestaltung S. 10.

Preise / Belegung

Produktionskosten

Die Produktionskosten pro Plakat werden vor allem durch die Auflagenzahl aber auch durch die Anzahl der Druckfarben bestimmt. Sie sinken mit zunehmender Auflage und abnehmender Anzahl Druckfarben.

So kann der Druck eines einzelnen Großflächenplakates beispielsweise € 200,– kosten, während sich die Druckkosten bei 100 Plakaten mit geringerer Farbanzahl lediglich auf € 2.600,– belaufen.

Schaltkosten

Großflächen können einzeln, in regionalen, bundesweiten oder nationalen Netzen belegt werden. Die Mindestbelegzeit beträgt eine Dekade. Längere Laufzeiten und Dauerbelegungen sind möglich. Die Rücktrittsfrist beträgt durchschnittlich 60 Tage.

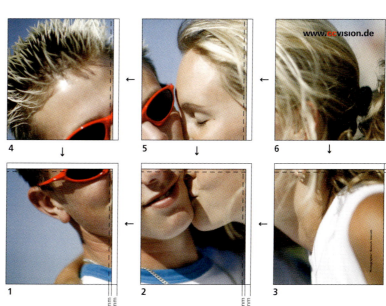

unbedruckter Überlappungsrand
bedruckter Überlappungsrand

Klassische Plakatwerbung: **Großflächen**

Produktionskosten für Großflächenplakate (18/1)

18/1, 4/0-farbig, 120 g/m²

Auflage	Preis
100	3.000,–
500	4.100,–
1.000	5.200,–
5.000	13.000,–
10.000	23.000,–

Grundsätzlich spielen bei den Preisen Ortsgröße und Standortqualität eine wichtige Rolle. Der Tagespreis pro Großflächen beträgt € 3,50 bis 22,– für unbeleuchtete Flächen und € 11,– bis 25,– für beleuchtete. Es wird immer die ganze Fläche berechnet, selbst wenn sie nur teilweise beklebt ist.

TIPP

Achtung Buchungsengpässe! Für Plakatkampagnen von April bis Juni und September bis Oktober sollte rechtzeitig gebucht werden.

TIPP

Achtung Preisaufschläge! Während der Zeit von Großveranstaltungen, zum Beispiel während der CEBIT in Hannover oder des Oktoberfestes in München sind die Flächen bis zu 50 % teurer.

Anbieter

Buchung / Vermittlung

- DS Medien (www.dsmedien.de)
- awk (www.awk.de)
- Ströer (www.stroeer.com)
- MOPLAK (www.moplak.de)
- Media Consult (www.media-consult-werbeagentur.de)
- DERG (www.derg.de)

Druckereien

- Klingenberg Berlin (www.klingenberg-plakat.de)
- Staudigl Druck (www.staudigl-druck.de)
- teNeues (www.te-neues.de)
- Ellerhold (www.ellerhold.de)

Weitere Anbieter → siehe CD

Beleuchtete Großflächen (AW3_111) Bild: DS Medien

Klassische Plakatwerbung: **Allgemeinstellen**

Bild: DS Medien

■ Allgemeinstellen sind Litfaßsäulen oder Tafeln, die von mehreren Werbetreibenden gleichzeitig genutzt werden können. Bereits im Jahre 1855 von Ernst Litfaß erstmals in Berlin errichtet, ist dieser Klassiker der Außenwerbung auch heute noch ein sehr beliebtes Medium.

In ganz Deutschland gibt es derzeit ungefähr 65.000 Allgemeinstellen. Sie machen rund 7 % des Gesamtumsatzes der Plakatbranche aus und fügen sich mit einer Dichte von einer Stelle pro 1.000 Einwohnern gleichmäßig und problemlos in das Stadtbild ein. Auch in kleinen Ortschaften, wo es wenig andere Außenwerbemedien gibt, versorgen Allgemeinstellen die Einwohner mit Informationen.

Durch die gute Streuung und das günstige Preis-Leistungs-Verhältnis bietet sich die Allgemeinstelle als Basismedium besonders für lokale Werbetreibende an. Neben Werbung findet man hier aber auch amtliche und private Bekanntmachungen, Hinweise auf kulturelle Veranstaltungen und Theater- sowie Kinoprogramme. Die bunte Vielfalt an Informationen macht die Allgemeinstelle zum Blickfang für ein breit gefächertes Publikum. Das preiswerte Medi-

Klassische Plakatwerbung: **Allgemeinstellen**

um mit hoher Reichweite bietet schon bei Kleinstauflagen und kleinen Plakatformaten eine gute Erreichbarkeit der Zielgruppe.

Allgemeinstellen gibt es unbeleuchtet und beleuchtet (siehe auch Ganzstellen S. 37 und Leuchtsäulen S. 51), wobei die Schaltkosten für die beleuchteten Varianten etwas höher liegen.

Bei Plakaten ist hier aufgrund der optischen Konkurrenz besonders entscheidend, wie stark sie sich von anderen Plakaten an der gleichen Allgemeinstelle absetzen.

Technik

Format

Die Litfaßsäulen sind zwischen 2,60 und 3,80 m hoch und haben einen Umfang zwischen 3,60 und 4,30 m. Die Tafeln entsprechen meist dem 18/1-Bogen-Format (Großflächenformat).
Säulen und Tafeln können mit unterschiedlich großen Plakaten belegt werden vom 1/1-Bogen bis 8/1-Bogen.

- DIN A1 (1/1-Bogen): 59 x 84 cm
- DIN A0 (2/1-Bogen) hoch: 84 x 119 cm
- 4/1-Bogen: 119 x 168 cm
- 4/1-Bogen: 84 x 238 cm
- 6/1-Bogen: 119 x 252 cm
- 8/1-Bogen: 119 x 336 cm
- 8/1-Bogen: 168 x 236 cm

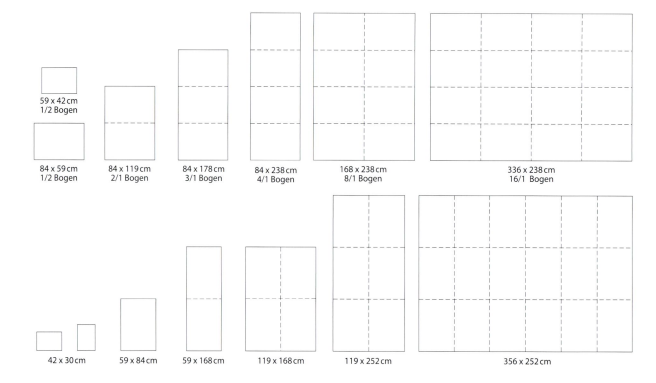

Klassische Plakatwerbung: **Allgemeinstellen**

Die Plakatanordnung, der sogenannte Säulenspiegel, bleibt dem Anschlagunternehmen vorbehalten (Beispiel siehe Seite 36). Der Werbetreibende hat hierauf keinen Einfluss.
In der Regel werden große Plakate im oberen und unteren Bereich der Säule, kleinere Plakate in der Mitte platziert und Plakate konkurrierender Produkte nicht direkt nebeneinander angebracht.

Druckvorlage
Als Vorlage wird ein Mutterlitho im jeweiligen Format (siehe S. 19) im 60er Raster benötigt. Das Endprodukt entspricht dann einem 15er Raster, bei 6/1-Bogen einem 12er Raster. Es empfiehlt sich, die Mutterlithogröße mit der jeweiligen Druckerei abzustimmen.

Papier
Die Plakate werden im Nassklebeverfahren an der Litfaßsäule oder Tafel angebracht. Daher sollten hochweiße, holzfreie, vollgeleimte Naturpapiere oder einseitig gestrichene, spezielle Affichenpapiere benutzt werden. Da Plakat über Plakat geklebt wird, ist eine hohe Opazität oder ein Grauraster-Rückseitendruck unabdingbar. Das Papier sollte ein Flächengew. von 100 bis 120 g/m² besitzen (siehe auch S. 21)

AW3_113   Bild: DS Medien

Druckverfahren und Druckfarben
Das Druckverfahren richtet sich nach der Auflagenhöhe der anzubringenden Plakate (siehe S. 20). Ständig verbesserte Drucktechniken ermöglichen selbst bei kleinsten Auflagen noch ein gutes Preis-Leistungs-Verhältnis.
Wie bei den Großflächenplakaten müssen die Druckfarben alkaliecht, wasserfest, elastisch und gut gebunden sein, mit einer Lichtechtheit von mindestens WS 6.

Preise / Belegung

Allgemeinstellen werden generell in Netzen pro Ort gebucht und die Abwicklung erfolgt pro Ort immer nur über 1 Plakatunternehmen. Der Vorteil dieser Netze

Szene-Info Berlin	
200 Säulen in Szenevierteln Berlins, hauptsächlich mit Kulturinformationen belegt.	
	Belegungspreise für 7 Tage
DIN A1 quer	840,–
DIN A1 hoch	980,–
DIN A0 hoch	2.100,–
4/1-Bogen	3.780,–

ist, dass die Werbung gleichmäßig über das Stadtgebiet verteilt wird, sowohl in den Wohngebieten als auch im Innenstadtbereich. In Städten ab 100.000 Einwohnern ist auch eine Teilbelegung möglich. Hierbei kann jede zweite, dritte oder vierte Allgemeinstelle gebucht werden. Regionale Buchungssysteme ermöglichen die Fokussierung regionaler Zielgruppen, z.B. in gezielt zusammengestellten Wirtschaftsräumen. Eine Selektion aus einzelnen Standorten ist nicht üblich.
In Großstädten besteht zusätzlich die Möglichkeit, Allgemeinstellen in U- und S-Bahnstationen separat zu buchen.

Klassische Plakatwerbung: **Allgemeinstellen**

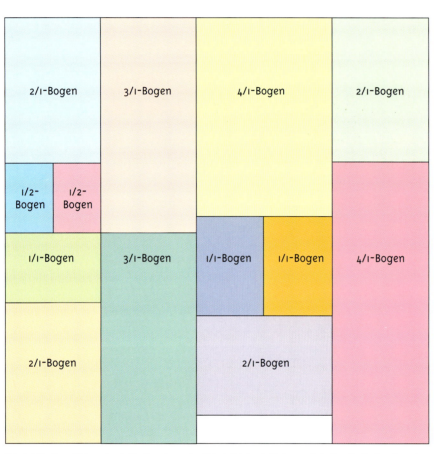

Beispiel für einen Säulenspiegel: Die Anordnung der Plakate ist den Anbietern vorbehalten. In der Regel werden große Plakate im oberen und unteren Bereich und kleine Plakate in der Mitte platziert.

Schaltkosten

Der Plakatanschlag an Allgemeinstellen ist, absolut gesehen, die preisgünstigste Form der klassischen Plakatwerbung und kann sehr kurzfristig gebucht werden.
Die Schaltkosten liegen zwischen € 0,45 und 1,– pro Tag und 1/1-Bogen, das entspricht durchschnittlich € 0,70.

Anbieter

- *awk*
  (www.awk.com)
- *DS Medien*
  (www.dsmedien.de)
- *MOPLAK*
  (www.moplak.de)
- *Ströer*
  (www.stroeer.com)
- *VVR Berek Berlin*
  (www.vvr-berek.de)

  Weitere Anbieter → siehe CD

Der übliche Buchungszeitraum für Allgemeinstellen beträgt eine Dekade; längere Laufzeiten sind möglich. Die Rücktrittsfrist beträgt 60 bis 90 Tage.

Die Plakate sollten bis spätestens 10 Tage vor Anschlagbeginn dem Plakatunternehmen frei Haus geliefert werden, inklusive mindestens 10% Ersatzplakate.

Druckkostenbeispiele Plakate				
Auflage	DIN A1 (1/1)	DIN A0 (2/1)	4/1	6/1
50	680,–	900,–	1.100,–	1.300,–
100	750,–	1.050,–	1.500,–	1.400,–
500	880,–	1.200,–	1.800,–	1.750,–
1.000	1.100,–	1.350,–	2.100,–	2.200,–
5.000	1.600,–	2.300,–	4.000,–	5.800,–

_____ Klassische Plakatwerbung: **Ganzsäulen**

■ Im Gegensatz zu Allgemeinstellen werden Ganzsäulen exklusiv durch einen Kunden, bzw. ein Produkt pro Säule belegt und garantieren so dem Werbetreibenden eine Alleinstellung seiner Werbebotschaft in exponierter Lage.

Ganzsäulen bieten vielfältige kreative Gestaltungsmöglichkeiten. Eine wirkungsvolle Nutzung ist die Rundum-Gestaltung. Dabei wird die Säulenform in die überdimensionale Darstellung zylinderförmiger Produkte (z.B. Getränkedosen oder Klebestifte) mit einbezogen.

In Deutschland gibt es zur Zeit etwa 17.000 Ganzsäulen, hauptsächlich in Orten ab 20.000 Einwohnern. Allein in Berlin sind ca. 1.000 Stück belegbar.

Ganzsäulen stehen meist an stark frequentierten Straßen und in Innenstadtlagen, und sind in der Regel von allen Seiten gut sichtbar.

Neben der klassischen Ganzsäule werden auch beleuchtete, hinterleuchtete und drehbare (auch solarbetriebene) Varianten angeboten. Auf Ganzsäulen entfallen etwa 6,3 % der jährlichen Ausgaben für Außenwerbung.

Bild: Klingenberg Berlin (AW3_114)

Klassische Plakatwerbung: **Ganzsäulen**

TIPP

Als Ergänzung zur Großfläche lassen sich mit der Ganzsäule nationale Plakatkampagnen in größeren Städten und Ballungsräumen effizient gestalten.

Technik

Format

Ganzsäulen sind nicht genormt und variieren daher in Höhe und Umfang. Die Säulen sind meist zwischen 2,60 und 3,60 m hoch und besitzen einen Umfang zwischen 3,60 und 4,30 m.

Es kommt hinzu, dass durch jede neue Plakatierung der Umfang der Säule wächst. Erst nach der sogenannten „Entmantelung" hat die Säule wieder ihren ursprünglichen Umfang. Baugleiche Säulen können daher unterschiedliche Umfänge aufweisen!

Die durchschnittliche Werbefläche beträgt rund 15 m². Bei einer Rundumklebung werden die Säulen mit größeren Plakaten, d.h. entweder sechs 4/1-, drei 6/1- oder drei 8/1-Bogen, verkleidet, die so angebracht werden, dass sie von jeder Seite einsehbar sind.

Die üblichen Plakatformate für Ganzstellen sind 2/1- bis 8/1-Bogen (Formate siehe S. 34). Kleinere Plakate werden in der optischen Mitte angebracht, d.h. der Raum darüber beträgt 1/3 des Freiraums, der Platz unter dem Plakat macht 2/3 des Freiraums aus.

DTP-TIPP

Wegen der unterschiedlichen Säulenformate muss bei der Rundumgestaltung ein Überlappungsrand von 20 cm eingeplant werden.

Achtung: In Berlin unterscheiden sich die Plakatformate von Berlin West (alle 328 x 360 cm) und Berlin Ost (328 x 360 cm beleuchtet und 328 x 300 cm unbeleuchtet).

Druckvorlage

Als Vorlage wird ein Mutterlitho im jeweiligen Format im 60er Raster benötigt. Das Endprodukt entspricht dann einem 15er Raster, bei 6/1-Bogen einem 12er Raster.

Druckverfahren

Die Plakate werden im Nassklebeverfahren angebracht, die speziellen Papiereigenschaften und Drucktechniken sind identisch mit den Allgemeinstellen und Großflächen (siehe S. 29)

Unterfütterung

Bei kleineren Plakaten, die die Werbefläche nicht ganz bedecken, werden freie Stellen mit weißem oder farbigem Papier beklebt bzw. unterfüttert.

Weiße Unterfütterung erfolgt häufig kostenlos durch das Plakatunternehmen. Bei farbiger Unterfütterung wird ein geringer Aufpreis verlangt, es sei denn, der

AW3_115

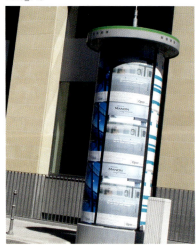
AW3_116   Bilder: DS Medien

Klassische Plakatwerbung: **Ganzsäulen**

Werbetreibende stellt das farbige Papier selbst zur Verfügung.

Preise / Belegung

Produktionskosten
Die Druckkosten für 6/1- und 8/1-Bogen variieren nach Auflagenhöhe, und müssen individuell angefragt werden.

beleuchtete Ganzsäule (AW3_117)

Die Produktionskosten für kleinere Plakatformate finden Sie auf S. 36.

Schaltkosten
Ganzsäulen können generell einzeln oder in Gruppen gebucht und nach Standorten selektiert werden. So kann z.B. ein Unternehmen mit einer einzelnen Stelle auf seinen nahe gelegenen Firmensitz verweisen. In Berlin ist die Belegung nur in Gruppen möglich. Die Anbieter behalten sich die Umdisposition von Flächen vor.

TIPP
Aufgrund der relativ geringen Anzahl von Ganzsäulen in Deutschland muss die Buchung sehr früh erfolgen. Nur so können Wunschmengen und -termine realisiert werden.

Die empfohlene Streuung ist eine Ganzstelle pro 9.000 Einwohner.

Der Buchungszeitraum umfasst immer eine Dekade und die Rücktrittsfrist 60 bis 90 Tage.

Die Preise liegen für die meisten Ganzsäulen zwischen € 13,– und 20,– pro Tag und Säule. Die Schaltkosten für beleuchtete Ganzsäulen können zwischen € 18,– und 24,– variieren.
Aufkleberaktionen, die eine vollständige 2. Klebung notwendig machen, sowie Sonderklebungen außerhalb der Dekadenplakatierung, werden üblicherweise mit mindestens € 15,– je Säule berechnet.

Das Anbringen der Plakate ist normalerweise im Mietpreis enthalten. Die Lieferung der Plakate an das Plakatunternehmen muss, einschließlich 10 bis 15 % Ersatzplakate, mindestens 14 Tage vor Anschlagbeginn erfolgen.

Anbieter

- *awk (www.awk.de)*
- *DS Medien (www.dsmedien.de)*
- *MOPLAK (www.moplak.de)*
- *Ströer (www.stroeer.com)*
- *VVR Berek Berlin (www.vvr-berek.de)*
- *Wall (www.wall.de)*
- *Media Consult (www.media-consult-werbeagentur.de)*

Weitere Anbieter → siehe CD

Klassische Plakatwerbung: **CityLight-Plakate**

■ CityLight-Plakate (CLP) sind Plakataushänge in hinterleuchteten Vitrinen, die ungefähr dem Format von 4/1-Bogen entsprechen. Das Plakat wird hier jedoch nicht geklebt, sondern in spezielle Haltevorrichtungen gehängt. Neben der hochwertigen Optik bieten die CityLight-Vitrinen einen optimalen Schutz der Plakate durch die Anbringung hinter Glas. Besonders wirkungsvoll sind CityLight-Plakate auch nachts und an dunklen Tagen.

Erst Mitte der 80er Jahre auf dem deutschen Markt eingeführt, ist das CLP ein schnell wachsender Außenwerbeträger (seit den 90er Jahren hat es eine jährliche Zuwachsrate in zweistelliger Höhe zu verzeichnen). In Deutschland gibt es derzeit ca. 91.000 Flächen für CityLight-Poster, vor allem in Orten ab 100.000 Einwohnern. Man kann von einer Richtgröße von 1:1.500 ausgehen, d.h. ein CLP pro 1.500 Einwohner. CityLight-Netze erstrecken sich über gesamte Stadtgebiete und garantieren daher hohe Reichweiten und Mehrfachkontakte. Sie werden vorwiegend an sehr attraktiven und leistungsstarken Standorten platziert, an Haupt- und Durchgangsstraßen sowie an Verkehrsknotenpunkten mit hohen Kontaktchancen, in Parkhäusern und an Einkaufszentren, aber auch freistehend in Fußgängerzonen und Bahnhöfen.

CLPs in Wartehallen des öffentlichen Personennahverkehrs und in Bereichen der U- und S-Bahn garantieren intensive Blickkontakte und, aufgrund der Wartezeit der Fahrgäste, Zeit zum Wirken und Nachwirken der Werbebotschaft.
Sonderformen des CLP sind CityLight-Säulen (siehe Leuchtsäulen S. 51) und sogenannte CityLight-Boards oder MegaLights (siehe S. 49), die 2 oder 3 verschiedene Werbebotschaften im Wechsel übermitteln. Durch die Bewegung des hinterleuchteten Plakates wird der Aufmerksamkeitsgrad zusätzlich gesteigert.

TIPP

CLPs sind am wirkungsvollsten, wenn sie leuchten, also vor allem in der dunklen Jahreszeit. Für den Sommerzeitraum bieten manche Anbieter daher spezielle Rabatte an.

Bild: DS Medien

Sonderstandorte für CLP-Netze in S-Bahnhöfen und Intercity-Bahnhöfen, siehe Verkehrsmittelwerbung Seite 131. Standorte für CLP-Netze in Parkhäusern siehe Ambient Media Seite 267.

Technik

Format

Das CLP ist die einzige klassische Plakatform, die nicht im Bogenmaß angegeben wird. Die Größe ist mit 118,5 x 175 cm etwas größer als das 4/1-Bogen-Format.

Durch den Vitrinenrahmen werden an jeder Seite ca. 2 cm des Posters verdeckt. Die sichtbare Plakatfläche beträgt ca. 116 x 172 cm

Klassische Plakatwerbung: **CityLight-Plakate**

AW3_118 Bild: Wall AG

Bei einem angeschnittenen Motiv muss das Druckformat daher größer als die Sichtfläche sein.

Druckvorlage / Gestaltung

Bei CityLight-Postern beträgt die Größe des Ausgangslithos 26,9 x 39,5 cm (inklusive Beschnittzugabe). Dieses Mutterlitho hat ein 60er Raster, was einem 14er Endraster entspricht.

DTP-TIPP

Den überdeckten Teil des Plakatrandes sollte man bei der Gestaltung im Dokument mit Hilfslinien vermerken. Textelemente sollten nicht zu nahe am Randbereich liegen.

Klassische Plakatwerbung: **CityLight-Plakate**

Bei der Gestaltung muss beachtet werden, dass nicht jedes Plakatsujet für die Durchleuchtung geeignet ist. So erzielt man mit Volltonflächen, Überdrucken oder schwarzen Balken negative Wirkungen. Helle Farben eignen sich besser zur Durchleuchtung.

Papier

Das Papier für CLPs muss der Hinterleuchtung gerecht werden. Es sollte ein Flächengewicht von 120 bis 150 g/m² haben, hochtransparent und beidseitig gestrichen sein.

Die Laufrichtung des Papiers muss parallel zur längeren Seite verlaufen, das heißt, das Papier sollte schmalbahngeschnitten sein.

Druckverfahren / Druckfarben

CLPs werden, im Gegensatz zu 4/1-Bogen, in einem Teil produziert, so dass bei der Hinterleuchtung keine sichtbaren Teilungsnähte entstehen.

Vorzugsweise verwendet man das Siebdruckverfahren. Die Farben des Siebdrucks besitzen höhere Lichtechtheitswerte, und der Farbauftrag ist dicker als beim Offsetdruck. Die Farben sollten eine besonders hohe Lichtechtheit von mindestens 7 WS besitzen.

Aber auch mit professionellem Offsetdruck lassen sich zufrie-

AW3_119, AW3_120   Bilder: Degesta

denstellende Ergebnisse erzielen. Lassen Sie sich hierzu von einer spezialisierten Plakatdruckerei (Adressen siehe CD) beraten.

Auch die Farben müssen der Hinterleuchtung gerecht werden. Um die Leuchtwirkung zu verbessern, wird mit einem 1- bis 3-farbigen Rückseiten-Konterdruck der optimale Effekt erreicht: 4-farbiger Druck auf der Vorderseite und spiegelbildlich ein- oder mehrfarbig auf der Rückseite.

Montage / Beleuchtung

CLPs werden im trockenen Zustand in die Vitrine gehängt. Anbringungsmöglichkeiten sind die Wandmontage und einseitige oder doppelseitige Vitrinen. Sie werden von Neonröhren im Hintergrund durchleuchtet.

Preise / Belegung

Produktionskosten

Die Produktionskosten sinken mit steigender Auflagenhöhe. Bei Einzelproduktion kann der Preis für ein CLP über € 100,– liegen, während er bei hohen Auflagen schnell unter die € 10,– Grenze sinkt.

Schaltkosten / Belegung

CLPs werden üblicherweise in Netzen gebucht. Bei manchen Anbietern sind auch Halbbelegungen und Einzelbuchungen möglich. Die Netze beinhalten im Durchschnitt 100 CLPs und ermöglichen eine optimale Streuung der Werbebotschaft über einen Ort oder Ortsteil.

Klassische Plakatwerbung: **CityLight-Plakate**

CityLights sind fest ins Stadtbild integriert Bild: Wall AG

Bild: Degesta

Bild: Wall AG

Der Buchungszeitraum beträgt je nach Anbieter in der Regel eine Woche (Daueraufträge auf Anfrage). Dementsprechend erfolgt auch das Anbringen der Plakate im 7-Tage-Rhythmus.

Die Schaltkosten für CLPs liegen zwischen € 9,– und 15,– pro Fläche und Tag. Die jeweiligen Anschlagunternehmen sorgen dafür, dass die Sichtflächen der Vitrinen durch regelmäßige Reinigung und Wartung gut einsehbar bleiben.

Die Plakate müssen ungefalzt sein und spätestens 10 bis 14 Tage vor Aushangbeginn beim Anschlagunternehmen angeliefert werden. Außerdem sollen mindestens 5 % Ersatzplakate mitgeliefert werden.

Anbieter

- *awk (www.awk.com)*
- *DS Medien (www.dsmedien.de)*
- *DERG (www.derg.de)*
- *Ströer (www.stroeer.com)*
- *VVR Berek Berlin (www.vvr-berek.de)*
- *Wall (www.wall.de)*
- *X-City Marketing (www.x-cima.de)*
- *CAW (www.caw-media.de)*

Weitere Anbieter → siehe CD

Klassische Plakatwerbung: **3D-Poster**

■ Eine Innovation im Bereich Plakatwerbung sind 3D-Plakate. LivingImage bietet drei verschiedene Möglichkeiten kreativer dreidimensionaler Plakatgestaltung, bei denen der 3D-Effekt durch unterschiedliche Herstellungsverfahren erzielt wird:

Basis der Technologie von **LivingDimension** ist die dreidimensionale Fotografie, die dem Betrachter die Illusion des räumlichen Sehens suggeriert. Mittels spezieller Computerprogramme können verschiedene Arten von Aufnahmen in dreidimensionale Bilder umgewandelt werden.

LivingFlip ermöglicht durch eine kleine Abfolge von Wechselbildern, Vorher-Nachher-Effekte oder Szenenwechsel darzustellen.

Videosequenzen oder kleine Bildergeschichten lassen sich gleichfalls darstellen – mit **LivingMotion**. Die Bildfolge vermittelt dem Betrachter im Vorübergehen einen Bewegungsablauf auf dem Plakat, zum Beispiel das Füllen eines Glases oder das Winken einer Hand. Hier sind bis zu 25 Einzelbilder möglich.

Bilder: Philippe Eisfeld

Klassische Plakatwerbung: **3D-Poster**

Technik

Format
Das Format der LivingImage-Plakate entspricht dem der CityLight-Poster. Die sichtbare Fläche der einteiligen Plakate beträgt 116 x 172 cm. Sie werden wie CLPs in spezielle Haltevorrichtungen in Vitrinenrahmen gehängt und können hinterleuchtet werden.

Druckvorlage
Als Vorlagen sind scanfähige Bildmotive oder digitale Daten (nach Abstimmung) verwendbar. Alle LivingImage-Varianten können nach kundenspezifischen Daten erstellt werden. Die Vervielfältigung dauert 5 bis 10 Wochen nach Masterfreigabe.

Material
Polypropylen-Platten (PETG) mit Linsenraster, ca. 3 mm stark, ca. 4 kg pro Plakat. Zum Schutz kann das Bild zusätzlich im Siebdruckverfahren weiß lackiert werden. Somit ist auch Hintergrundbeleuchtung möglich.

Druckverfahren
Die PETG-Platten werden im Digitaldruckverfahren direkt mit UV-beständiger Tinte bedruckt.

Preise / Belegung

Produktionskosten
Produziert werden 3D-Plakate bereits ab 1 Stück. Das Master (4/1-Format) für einen Aufbau als LivingFlip, LivingDimension oder LivingMotion wird einmalig mit ca. € 435,– bis 1.200,– berechnet.

Produktionskosten 3D-Plakate	
Anzahl	Preis pro Stück
1	540,–
2-10	430,–
ab 11	410,–
ab 100	330,–
ab 500	auf Anfrage

Besonders wirkungsvoll sind LivingImage-Plakate als Highlight einer CLP-Kampagne an einem Premiumstandort. Als Einzelwerbeform ist eine Netzbelegung ebenfalls möglich.
Die Plakate müssen spätestens 10 Tage vor Aushangbeginn bei dem Anschlagunternehmen angeliefert werden.

Anbieter

- Philippe Eisfeld
  (www.living-image.de)
- America
  (www.america.nl)

Medien an Straßen

…MegaLights
…Leuchtsäulen
…Uhrensäulen
…Werbetürme
…Standpylone
…Brücken
…Fahnen
…Lichtmastschilder
…Stromkästen/Townboards
…Kleinflächen
…Werbe-Rotoren

Medien an Straßen

AW3_201 Bild: DS Medien

■ Im folgenden Kapitel werden Medien der Außenwerbung beschrieben, die meist freistehend an Verkehrsknotenpunkten oder Hauptverkehrsstraßen aber auch in Fußgängerzonen platziert sind. Zielgruppe für diese Medien ist also die komplette mobile Bevölkerung.

Medien an Straßen: **MegaLights**

■ Das MegaLight-Poster oder auch CityLight-Board ist die große Variante des CityLight-Posters (siehe klassische Plakatwerbung, S. 40) und wird wie dieses von hinten durchleuchtet. Durch die Hinterleuchtung entsteht eine blendfreie Ausleuchtung der gesamten Werbefläche, die aus dem MegaLight-Poster 24 Stunden am Tag einen attraktiven Werbeträger macht – besonders in Kombination mit einer klassischen Großflächen-Kampagne.

Die Leuchtvitrinen im 18/1-Großflächenformat gibt es entweder freistehend oder an Hauswänden quer zur Fahrbahn mit ca. 3 m Bodenabstand. Freistehende Vitrinen sind beidseitig nutzbar.

Derzeit gibt es rund 13.000 MegaLight Stellen, hauptsächlich in deutschen Großstädten an exponierten Stellen im Innenstadtbereich und an Standorten mit hoher Verkehrsdichte.

Eine Version des MegaLights ermöglicht einen computergesteuerten Wechsel von bis zu 7 verschiedenen Großflächen-Plakaten bei programmierbarer Bildstandzeit. Ein großer Teil der MegaLight-Poster ist mit solch einem Motivwechsler ausgestattet. Man hat festgestellt, dass einem wechselnden Bild 4 bis 5 mal soviel Aufmerksamkeit gewidmet wird wie der statischen Version mit der gleichen Mitteilung.

Die Werbezeiten von MegaLights mit wechselnden Motiven können kundenindividuell und sekundengenau programmiert werden.

Technik

Format

Die Motivgröße des MegaLights ist das 18/1-Bogen-Format (356 x 252 cm). Wie bei den Großflächenplakaten wird als Druckvorlage ein Mutterlitho bzw. ein digitales Dokument mit dem Format 59,4 x 41,5 cm benötigt.

Die Plakatfläche wird in 9, 8, 6 oder 4 Bogen geteilt, mit einem Überlappungsrand von ca. 1,5 mm pro Druckbogen. Am besten eignet sich die 4er-Teilung, da beim zusammengesetzten Plakat nur zwei Nähte zu sehen sind. Die Größe der einzelnen Bogen bei der 4er-Teilung beträgt 178 x 126 cm.

DTP-TIPP

Auch bei den MegaLights sind 5 bis 10 cm auf jeder Seite durch den Vitrinenrand verdeckt. Hier sollten weder Text noch wesentliche Elemente platziert werden. Im Mutterlitho-Format entspricht das einem Rand von 1,7 cm.

Papier

Das Papier muss zur Durchleuchtung geeignet sein, also eine geringe Opazität besitzen (siehe auch CityLight-Plakate S. 40). Es sollte mindestens 150 g/m² schwer und beidseitig gestrichen sein.

AW3_202   Bild: DS Medien

Medien an Straßen: **MegaLights**

Druckverfahren und Druckfarben

Die Plakate sollten eine möglichst hohe Farbbrillanz aufweisen. Wie bei den CityLight-Postern sollten die Plakate auf der Rückseite seitenverkehrt und mindestens 2-farbig bedruckt werden, um die Leuchtkraft zu verstärken (siehe Seite 42). Die Auflagenhöhe bedingt die Wahl des Druckverfahrens (siehe Seite 20).

Anlieferung und Montage

Die Plakate müssen mindestens 10 Tage vor Aushangbeginn beim Anschlagunternehmen angeliefert werden, und zwar ungefalzt und unbeschnitten plano auf Paletten. Außerdem sollte man 10 bis 20 % Ersatzplakate mitliefern.

Die Plakate überlappen an den Nahtstellen leicht, damit bei der Hinterleuchtung keine „Blitzer" entstehen.

Für eine leichtere Montage werden die Nahtstellen auf der Rückseite der Plakate durch transparente Folien verstärkt. Das zusammengesetzte Plakat wird dann auf eine Profilschiene aufgeschoben und in die Vitrine eingehängt.

Preise / Belegung

MegaLight-Poster können ausschließlich in Netzen und Dekaden gebucht werden. Die Netze werden individuell zusammengestellt und können in CityLight-Netze integriert werden.

Produktions-/Schaltkosten

Druckkosten siehe Großflächenplakate Seite 32. Die Schaltkosten variieren je nach Stadt. Sie bewegen sich zwischen € 30,– und 55,– pro Tag und Fläche.

TIPP

Auch hier gewähren manche Anbieter günstigere Sommertarife.

Anbieter

- *awk Außenwerbung GmbH (www.awk.de)*
- *Wall AG (www.wall.de)*
- *Ströer (www.stroeer.de)*
- *Caw (www.caw-media.de)*
- *Mihai (www.mihai.de)*
- *Abribus Citymedia GmbH (www.abribus.de)*
- *ARGE Plakat (www.argeplakat.de)*

weitere Anbieter → siehe CD

AWS_203

Bild: Wall AG

Medien an Straßen: **Leuchtsäulen**

■ Bei Leuchtsäulen, auch City-Light-Säulen genannt, kommt die gleiche Technik zur Anwendung wie bei den Mega- und CityLight-Postern (siehe Seiten 40 und 48). Die Plakate werden mit Klemmleisten in Vitrinen eingehängt und von hinten durchleuchtet. Die Ganzstellen stehen jeweils einem Werbetreibenden und somit einer Werbebotschaft zur Verfügung.

Wie die klassische unbeleuchtete Litfasssäule, genießt auch die Leuchtsäule hohe Aufmerksamkeits- und Sympathiewerte.

Derzeit gibt es bundesweit ungefähr 700 Leuchtsäulen; allein 200 Stellen befinden sich in Berlin. Leuchtsäulen stehen an Straßen und Kreuzungen, im Innenstadtbereich und in Fußgängerzonen.

Technik

Formate

Je nach Größe und Form der Säulen kann das 8/1-, 6/1-, 4/1-Bogenformat oder das CLP-Format verwendet werden. Bei der klassischen Leuchtsäule sind entweder sechs 4/1-Bogen-Plakate oder drei 8/1-Bogen-Plakate eingehängt.

Papier

Das Papier muss zur Durchleuchtung geeignet sein. Es sollte 150 g/m^2 wiegen und zweiseitig gestrichen sein.

Druckverfahren

Die Auflagenmenge bestimmt die Wahl des Druckverfahrens. Wie bei Mega- und CityLight-Postern empfiehlt sich ein zusätzlicher seitenverkehrter Rückseitendruck zur Verbesserung der Leuchtwirkung (siehe Seite 42).

Bild: Wall AG

Medien an Straßen: **Leuchtsäulen**

Bild: Media Special

AW3_205

Bild: DEGESTA

Preise / Belegung

Die Säulen können je nach Anbieter einzeln oder in Netzen, dekaden- oder wochenweise gebucht werden. Informationen hierzu müssen bei den jeweiligen Anbietern erfragt werden. Bei manchen Firmen ist die Belegung von Leuchtsäulen in bestehende CityLight-Netze integriert.

Produktionskosten

Die Produktionskosten entnehmen Sie bitte dem Kapitel über Allgemeinstellen und CityLight-Poster. (siehe Seiten 33 und 40).

Schaltkosten

Der Schaltpreis liegt zwischen € 14,– und 37,– pro Tag und Fläche. Die Plakate sollten 14 Tage vor Aushangbeginn bei dem Anschlagunternehmen eintreffen. In der Regel werden 10 % Ersatzplakate benötigt.

Anbieter

- DEGESTA
  (www.degesta.de)
- DS Medien
  (www.dsmedien.de)
- Ströer
  (www.stroeer.com)
- Wall AG
  (www.wall.de)

  weitere Anbieter → siehe CD

Medien an Straßen: **Uhrensäulen**

AW3_206   Bild: ZUW

■ Bundesweit gibt es ca. 5.000 Uhrensäulen an Straßen und öffentlichen Plätzen. Es gibt sie kombiniert mit Temperaturangaben und anderen Messwerten, digital, hinterleuchtet, als bewegte Variante mit konstant drehendem Werbeteil (z.B. von ZUW) und sogar mit eingebundenem Prismenwender. Uhrensäulenwerbung eignet sich sowohl für nationale als auch für lokale und regionale Werbeaktionen.

Technik

Format

Man unterscheidet bei der Werbung an Großuhren zwischen Kampagnen- und Dauerwerbung. Unter Kampagnenwerbung versteht man die Belegung von Werbeflächen für mindestens 7 bzw. 14 Tagen, bei Dauerwerbung geht man von mindestes einem Jahr aus.

Großuhren sind mit hinterleuchteten Transparenten unter der eigentlichen Zeitanzeige ausgestattet, in die Plakate in den Formaten DIN A1, DIN A0 oder im CityLight-Format eingehängt werden können (die Formate sind Netzabhängig).

Papier

Bei 7 bis 14-tägigen Kampagnen wird ein Papier in der Qualität wie bei CityLight-Plakaten (siehe S. 40) empfohlen, bei 14 bis 28-tägigen Zeiträumen eine zusätzliche beidseitige Laminierung, die das Ausbleichen der Motive hemmt.

Für längere Einsätze können spezielle Folien verwendet werden, die mit UV-Tinte bedruckt und zusätzlich laminiert werden oder die Werbung wird im Siebdruck hergestellt.

Druck

Für ein Angebot über länger einsetzbare Spezialfolien, wenden Sie sich bitte an den Anbieter.

Preise / Belegung

Kampagnenwerbung kann in Zeiträumen von 7 oder 14 Tagen gebucht werden.

In Städten mit über 100.000 Einwohnern werden beispielsweise Städte-Netze mit 10 bis 370 Flächen angeboten, die € 3,50 bis 9,40 pro Tag und Fläche kosten.

Für Dauerwerbung (in Städten über 100.000 EW) stehen insgesamt rund 2.300 Großuhren mit 7.600 Werbeflächen zur Verfügung. Bundesweit bewirtschaftet ZUW 4.100 Großuhren mit rund 13.500 Werbeflächen in über 1.000

AW3_207   Bild: ZUW

Medien an Straßen: **Uhrensäulen**

Städten und Gemeinden. Die Kosten bei Belegung einer Werbefläche für ein Jahr betragen € 230,– pro Monat und Fläche, bei 3-Jahresbelegung nur noch € 184,– und bei einer 5-Jahresbelegung ca. € 152,–.
Folgend ein Preisbeispiel für Berlin im Format DIN A1:

- Kampagnenwerbung, Belegung 14 Tage, 75 Standorte mit insgesamt 150 Flächen = € 7.350,– gesamt.
- Dauerwerbung, Belegung 1 Jahr, 75 Standorte mit insg. 150 Flächen = € 171.990,– gesamt (inklusive 10 % Rabatt für Jahresbelegung).

AW3_208   Bild: ZUW

TIPP
In Berlin sind Netze mit maximal 120 Flächen im CityLight-Format zum Preis von € 9,40 pro Tag und Fläche buchbar. („CityLightClock", www.zuw.de)

Sonderform
Ein besonderes Netz von Werbeflächen an Uhren wird von „DSM Zeit und Werbung" (www.zuw.de) angeboten: das „TimeLightPoster – Küste". In Netzen von 50 bis 200 Werbeflächen verteilt auf 53 Orte an Deutschlands Küste, kann speziell die Zielgruppe der „Deutschlandurlauber" erreicht werden. Belegungsdauer für Kampagnenwerbung ist mindestens ein Monat und kostet je nach Netz zwischen € 110,– und 125,– in der Nebensaison bzw. zwischen € 220,– und 250,– in der Hauptsaison.
Dauerwerbung kann in Laufzeiten von 6 Monaten bis 5 Jahre geschaltet werden, die ab € 145,– pro Monat für die Einzelbelegung (1 Fläche an einer Großuhr im DIN A0 Format) und ab € 542,– für die Komplettbelegung (alle Flächen einer Großuhr) buchbar ist.

Weitere Werbeuhrenanlagen, die eher für regionale Werbung geeignet sind, stehen im Rhein/Main-Gebiet, zum Beispiel in Aschaffenburg, Darmstadt und Bad Soden. Die Werbeflächen sind hier unterschiedlich: 88,2 x 123,2 cm oder 76 x 94 cm. Die Bedruckung erfolgt im Siebdruck auf Glas oder auf Kunststoffplatten. Auch selbstklebende Folien können eingesetzt werden.

Die Produktionskosten richten sich nach der Anzahl der verwendeten Farben und der Größe und Ausführung der Werbefläche. Sie können zwischen € 250,– und 510,– liegen.

Die Schaltkosten richten sich nach der Größe der Werbefläche, Standort und Laufzeit und können zwischen € 80,– und 100,– pro Monat und Fläche variieren. Generell werden die Werbeflächen langfristig gebucht. Üblich ist eine Belegungsdauer von mindestens einem Jahr. Einzelbelegungen sind möglich.

Anbieter

- *DSM Zeit und Werbung (www.zuw.de)*
- *Innovativ Marketing (www.innovativmarketing.de)*

Weitere Anbieter → siehe CD

Medien an Straßen: **Werbetürme**

■ Ein Spezialwerbeträger im Outdoor-Bereich ist der Werbeturm. Es gibt vielfältige Gestaltungsmöglichkeiten in Form und Material, unbeleuchtet, angestrahlt oder selbstleuchtend und es gibt ihn feststehend oder auch drehbar. Er ist in jeder gewünschten Größe und Ausführung herstellbar. Der Werbeturm ist außerdem witterungsbeständig.

Seine Werbeflächen können Tafeln, Leuchttransparente oder Spanntuchanlagen sein. Sonderzubehör wie eingebaute Uhren oder computergesteuerte Lauflichtanlagen können problemlos installiert werden. Türme sind schon von weitem erkennbare Orientierungspunkte. Kommunikation aus großer Höhe erzielt besonders gute Resultate.

AW3_209 Bild: BlowUp Media

Technik

Formate / Material

Grundsätzlich kann auf Wünsche, betreffend Größe, Höhe oder Ausmaß der Werbefläche, in jeder Form eingegangen werden.

Sie können aus Beton gemacht sein, aus Stahl, Aluminium oder Acrylglas. Die Größe der Werbeflächen ist beliebig wählbar, und die Höhe kann 15 bis 35 m und höher sein.

Preise

Bei solch einer Vielzahl an Gestaltungsmöglichkeiten variieren die Preise sehr stark und müssen erfragt werden. Die Komplettangebote der Anbieter umfassen Beratung, Entwicklung, Bauantrag, Statik, technische Dokumentation, Produktion, Transport, Fundament, Wartung und Montage.

Anbieter

– Reklame Rudolph
  (www.reklamerudolph.de)
– Euroschild
  (www.euroschild.de)
– Ries (www.ries-wt.de)

Weitere Anbieter → siehe CD

AW3_210 Bild: Z New Media

Medien an Straßen: **Standpylone**

■ Pylone sind in jeder Höhe, Größe und Breite realisierbar. Die Standsäulen können zwei-, drei- oder vierseitig gefertigt werden, beleuchtet oder unbeleuchtet. Die Werbeflächen werden individuell angepasst und sind als Tafel, Leuchttransparent oder Spanntuchanlage möglich. Die Anbieter übernehmen Ausarbeitung der Bauanträge, Gestaltung, Produktion, Transport und Montage.

Werbevorbauten oder –vordächer können nach Belieben entworfen und gefertigt werden. Groß oder klein, beleuchtet oder unbeleuchtet, machen sie genau wie ein Standpylon oder Werbeturm auf einen Eingang aufmerksam.

Technik

Material

Der Tragrahmen der Pylone besteht in der Regel aus Aluminium, Stahl oder Edelstahl. Die Werbeträger in der unbeleuchteten Ausführung bestehen aus hochwertigem PVC-Hartschaum, in der beleuchteten Ausführung aus Acrylglas und Aluminiumprofilen.
Texte und Logos können als im Digitaldruck entstandene Hochleistungsfolien aufgeklebt, plastisch aufgesetzt, ausdekupiert oder mit Neon hervorgehoben werden.

Preise

Material- und bauartbedingt können keine allgemeingültigen Angaben gemacht werden.

Anbieter

– *Reklame Rudolph (www.reklamerudolph.de)*
– *Freudenthal (www.fwz.de)*
– *Ries (www.ries-wt.de)*

Weitere Anbieter → siehe CD

Bilder: NIS GmbH

Medien an Straßen: **Bodenwerbung**

■ Durch die Entwicklung und Patentierung einer speziellen Asphaltfolie erweitern sich die Werbemöglichkeiten im öffentlichen Raum auch auf den Boden. Die selbstklebende Asphaltfolie kann sowohl auf Asphaltbeton, Gussasphalt, Beton und Pflastersteinoberflächen verlegt werden und zeichnet sich durch eine hohe Rutsch- und Verschleißfestigkeit aus.

Voraussetzung für den Einsatz der Bodenkleber in Fußgängerzonen oder öffentlichen Bürgersteigen ist die Genehmigung der Stadt oder der Bundesanstalt für Straßenwesen.

Momentan wird diese Technik hauptsächlich an Eingängen von Bahnhöfen, Flughäfen, in Parkhäusern (Seite 268), Tankstellen (Seite 274) und Busstationen eingesetzt.

Technik

Auf den Folien kann im Digitaldruck oder Siebdruck jedes Motiv umgesetzt werden. Durch eine spezielle Verzerrungstechnik kann die Werbebotschaft dreidimensional umgesetzt werden, so dass beispielsweise eine Flasche aufrecht im Raum zu stehen scheint.

AW3_211 Bild: Asphalt-Art

Preise

Die Produktionspreise sind auflagenabhängig und kosten im Digitaldruck um € 79,– pro m² und im Siebdruck ab € 34,– pro Stück.

Anbieter

– *Asphalt-Art*
 (www.asphalt-art.de)

AW3_212 Bild: Asphalt-Art

Medien an Straßen: **Brückenwerbung**

■ An ungefähr 3.500 Brücken in Deutschland besteht die Möglichkeit, Werbebotschaften temporär oder langfristig zu präsentieren. An Brücken der Deutschen Bahn, von U- oder S-Bahn ist Werbung möglich, während sie an Autobahnbrücken nicht zulässig ist. Einschränkungen existieren für Niedersachsen und Hamburg (generelles Brückenwerbeverbot in Hamburg, in Niedersachsen eingeschränkt).

Für eine langfristige Belegung werden beleuchtete oder unbeleuchtete Werbehinweisschilder, Einzelbuchstaben, Logos oder Lichttransparente angebracht. Für kurzfristige Werbemaßnahmen werden Spannbänder an den Brücken befestigt. *Die Werbung muss in jedem Fall von der Baubehörde genehmigt werden.*

Technik

Formate

Das Format richtet sich, insbesondere bei langfristiger Werbung, nach der vorhandenen Fläche und den Belangen des Werbetreibenden und kann sehr unterschiedlich sein. Bei Werbebannern wird jedoch oft eine Standardgröße gewählt in einer Breite von 7 bis 15 m und einer Höhe von 0,60 bis 1 m. In der Regel ist von einem Mindestmaß von 8 x 0,80 m auszugehen.

Material

Für die Spanntransparente werden meist PVC-Planen verwendet. Sie werden hängefertig geliefert, geöst und mit farbiger Hochleistungsfolie dauerhaft beschriftet. In Verbindung mit Digitaldruck ist jede Text-Bild-Kombination möglich. Festinstallierte Werbeanlagen wie Tafeln oder Schriften, werden von einem Werbetechniker hergestellt. Informationen über alle Detailfragen können vom Anbieter beantwortet werden.

Preise / Belegung

Die Belegungsdauer bei kurzfristiger Brückenwerbung beträgt je nach Zulassung mindestens 7 oder 14 Tage. Die Maximalbelegung ist abhängig von den länderspezifischen und kommunalen Auflagen und beträgt in der Regel 4 Wochen. Bei einer Dauerbelegung muss die Brückenwerbung mindestens ein Jahr gemietet werden.

Schaltkosten

Die Miete für Spanntransparente beläuft sich für 7 Tage auf € 56,– bis 175,–. Für beleuchtete oder unbeleuchtete Dauerwerbung ist mit mindestens € 1.900,– pro Jahr zu rechnen. Hinzu kommen außerdem Produktions- und Montagekosten. Letztere betragen ungefähr € 100,– bis 115,–.

Anbieter

– DERG (www.derg.de)
– VVR-Berek (www.vvr-berek.de)

AW3_213　　　　　　　　Bild: DERG

Medien an Straßen: **Fahnen**

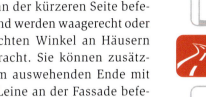

■ Fahnen sind in vielen verschiedenen Größen und Formen erhältlich. Schon bei der Auswahl des Fahnenmastes hat man zahlreiche Möglichkeiten. Wand- und Dachbefestigung sind ebenfalls realisierbar. Unter verschiedensten Stoffen wird der für die Anforderungen jeweils Beste herausgesucht.
Damit die Werbebotschaft auch ohne Wind gut lesbar bleibt, gibt es besondere Stäbe, die durch oben an die Fahne angenähte Schlaufen gezogen werden.
Dadurch erhält die Fahne eine hohe Spannung. Solche Verbesserungsmittel sind an jedem Mast möglich.

Die gängigsten Fahnenarten sind:

Hissflaggen im Querformat wehen über die lange Seite aus. Die Größe richtet sich nach der Mastlänge, sie beträgt etwa ein Drittel der Masthöhe. Bei Flaggenmasten, die auf Dächern montiert sind, ist darauf zu achten, dass die Flagge im Ruhezustand nicht das Dach berührt. Hissflaggen sind für sehr windige Standorte geeignet.

Hissflaggen im Hochformat wehen über die kurze Seite aus. Die halbe Mastlänge ergibt die Länge der Flagge. Hochformatflaggen eignen sich gut für Flaggengruppen.

Außerdem entfalten sie sich bei wenig Wind und sind somit für Standorte mit unterschiedlichen Windverhältnissen geeignet.

Banner sind Fahnen mit Querstab und spezieller Aufhängevorrichtung an der oberen Kante. Die Länge richtet sich wie bei den Hissflaggen nach der Masthöhe. Die halbe Masthöhe ergibt die Länge des Banners. Bannerfahnen sind für den Einsatz bei wenig Wind optimal.

Hängefahnen sind wie Banner oben an der kürzeren Seite befestigt und werden waagerecht oder im leichten Winkel an Häusern angebracht. Sie können zusätzlich am auswehenden Ende mit einer Leine an der Fassade befestigt werden.

Spannbänder sind rundum verstärkt und an den Ecken mit strapazierfähigen Gurtbändern versehen. Je nach Einsatzgebiet werden

AW3_214

Bild: Fahnen Fleck

Medien an Straßen: **Fahnen**

AW3_215 Bild: Fahnen Fleck

unterschiedliche Materialien verwendet. Die gängige Breite ist 75 bis 100 cm. Die Standardgröße ist 500 x 100 cm. Spannbänder sind oft über Straßen gespannt.

Technik

Formate
Prinzipiell sind alle Größen denkbar. Fahnentuch gibt es in Standardbreiten von 120, 150 und 200 cm. Standardgrößen sind 120 x 300 cm oder 150 x 400 cm.

Material
Fahnentuch besteht zum großen Teil aus Polyester-Wirkware, wie z. B. der matte Polyesterstoff, der Satinstoff, der Fahnenstoff und der baumwollartige Stoff. Das Gewicht beträgt 110 bis 115 g/m^2. Das Material ist schwer entflammbar, wasserbeständig und sehr pflegeleicht.
Man kann die Fahnen in der normalen Waschmaschine bis 90°C waschen. Auf keinen Fall sollte man sie chemisch reinigen lassen oder in nassem Zustand zusammenlegen. Für eine längere Haltbarkeit ist es ratsam, die Fahnen bei Sturm einzuholen.

Druckverfahren
Fahnen werden entweder in einer Variante des Siebdruck gefertigt, nämlich mit dem chemischen Dampfdurchdruck, oder – angepasst an den gewünschten Verwendungszweck – im Digitaldruck. Feinste Strukturen und Schriften können, zum Beispiel bei kleineren Auflagen oder Einzelstücken, durch digitalen Stoffdruck erzielt werden. Die Druckfarben sind luft-, licht-, wasser- und sonnenbeständig.

AW3_216 Bilder: Fahnen Fleck

Medien an Straßen: **Fahnen**

Vorlagen

Als analoge Vorlagen dienen Reinzeichnungen und Dias. Bei digitalen Vorlagen sollte man sich vorab mit dem Hersteller in Verbindung setzen, um aufwendige Nacharbeit der Dateien zu vermeiden.

Masten

Auch bei den Fahnenmasten gibt es mehrere Auswahlmöglichkeiten. Es gibt fest am Boden montierte Varianten mit Kippvorrichtung zum einfachen Wechseln der Fahne und unterschiedlich gestaltete Sockel oder Masten, die beispielsweise in Blumenkübel integriert sind.

Die flexibelste Variante ist der Teleskopmast aus Aluminium zum einfachen Transportieren. Dieser mobile Mast ist überall einsetzbar und mit einem speziellen Gabelfuß zum Auffahren für PKW's als Beschwerung versehen (Anbieter: Profi-Sport, www.profisport.com). Mögliche weitere Mastmaterialien sind Aluminium, Glasfaser und Kunststoff.

Preise

Produktionskosten

Die Produktionspreise schwanken erheblich, je nach Abnahmemenge, da die Rüstkosten und die Einrichtpauschale immer getragen werden müssen, und der Stückpreis beträchtlich bei großer Stückzahl sinkt. Außerdem unterscheiden die Anbieter auch nach der Anzahl der Farben, der Farbdeckung und dem Material des Stoffes. Digitaler Stoffdruck kostet auf Fahnenstoff von 2-5 Laufmeter pro Motiv:
1 Stück € 90,–, 2 Stück je € 85,–,
5 Stück je € 80,–.
Generell kommen Materialkosten von bis zu € 6,– für Ösen, Stangensaum oder Gurtenband hinzu.

Eine Hissfahne im Hochformat 120 x 300 cm, vollflächig vierfarbig bedruckt kostet inkl. Konfektionierung zwischen € 260,– und 300,–.

Schaltkosten

Fahnenwerbeflächen können an hochfrequentierten Orten gemietet werden, die Platz für Fahnengruppen bieten. Zu erwähnen wären Messegelände, Vorplätze von Kongresszentren, Hotels, Flughäfen und Bahnhöfe.

Kaufpreise für Fahnenmasten	
Höhe	Preise
6 m	180,– bis 370,–
7 m	200,– bis 390,–
8 m	220,– bis 420,–
9 m	250,– bis 450,–

Anbieter

- *AWAG*
  (www.awag.de)
- *Fahnen Fleck*
  (www.fahnenfleck.de)
- *Profi-Sport*
  (www.profisport.com)
- *Schäffer & Peters*
  (www.textil-print.de)
- *WEBA*
  (www.webafahnen.de)

Weitere Anbieter → siehe CD

Bild: Fahnen Fleck

Medien an Straßen: **Lichtmastschilder**

■ Mastenschilder werden an den Lichtmasten öffentlicher Straßen und Plätze angebracht und sind Teil eines einheitlichen Wegweisersystems, durch das man ortsansässige Gewerbetreibende leichter finden kann, denn sie sind gezielt angebracht und führen den Autofahrer zum gesuchten Ort.

Die Schilder werden mit zwei Edelstahlspannbändern in einer Höhe von 2,5 m (Schildunterkante) befestigt. Natürlich muss die Anbringung *vorher behördlich genehmigt werden*.

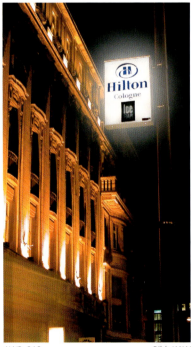
AW3_218   Bild: KAW

Technik

Format

In der Regel ist die Größe eines Lichtmastschildes ca. 60 x 80 cm, es gibt sie jedoch auch in 60 x 50 cm. Die mit Rohrrahmen versehenen Schilder messen 65 x 200 cm.

Material

Die Tafeln werden aus einem 2 mm starken Aluminium-Verbundmaterial angefertigt. Die Oberflächen sind pulverbeschichtet oder mit einer Polyestermattlackbeschichtung behandelt. Sie werden entweder auf einen Aluminium-Vierkant-Profilrahmen (30 x 30 mm) aufgeschraubt oder mit einem Rohrrahmen versehen, in den die Tafel eingesetzt wird, aus dem sie aber auch wieder ohne Demontage des Rahmens herausgenommen werden kann.

Preise / Belegung

Die Mindestbelegungsdauer ist in der Regel 1 Monat, aber auch eine Schaltung über mehrere Jahre ist möglich. Die Produktionskosten bewegen sich um € 120,– pro Tafel. In Berlin liegen die Schaltkosten für ein Schild im Format 60 x 80 cm bei € 60,– im Monat, in Köln bei € 40,– im Monat.

AW3_219   Bild: KAW

Anbieter

- IKL Service (www.ikl.de)
- Kölner Aussenwerbung GmbH (www.kaw.de)
- Rischke & Mehner (www.rm-werbung.de)
- Mihai (www.mihai.de)
- VVR-Berek (www.vvr-berek.de)

Produktionsfirma für Lichtmastschilder mit speziellem Rohrrahmen:

- Nied (www.nied-kg.de)

Medien an Straßen: **Townboards**

■ Townboards (Plakate im Alu-Wechselrahmen) werden an Stromkästen und Schaltschränken installiert. Die Sichtfläche wird durch eine Folie geschützt. Anfangs wurden Events auf diese Weise angekündigt. Heute gibt es mehr als 20.000 Flächen bundesweit, die für diese Art von Werbung in Großstädten und Ballungsräumen genutzt werden können, gut sichtbar für Fußgänger, Fahrrad- oder Autofahrer zu gleichen Teilen. Durchdachte Logistik ermöglicht sogar einen täglichen Motivwechsel gegen Aufpreis.

Technik

Format / Material

Als Format kommt nur DIN A1 hoch in Frage (59,4 x 84 cm). Das Papiergewicht sollte zwischen 100 und 120 g/m² liegen und für den Außenwerbebereich geeignet sein (hoher Lichtechtheitsfaktor, wasserfest).

Preis / Belegung

TownBoards können in Perioden von 14 Tagen gebucht werden, mit 60-tägigem Rücktrittsrecht. Es besteht die Möglichkeit entweder in Einzelstädten zu schalten oder in drei verschiedenen Netzen:

– „BigTowns" enthält 1.000 Flächen in 6 Großstädten,
– „Towns" enhält 1.800 Flächen in 13 Städten,
– „AllTowns" 3.000 Flächen in 24 Städten.

Ein TownBoard-Netz besteht pro Stadt aus mindestens 50 Rahmen. Buchbare Flächen stehen in folgenden Städten zur Verfügung: Berlin, Bielefeld, Bochum, Bremen, Darmstadt, Dortmund, Duisburg, Düsseldorf, Essen, Frankfurt am Main, Gelsenkirchen, Hamburg, Hannover, Kiel, Köln, Lübeck, Magdeburg, Mainz, Mönchengladbach, Mülheim/Ruhr, München, Oberhausen, Osnabrück und Wiesbaden. (In München ist die Buchung der TownBoards nur für Kulturwerbung möglich)

Preise für TownBoard-Netze				
Netz	Städte	Flächen	Auflage	Preis
Big Towns	6	1.000	1.300	21.700,–
Towns	13	1.800	2.340	39.060,–
All Towns	24	3.000	3.900	65.100,–

Schaltkosten

Die Plakate müssen spätestens 14 Tage vor Aushangbeginn beim Anbieter frei Haus auf Euro-Paletten angeliefert werden. Für Ersatzplakate sollten 20% des Auftragsvolumens berücksichtigt werden.

Anbieter

– *TownTalker* (www.towntalker.de)
– *DS Medien* (www.dsmedien.de)

AW3_220 Bild: DS Medien

Bild: TownTalker

Medien an Straßen: **Hartfasertafel-Aushänge**

■ Eine mobile Alternative zu festen Stellen sind stabile Tafeln aus Hartfaser. Die wetterfest aufgezogenen Plakate werden vor allem als Werbemöglichkeit für Messen, Ausstellungen, Konzerte und Parteien genutzt.
Mit Genehmigung der jeweiligen Stadt oder Gemeinde werden Hartfasertafeln auf öffentlichem Grund an gut sichtbaren Stellen angebracht, zum Beispiel an Straßen, Kreuzungen, Lichtmasten oder Bäumen.

Technik

Format

DIN A0-Plakatreiter mit Standfüßen besitzen eine Gesamthöhe von 1,50 m und werden an Lichtmasten und Bäume gestellt und befestigt. DIN A1-Werbeständer ohne Standfüße werden an Lichtmasten und Bäumen mit ummanteltem Draht befestigt. Größere Formate sind nach Absprache erhältlich.

Papier

Hier wird 100 bis 120 g/m² schweres, für Außenwerbung geeignetes Papier verwendet (siehe Seite 21).

Druckverfahren / Druckfarben

Das Druckverfahren richtet sich nach der Auflage. Reflektierende Leuchtfarben oder Spiegeleffekte dürfen nicht verwendet werden.

TIPP

Bei doppelseitiger Anbringung werden die Stand-Plakate zum Beispiel sowohl vom Verkehr als auch von Passanten auf dem Gehweg wahrgenommen. Die Wirkung verstärkt sich durch nebeneinander montierte Tafeln mit gleichem Motiv.

Preise / Belegung

Für den Plakataushang werden in manchen Fällen von der jeweiligen Stadt, Gemeinde oder Kommune Straßensondernutzungsgebühren erhoben. Diese können je nach Ort und zu bewerbender Veranstaltung um bis zu € 500,– variieren! Für das Einholen der Genehmigung ist der Auftraggeber verantwortlich. Soll es vom Anbieter erledigt werden, wird dies separat berechnet.

Schaltkosten

Für Hartfasertafel-Aushänge gilt eine Mindestbelegzeit von 10 bis 14 Tagen und je nach Anbieter eine Mindeststückzahl von 30 bis 50 Exemplaren. Die Schaltkosten variieren stark und müssen daher individuell angefragt werden.
Die Lieferung der Plakate an den Anbieter sollte 10 Tage vor Plakatanschlag erfolgen und 10 bis 25 % Ersatzplakate enthalten. Für Überkleber werden 10 % des Auftragswertes berechnet. Im Preis enthalten sind Aufbau, Plakatierung, Abbau und Befestigungsmaterialien.
Die Anbieter haften nicht für Beschädigung oder Überkleben der Plakate durch Dritte.

Anbieter

– MIHAI (www.mihai.de)
– Kölner Aussenwerbung GmbH (www.kaw.de)
– Smile (www.smile-werbung.de)
– WUVS (www.plakatierer.de)
– ikl (www.ikl.de)

Weitere Anbieter → siehe CD

AW3_221
Bild: KAW

Medien an Straßen: **Werberotoren**

■ Werbeschilder die sich drehen und auf beiden Seiten eine Werbebotschaft tragen sind in mehreren Formen erhältlich. „Rotaris" beispielsweise bietet sie beweglich zum Aufstellen, an die Wand montiert oder auf einem Mast an. Außerdem sind sie auch für das Autodach erhältlich.

Werberotor für die Wand
Die Wandrotoren sind in verschiedenen Formen verfügbar, zum Beispiel in S-Form oder auch als Würfel. Die Werbeflächen haben die Formate 40 x 36 cm, 50 x 32 cm oder auch 135 x 28 cm.

Bilder: Rotaris

Technik / Formate

Werberotor zum Aufstellen
Diese Form der Rotoren bietet Displayflächen im Format 50 x 80 cm, ein Drehdisplay mit zwei gegenläufigen Rotoren jeweils im Format 44 x 44 cm.
Eine Besonderheit ist der Fahrradständer mit rundem Drehdisplay im Durchmesser von 60 cm.

Werberotor in S-Form
Die Werberotoren in S-Form für Wand oder am Mast sind in den Formaten 55 x 20 cm oder 66 x 50 cm lieferbar.

Material
Die Schilder sind in der Regel aus weißem Hart-PVC hergestellt. Der Fuß oder Ständer ist aus Beton oder auch wasserbefüllbar und daher leichter zu transportieren.

Preise
Die Wandrotoren sind ab € 186,– erhältlich. In S-Form kosten die Wandrotoren zwischen € 236,– und 251,–. Ein größerer Wandrotor ist ab € 410,– zu bekommen. Für die Wandhalterung ist zusätzlich mit € 107,– zu rechnen, die Rotormasthalterung für zwei Rotoren kostet € 148,–. Beim Drehdisplay zum Aufstellen belaufen sich die Kosten auf € 187,–.
Für Besonderheiten wie das Display mit zwei gegenläufigen Rotoren sind € 219,– zu veranschlagen, der Fahrradständer ist für € 358,– erhältlich.

Anbieter
– *Rotaris (www.rotaris.de)*
– *Freudenthal (www.fwz.de)*

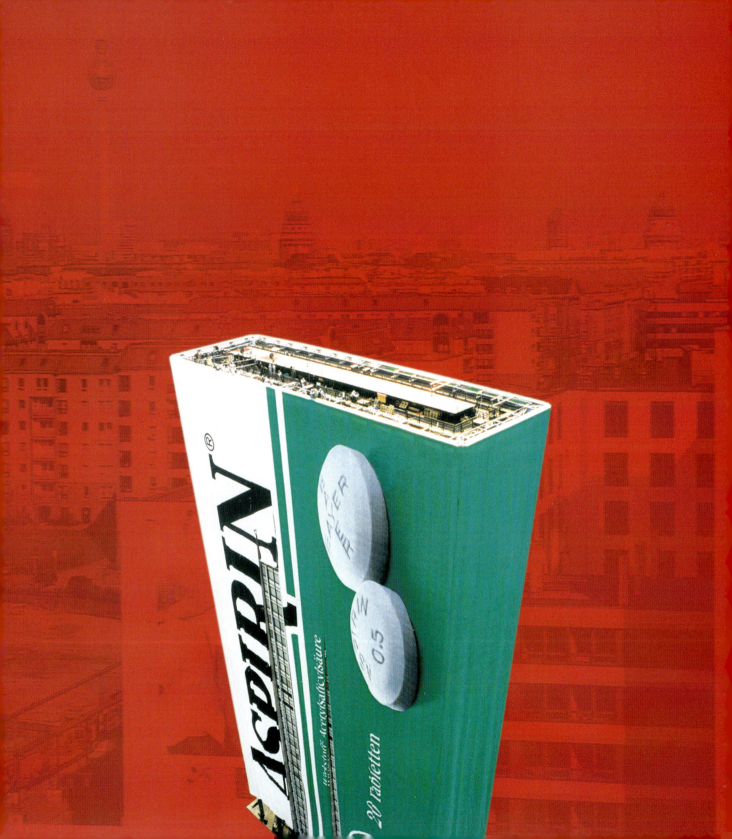

Medien an Gebäuden

...Leuchtschrift
...Superposter
...Prismenwender
...Videoboards/LED-Tafeln
...Dia-Werbung
...Gebäudeverhüllungen/Fassadenwerbung
...Riesenposter/BlowUps
...Taschen aus Riesenpostern
...Baustellenwerbung

Medien an Gebäuden

Dieses Kapitel befasst sich mit den Werbeformen Out-Of-Home, die mit Hilfe von Trägerkonstruktionen an Gebäude angebracht sind, oder die kompletten Gebäude zur Gestaltung nutzen, wie es bei den Gebäudeverhüllungen der Fall ist.

Nahezu unbegrenzte Möglichkeiten durch Spezialfolien und digitale Drucktechnik. Bilder: 3M

Medien an Gebäuden: **Leuchtschrift**

■ Standard für Ladengeschäfte sind Schriftzüge – beleuchtet oder hinterleuchtet – direkt über dem Eingang des Geschäftes, die den Namen oder die Art des Geschäftes zeigen.

Da Leuchtschriften individuell gestaltet werden, können wir keine preislichen Richtlinien angeben, wir werden uns hier mit Preisbeispielen behelfen.

Die genannten Anbieter sind auf diese Werbeform spezialisiert und beraten auch bei der Planung einer Leuchtwerbung. Hier einige wichtige Informationen und Empfehlungen zur Vorplanung und Gestaltung von Leuchtwerbeaktionen.

Gestaltung
Die Schrift sollte gut und einfach lesbar sein, geeignet sind Schriften mit gleichmäßiger Strichstärke, Blockschriften und Großbuchstaben. Das empfohlene Verhältnis von Strichstärke zu Schrifthöhe ist etwa 1:7. Bei vertikaler Schriftachse von Leuchtschriften sollten nicht mehr als acht Buchstaben eingesetzt werden.

Leuchtschrift muss häufig unter kleinen Winkeln oder in großer Höhe erkennbar sein, so dass zuviel Text und filigrane Gestaltungen fehl am Platz sind.

Schrifthintergrund
Ein einfarbiger, ebener Hintergrund erhöht die Lesbarkeit der Schrift. Bei zu ungleichmäßigem Hintergrund kann eine Umrandung der Schrift vorgenommen werden.

Farbliche Gestaltung
Der farblichen Gestaltung von Leuchtschriften sind kaum Grenzen gesetzt; hilfreich ist eine Anfrage beim jeweiligen Anbieter, welches Farbregister er benutzt und ob er bei der Farbauswahl beraten kann. Bestimmte, stark kontrastierende Farben erzeugen Unruhe im Schriftbild und es kommt zu

Zahlreiche Techniken ermöglichen individuelle Gestaltungen von Leuchtschriften.

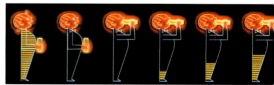
Bilder: Efra

Medien an Gebäuden: **Leuchtschrift**

einer scheinbaren Bewegung des Zeichens. Das kann allerdings zu Werbezwecken auch bewusst eingesetzt werden.

Rotes Licht wird weniger gebrochen als blaues; rote Leuchtwerbung ist also über wesentlich größere Entfernung erkennbar als blaue und auch bei schlechteren Wetterverhältnissen besser zu lesen.

Vorsicht bei der Farbgestaltung von Schriften in der Nähe von Verkehrsampeln! Werbetechniker helfen dabei, dass die gewählten Farbtöne nicht mit der DIN 6163 (Norm-Farbtafel für Verkehrslichtsignale in Deutschland) zu verwechseln sind.

Vorplanung

Zur Vorplanung einer Leuchtschrift sind folgende Punkte zu beachten:

– Bestimmung der Werbetechnik

– Rechtzeitige Berücksichtigung von Werbeflächen bei der architektonischen Fassadenplanung

– Anfragen zu Gestaltungssatzungen der Kommune

– Sind Einschränkungen der Werbegestaltung vom Denkmalschutz- oder Landesstraßenamt zu erwarten?

– Bauantragserstellung (evtl. durch den Anbieter)

– Frühzeitige Einreichung des Bauantrags, da teilweise mit erheblicher Genehmigungsdauer bei den Behörden zu rechnen ist. Die Kosten der Baugenehmigung betragen in der Regel 5 % der Auftragssumme.

– Produktionszeit und Genehmigungsdauer mit einrechnen

Ob durchleuchtet...

Es muss überprüft werden, ob eine Befestigungsmöglichkeit gegeben ist und die Statik ausreicht oder Fundamente erforderlich sind.

...oder hinterleuchtet, Leuchtschriften fallen auf.

TIPP

Auf der Internetseite von Reklame Rudoph (www.reklamerudolph.de) finden Sie unter „Info" eine Planungscheckliste und eine Menge technischer Details, die Leuchtkraft verschiedener Lampen oder die Distanzfaktoren betreffend.

Die elektrische Zuleitung zum Montageort muss geplant werden (Leitungen sollten „unterputz" in der Wandfläche verlegt sein), ebenso ist an dem Transformator-Standort bei Neon- und Halogenanlagen zu denken.

Bilder: Efra

Medien an Gebäuden: **Leuchtschrift**

■ Einzelbuchstaben

Bei Leuchtschriften gehört zur Detailplanung auch die Bestimmung der Beleuchtungswirkung und der Schrift bzw. des Logos in Größe, Form und Farbe. Schriftzüge oder Firmenlogos können aus Leuchtröhren oder Reliefkörpern hergestellt werden. Dabei sind verschiedene Aus- und Beleuchtungsarten möglich: offenrohrig, mit Acrylglas abgedeckt oder rückseitig abstrahlende Schriftzüge mit Silhouettenwirkung.

Format

Einzelbuchstaben sind indirekt oder direkt beleuchtet in verschiedenen Profilen erhältlich. Für einen Einblick in diese Vielfalt werden hier vier von neun Profilen der Firma Reklame Rudolph (www.reklamerudolph.de) vorgestellt. Bei allen handelt es sich um zweiteilige Reliefbuchstaben mit einer Tiefe von 12 cm.

Profil 1

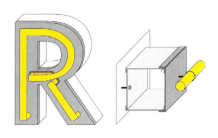

Die Buchstaben sind aus Aluminium und außen einbrennlackiert. Auf die Oberteile werden die Hochspannungs-Leuchtstoffröhren direkt sichtbar mit farblosen Silikon-Dichtungsringen aufgesetzt. Das Profil 1 findet besonders Anwendung bei größeren Buchstabenhöhen, da es kostengünstiger ist als andere Buchstabenprofile. Der Einsatz wird besonders bei hoher Anforderung an die Lesbarkeit empfohlen.

Profil 3

Die Buchstaben bestehen aus tiefen Aluminium-Oberteilen und fla-

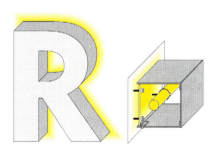

chen, eingesetzten Acrylglasböden. Die eingesetzten Unterteile sind zur Aufnahme der Hochspannungs-Leuchtstoffröhre vorgesehen, wodurch ein indirekter Leuchteffekt an der Fassade erzielt wird. Ein Rohr befindet sich mittig im Buchstabenbalken, ab 18 cm Balkenstärke wird die Leuchtröhre entlang der Buchstabenkontour montiert. Der Farbton des Oberteils und der Leuchtstoff können vom Werbetreibenden gewählt werden. Der Farbton des Acrylglases ist entweder farblos oder weiß.

Das Profil 3 wird an sensiblen Hausfassaden und in Stadtbereichen verwendet, in denen Werbeanlagen durch behördliche Gestaltungssatzungen eingeschränkt sind. Durch indirekte Leuchtwirkung wird eine besonders interessante Silhouettenwirkung des Schriftzuges erzielt.

Profil 5

Die Buchstaben sind innen und außen einbrennlackiert. Ihre tiefen Unterteile bestehen aus Aluminium, die Oberteile bestehen aus Plexiglas, die mit einem Umleimer gefasst sind.

Die Farbtöne können individuell gewählt werden. Hochspannungs-Leuchtstoffröhren sitzen innen

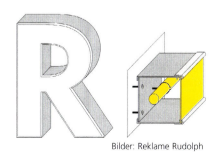

Bilder: Reklame Rudolph

Medien an Gebäuden: **Leuchtschrift**

und durchleuchten das Plexiglas-Oberteil. Bei einer Breite von bis zu 13 cm genügt ein Rohr, für jede weiteren 13 cm wird ein weiteres Rohr hinzugefügt.

Das Profil 5 ist das am häufigsten verwendete Profil. Es findet dort Verwendung, wo die ganze Balkenbreite (Spiegelfläche) leuchten soll. Es eignet sich bis zu einer Buchstabenhöhe von etwa 1,2 m.

Profil 9

Die tiefen Unterteile der Buchstaben bestehen aus Aluminium, die Oberteile aus Plexiglas. Spiegelflächen werden auf die schmalen Plexiglaszargen aufgeklebt. Die Leuchtstoffröhren sitzen innen.

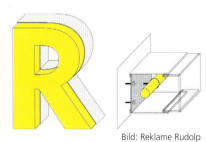

Bild: Reklame Rudolp

Bei einer Balkenbreite bis zu 13 cm ist ein Rohr ausreichend, bei größerer Balkenbreite sind sie mit zwei oder mehr Rohren ausgestattet. Die Farbtöne des Unterteils, des Plexiglasspiegels, der Plexiglaszarge und des Leuchtstoffs werden vom Werbetreibenden gewählt. Das Profil wird dort eingesetzt, wo die Spiegelfläche und ein Teil der Zarge leuchten soll.

TIPP

Tag- und Nachtwirkung sind bei allen Profilen unterschiedlich. Es sollte ein Profil gewählt werden, das bei Tag und Nacht den Vorstellungen des Werbetreibenden entspricht.

Technik

Material

Leuchtbuchstaben werden entweder aus Aluminium oder aus einer Kombination von Aluminium mit gegossenem Acrylglas hergestellt. Beide Varianten werden abschließend mit einem Zwei-Komponenten-Lack versehen, zum Schutz gegen Witterungseinflüsse und UV-Strahlung.

Montage

Leuchtbuchstaben sind freistehend oder zur Wandmontage erhältlich. Die Anforderungen an Haltekonstruktionen variieren je nach Standort und Montage-Art.

Lackierung

Die Farbgebung erfolgt meist durch Lackierung mit RAL-Farben oder

Bild: Efra

nach dem HKS-Fächer, variiert aber je nach Anbieter.

Preise

Die meisten Anbieter haben ein bestimmtes Sortiment an Profilen und Größen zur Verfügung, um eine preisgünstige und wartungsfreundliche Herstellung zu ermöglichen. Aufpreise können bei Schreibschriften, Edelstahl-Anfertigung oder Ausleuchtung in Neon berechnet werden.

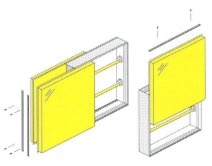

Technik eines Normtransparentes

Medien an Gebäuden: **Leuchtschrift**

■ Transparente

Auch Leuchttransparente werden nach individuellem Kundenwunsch gefertigt. Bei den Transparenten sind Form, Farben und Gestaltung kaum Grenzen gesetzt. Sie sind vielfältig gestaltbar, sowohl durch aufgeklebte Buchstaben, Folienbeschriftung, Einlegen verschiedener Acrylgläser als Intarsie, dekupiert und plan hinterlegt oder plastisch durchgesteckt.

Flache Transparente können mit ausgearbeiteten Elementen oder zusätzlichen Zeit- oder Temperaturanzeigen kombiniert werden. Zusammen mit nebenstehenden Leuchtflächen oder Säulenverkleidungen ergeben sie ein garantiert aufmerksamkeitsstarkes leuchtendes Ganzes. Neben den bekannten Aufstecktransparenten ist die Spanntuch-Technik besonders für den Außenbereich geeignet.

Technik

Material

Als Materialien werden Edelstahl, Aluminium und Acrylglas verwendet. Eine preiswerte Alternative bieten Aluminium- und Vollplexiglaskästen in verschiedenen Formen und Farben, die beidseitig und einseitig an die jeweilige Fassade angepasst werden. Die meisten Transparente können boden- oder wandmontiert werden. Auch Deckenabhängung ist möglich.

Formate

Trotz der überwiegend individuellen Gestaltung stellen bestimmte Anbieter eine kleine Anzahl von Norm-Transparenten zur Verfügung.

Beispielformate	
Einseitig (130 mm Tiefe) Länge x Höhe in mm	Doppelseitig (170 mm Tiefe) Länge x Höhe in mm
500 x 500	500 x 500
650 x 650	650 x 650
800 x 400	800 x 400
800 x 600	800 x 600
800 x 800	800 x 800
800 x 900	800 x 900

Preise

Für Standardtransparente sei hier ein Preisbeispiel genannt, bei dem es sich um Alu-Hohlkammer-Profile mit einer maximalen Breite von 150 cm handelt. Die durchleuchtete Fläche besteht aus Acrylglas; die Ausleuchtung erfolgt durch Niederspannungs-Leuchtstoffröhren.

Die Preise hängen vom Format, der Bestellmenge und der Menge der benötigten Reihen an Leuchtstoffröhren ab. Ein Aufpreis wird für das Plexiglas, die Einbrennlackierung und für die Verpackung berechnet.

Wandtransparente			
Länge	Breite: 500 mm	1.000 mm	1.500 mm
bis 1.000 mm	180,50	278,00	422,00
bis 2.000 mm	322,00	505,00	747,00
bis 3.000 mm	426,50	669,00	934,50
bis 6.000 mm	893,00	1362,00	1875,00
per lfm.	156,50	250,00	352,50

■ Schildkastenwerbeanlagen

Eine Alternative zum Transparent sind die Schildkastenwerbeanlagen. Ihr Grundkörper besteht aus einer gekanteten Aluminium-Kassetten-Konstruktion. Aus dem Oberteil werden Schrift oder Logo ausdekupiert und mit farbigem Acrylglas versehen.

Nur die Schrift leuchtet nachts, während die Grundfläche dunkel bleibt. Die Ausleuchtung erfolgt durch handelsübliche Niederspannungs-Leuchtstofflampen, ist also einfach und kostengünstig zu warten. Varianten sind plan hinterlegte, plastisch durchgesteckte Kästen mit dreidimensionaler Wirkung oder plastischen Vollbuchstaben mit 3D-Effekt und Silhouettenwirkung. Für eine

Medien an Gebäuden: **Leuchtschrift**

besonders ansprechende Nachtwirkung ist auch die Verspiegelung einzelner Flächen möglich.

■ Licht-Echo und Spiegel-Displays

Das Licht-Echo und die Spiegel-Displays von Light Unlimited (www.lightunlimited.de) sind aufmerksamkeitsstarke Innovationen. Beim Licht-Echo werden Schrift oder Logo gegen endlos gespiegelt, sodass der Eindruck einer dreidimensionalen Illusion entsteht. Durch die Kombination von Licht und Spiegel erreichen Spiegel-Displays eine hohe Leuchtintensität.

Die passechte Einarbeitung von Schrift oder Dias in Spiegelglas mit Hinterleuchtung ist eine originelle Alternative zum herkömmlichen Transparent.

■ Spanntuch-Technik

Die Spanntuch-Technik, zum Beispiel das Spannrahmensystem Soflex von Sommer oder das LUMI 2000-System von Reklame Rudolph, basiert auf flexiblem, und lichtechtem Tuch, das fest in eine Rahmenkonstruktion eingespannt wird und somit wie eine feste Fläche wirkt. Spanntuchtransparente bieten eine nahtfreie Optik auf langen und großen Flächen, ob als Leuchtbänder an Tankstellendächern oder als großformatige Werbedisplays.

Auch Sonderformen und Rundungen sind mit der Spanntuch-Technik problemlos möglich. Das Tuch reagiert elastisch und ist somit bruchsicher und unempfindlich gegenüber Temperaturschwankungen und Winddruck. Durch die hohe Streuwirkung des Tuches wird nur eine Reihe innenliegender Reflektoren benötigt.

12 m hohe Figur mit Spannfolie.   Bild: media special

Weitere Vorteile sind die kostengünstige und schnelle Produktion und die einfache Wartung.
Der schnelle und einfache Tausch der Tücher ist ideal für wechselnde Werbeaussagen.
Es können verschiedene Druck- und Beschriftungstechniken und ein vielfältiges Farbenspektrum angewandt werden. Das flexible Tuch eignet sich für die Digitaldrucktechnik.

TIPP

Leuchtende Würfel und andere leuchtende Drehelemente werden von Rotaris (www.rotaris.de), Neon-Raaf (www.raaf.de) und Omnia (www.omnia-id.de) angeboten.

Anbieter

- *Reklame Rudolph (www.reklamerudolph.de)*
- *Hoffschmidt (www.werbetechnik.net)*
- *EFRA Lichtwerbung (www.efra.de)*
- *Hoerner (www.hoerner.net)*
- *IDE Werbung (www.idewerbung.de)*
- *Light Unlimited (www.lightunlimited.de)*

weitere Anbieter → siehe CD

Medien an Gebäuden: **Superposter**

■ Superposter sind mit fast 20 m² Fläche die Riesen unter den traditionellen Plakatmedien. Sie sind immer einzeln, quer zur Fahrtrichtung an hoch frequentierten Straßen und Plätzen mit entsprechender Fernwirkung platziert. In mindestens 3 m Höhe angebracht, befinden Sie sich meist im oberen Bereich von Hausgiebeln. Jedes Superposter ist mit einem gelben Rahmen versehen und 90 % der Flächen sind beleuchtet. Zur Zeit werden 1.300 Flächen angeboten, überwiegend in Städten mit über 50.000 Einwohnern.

Für jeden Standort werden die zu erwartenden Kontaktchancen nach einem eigens hierfür entwickelten Bewertungsmodell ermittelt und anschließend in eine von drei Preisgruppen einsortiert.

Insbesondere dreidimensionale Auftritte sorgen für hohe Aufmerksamkeitswerte. Coca-Cola oder McDonald's wurden besonders bekannt durch ihre aus Kunststoff gefertigten dreidimensionalen Produktdarstellungen. Sie werden auf die Fläche montiert und be- oder hinterleuchtet.

Technik

Format

Das Superposter misst im Endformat nach Klebung im Nasszustand 526 x 372 cm (Format 40 / 1-Bogen; proportionale 2,2-fache Vergrößerung der Großfläche). Das entspricht einer Fläche von genau 19,57 m². Superposter werden in acht Bogenteilen (130,5 x 185 cm) gedruckt, alternativ können auch 18 / 1-Bogen-Plakate mit farbigem oder weißem Passepartout geklebt werden.

Druckvorlage

Als Vorlage wird ein Ausgangslitho im Format 59,4 x 41 cm zuzüglich Beschnitt im 60er Raster oder ein entsprechendes digitales Dokument im CMYK-Modus mit einer Mindestauflösung von 250 dpi benötigt. Das Endprodukt entspricht dann einem 7er Raster.

Beleuchtetes Superposter (AW3_301) Bild: Ströer

Medien an Gebäuden: **Superposter**

Papier

Das Papiergewicht sollte zwischen 100 und 120 g pro m² liegen und für die Nassklebung im Außenwerbebereich geeignet sein (Affichenpapier mit hohem Lichtechtheitsfaktor und wasserfest).

Druckverfahren und Druckfarben

Auch hier ist die Auswahl des Druckverfahrens abhängig von der Auflage (siehe Seite 20). Die Affichenfarben müssen wasserfest, elastisch und alkaliecht mit hoher Lichtechtheit sein.
Reflektierende Leuchtfarben sind nicht erlaubt, da durch deren Signalwirkung Verkehrsteilnehmer irritiert werden können.

Klebung

Superposter werden im Nassklebeverfahren angebracht, es sind also ähnliche Überlappungsränder wie bei den Großflächenplakaten zu beachten (siehe Seite 29).

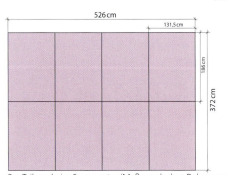

8er-Teilung beim Superposter (Maße nach dem Dehnungsprozeß)

Preise / Belegung

Die Belegung erfolgt in Dekaden (Mindestbuchung 1 Dekade), auf Kundenwunsch kann aber auch eine Monats- oder Dauerbelegung erfolgen.

Schaltkosten	
Abhängig von gewichteter Kontaktchance	
gew. Kontaktchance	Preis pro Stelle u. Tag
bis 22.999	26,-
bis 34.999	31,-
über 35.000	36,-

Alternativ zur reinen Flächenanmietung kann auch der Komplettservice, der zusätzlich den Druck von 4-farbigen Superposterplakaten beinhaltet, in Anspruch genommen werden. Dies ist ab 100 Stellen möglich. Für beispielsweise 150 Plakate in allen drei Preisgruppen (homogen verteilt) kostet eine Stelle pro Tag € 34,10, inklusive Flächenmiete und Druck der Plakate.

Bei Eigenanlieferung der Plakate sollte beachtet werden, dass die Produktionskosten stark nach Auflagenhöhe und Druckerei variieren.

AW3_302 Bild: Ströer

Anbieter

– *Superposter Out-of-Home Media GmbH (www.superposter.de)*

Plakatdruckereien

– *Klingenberg Berlin (www.klingenberg-plakat.de)*
– *Ellerhold Großplakate GmbH (www.ellerhold.de)*
– *Druckerei te Neues GmbH & Co. KG (www.te-neues.de)*
– *Staudigl-Druck GmbH & Co. KG (www.staudigl-druck.de)*

Medien an Gebäuden: **Prismenwender**

AW3_303
Bilder: DERG

■ Prismavisionsanlagen, oder Prismenwender, bringen Bewegung in die Plakatwerbung. Durch die Werbefläche aus prismenförmigen, drehbaren Elementen, können an einem einzigen Standort in kürzester Zeit drei verschiedene Werbebotschaften gezeigt werden.

Der Bildwechsel erfolgt mit Welleneffekt oder synchron von links nach rechts oder von oben nach unten, indem die Prismen mittels eines Motors gedreht werden. Durch diese Bewegung wird die Wirkung der Werbebotschaft deutlich gesteigert.
In Deutschland gibt es zur Zeit ungefähr 500 Prismavisionsanlagen – freistehend oder als Wandversion. Sie befinden sich an ausgewählten, hochfrequentierten Standorten wie Bahnhöfen, Einkaufszentren, Sportstadien, U-Bahnstationen oder an Hausfassaden quer zur Fahrbahn. Alles, was sich bewegt und dreht, erregt Aufmerksamkeit. Man hat festgestellt, dass Passanten einem wechselnden Bild 4 bis 5 mal soviel Aufmerksamkeit widmen wie der statischen Version mit der gleichen Mitteilung. Für den richtigen Werbeeffekt bei Nacht oder schlechtem Wetter sorgt eine gute Ausleuchtung der Anlage.

Technik

Prismenwender gibt es in verschiedenen Größen. Beim Bau von neuen Anlagen sind fast alle Größen realisierbar. Ein häufig gewähltes Format ist das der Großfläche oder 18/1-Bogens: 356 x 252 cm. Es ist hier möglich, vorhandene Großflächenplakate als Motive für den Prismenwender zu nutzen.
Als Träger für die Motive können Großfotos, Folien (Siebdruck) oder Papierplakate verwendet werden. Wegen der meist langen Aushangzeiten sollte beim Druck der Plakate zusätzlich auf hohe Lichtechtheit der Druckfarben geachtet werden.

Montage / Beleuchtung

Für die Montage wird auf der Rückseite des Plakates eine doppelseitige Klebefolie und zum Schutz auf der Vorderseite eine UV-Lichtschutzfolie angebracht. Das Plakat wird dann geschnitten und die Einzelteile auf die Prismen geklebt.
Die Transport- und Montagearbeiten sowie das Anbringen und Entfernen der Motive von den Lamellen erfolgt durch den Anbieter.

Medien an Gebäuden: **Prismenwender**

Bild: DERG

Preise / Belegung

Nachfoldend die Mietpreise für Werbung auf Prismenwendern. Einige Anbieter bieten auch den Kauf der Anlagen an.
Die Produktionskosten hängen vom Format der Plakate ab. Für Produktionskosten von Plakaten im 18 / 1-Format siehe Seite 29.

Schaltkosten

Die Belegung von Prismavisionsanlagen erfolgt flächenweise, es besteht aber auch die Möglichkeit, komplette Anlagen mit allen drei Werbeflächen zu mieten. Die Anlagen können einzeln gebucht werden, allerdings bei einer Mindestlaufzeit von einem Jahr.

Die Preise variieren stark, je nach Größe und Standortqualität. Die Belegung einer Prismavisionsanlage im Großflächenformat kostet zwischen € 300,– und 500,– pro Monat und Fläche.

Die Deutsche Eisenbahnreklame Gesellschaft bietet Plakatwerbung auf Prismenwendern in Bahnhöfen an. Die Kosten belaufen sich je nach Wertigkeit des Standortes auf € 12.500,– bis 41.500,– im Jahr.

TIPP

Die Standzeit der Flächen (das heißt, die Verweildauer des Werbemotivs) kann individuell eingestellt werden.

Anbieter

- DERG (www.derg.de)
- MHT (www.mht-werbetechnik.de)

_____ Medien an Gebäuden: **Videoboards**

AW3_304 Bild: City Videoboard

■ Videoboards sind auf Leuchtdioden basierende elektronische Großflächendisplays mit einer Bildfrequenz von 100 Hz. Durch die Kombination von bewegten Bildern und großer Leuchtkraft sind Videoboards bei Tag und bei Nacht aufmerksamkeitsstarke Werbeträger.
Mit Texten, Grafiken, 3D-Animationen und TV-Spots können Werbetreibende einem breiten Publikum ihre Produkte und Dienstleistungen an hochfrequentierten Orten zu jeder Zeit nahe bringen. Sie schlagen eine Brücke vom gedruckten Medium Plakat zu Hörfunk und TV und zeichnen sich durch besonders hohe Kontaktleistung und hohe Erinnerungswerte aus.

LED-Tafeln (LED = Light Emitting Diode) sind komplett video- und PC-fähige, aus Leuchtdioden bestehende Bildwände, an die online Multi-Media-Informationen übertragen werden. Die Steuerung der Anlagen erfolgt mittels Datenfernübertragung per ISDN, wodurch auch kurzfristige Änderungen im Programm und in den Werbeblöcken möglich sind.
Das Bild ist aus vielen einzelnen Bildpunkten zusammengesetzt, die durch Leuchtdioden dargestellt werden. Je höher die Anzahl der Leuchtdioden pro m^2 und je höher die Anzahl der darstellbaren Farben, desto besser ist die Bildqualität. Mittlerweile ist die Technik in diesem Bereich so weit fortgeschritten, dass mit LED-Tafeln Kinoqualität zu erreichen ist. Dabei ist die Seitenlesbarkeit horizontal bei 140° Reihen noch gegeben.

Die Tafeln sind an hochfrequentierten Plätzen angebracht und zeigen Unterhaltungsprogramme, Nachrichten, Sport und Wetterberichte, unterbrochen von Werbung. Neben den festinstallierten LED-Tafeln an Gebäuden, gibt es auch mobile Tafeln, die auf LKWs oder Trailern befestigt sind.

Medien an Gebäuden: **Videoboards**

> **TIPP**
> Mit entsprechender Software besteht auch die Möglichkeit, verschiedene Bildquellen für Multimedia-Shows zu mischen.

Technik

Format

LED-Tafeln gibt es in unterschiedlichen Größen, je nach Standort von 6 bis 100 m². Die Größen der einzelnen Standorte können bei den Anbietern erfragt werden. Das Seitenverhältnis ist meist 4:3.

Vorlagen

Als analoge Vorlage können Bildmaterial, wie Fotos, Dias oder Videos verwendet werden. Digitales Material sollte auf gängigen Datenträgern wie CD-ROM, ZIP oder per ISDN geliefert werden.

Das Material für die Werbung muss spätestens sieben Tage vor Erscheinungsbeginn beim Anbieter eintreffen, damit die Daten vor dem Sendetermin aufbereitet werden können.

Preise

Produktionskosten

Die Produktionskosten belaufen sich auf € 150,– bei Standbildern. Genaue Preisangaben können nur anhand von individuellen Anfragen gemacht werden.

AW3_305 Bild: Ströer

Schaltkosten

LED-Tafeln können einzeln gebucht werden. Die Mindestbelegdauer beträgt, je nach Anbieter, einen Tag bis zu einem Monat. Der Preis richtet sich nach dem Standort, dem Belegungszeitraum und der Größe der Tafel.
Der Sekundenpreis liegt bei € 0,05, bei 150 bis 300 Schaltungen pro Tag und einer Spotlänge zwischen 10 und 15 Sekunden.

Anbieter

– *City Videoboard
(www.city-videoboard.de)*
– *Business Impulse Stuttg. GmbH
(www.businessimpulse.de)*

weitere Anbieter → siehe CD

Bild: City Videoboard

Medien an Gebäuden: **Dia-Werbung**

Leuchtkästen in Einzelmodulen   Bild: Sommer

Dia-Werbung ist eine reizvolle und lebendig leuchtende Alternative zur Plakatwerbung. Neben der direkten Diaprojektion an festen Standorten gibt es eine Vielfalt an freistehenden oder montierbaren Großdisplays für Dias: Leuchtkästen, Faltdisplays (Fold Ups) und Modulwände, die eine individuelle Gestaltung ermöglichen.

■ Großdias / Leuchtkästen

Die häufig in Messe- und Ladenbau verwendeten statischen Diakästen basieren meist auf Rahmensystemen mit unkompliziertem Mechanismus für den Motivwechsel.

Technik

Von reprofähigen Vorlagen kann jede gewünschte Diagröße bis zu einer Kantenlänge von 2 m gefertigt werden. Viele Displays haben eine Tiefe von nur 10 bis 11 cm. Es gibt sie in Standardgrößen, werden auf Wunsch aber auch in Sondergrößen angefertigt.

Preisbeispiel

Diakästen für Wandmontage oder Abhängen von der Decke, Vorderseite aus Plexiglas:
- 400 x 400 mm   € 145,–
- 800 x 800 mm   € 245,–
- 1.250 x 800 mm € 370,–

Anbieter

- *Hoffschmidt (www.werbetechnik.net)*
- *Sommer (www.sommer-lichtwerbung.de)*
- *Light Unlimited (www.lightunlimited.de)*

weitere Anbieter → siehe CD

■ Dia-Projektionen an festen Standorten

Dias können großformatig und fotorealistisch auf fast jede gewünschte Fläche projiziert werden. Durch die hohe Farbbrillanz entfalten sie bei Dunkelheit eine optimale Wirkung.

AW3_306   Bild: Wedia

Technik

Mittels Hochleistungsprojektoren werden Produktabbildungen und Logos mit einer Reichweite bis 100 m je nach lichttechnischer Bestückung (100 bis 1200 Watt) auf feste Standorte projiziert. Wechselbildprojektoren ermöglichen durch hochfrequentierten Bildwechsel die Präsentation unter-

Medien an Gebäuden: **Dia-Werbung**

AW3_307 Bild: Wedia

schiedlicher Werbebotschaften an einem Standort und erzielen garantiert eine hohe Aufmerksamkeit.

DTP

Als Vorlagen können außer Dias und Fotos auch Andrucke, Cromaline u. ä. gestellt werden.
Bei digitaler Datenanlieferung ist eine Auflösung von 600 dpi bei 5,4 x 6,8 cm Voraussetzung.

Standorte

Jeder Standort muss individuell geplant werden. Die Kosten hängen stark von den Gegebenheiten vor Ort ab. Die Standorte für Dia-Projektionen sind überwiegend genehmigungspflichtig, daher sollte man eine längere Vorlaufzeit einplanen.

Neben einem Netz fester Flächen eignet sich die Dia-Projektion auch für individuelle Standorte. Das Format beträgt bei festen Standorten zwischen 40 und 300 m².

Preise / Belegung

Die Mindestschaltdauer beträgt an Feststandorten mindestens zwei Wochen. Der Aktionszeitraum beträgt normalerweise einen Monat. Kürzere Laufzeiten sind auch möglich. Ein wöchentlicher Motivwechsel kann ohne Zusatzkosten erfolgen. An festen Standorten werden maximal 12 Dias im Wechsel projiziert.

Projektionszeiten:

– Winter (01.09. bis 31.03)
   Täglich ab Abenddämmerung bis 1 Uhr und von 4 Uhr bis zur Morgendämmerung

– Sommer (01.04. bis 31.08)
   Täglich zwischen Abend- und Morgendämmerung

Diaprojektionen an Feststandorten können derzeit in Berlin, Frankfurt / Main, Hamburg, Hannover, Heidelberg, Leipzig, Mannheim und Wien durchgeführt werden. Weitere Städte sind in Planung.

Produktions- / Schaltkosten

Für die Diaherstellung, die der Anbieter übernimmt, muss man mit Kosten von € 72,– je Dia pro Diaplatz für 4 Wochen rechnen.

Die Schaltkosten an Feststandorten betragen derzeit € 800,– bis 950,– pro Monat und Diaplatz, ab 3 Diaplätzen pro Standort werden Rabatte gewährt. Zu Messeterminen, wie der CEBIT in Hannover und der IAA in Frankfurt werden Aufschläge von bis zu 50 % berechnet.

Anbieter

– *Wedia
  (www.wedia.de)*

Medien an Gebäuden: **Gebäudeverhüllung**

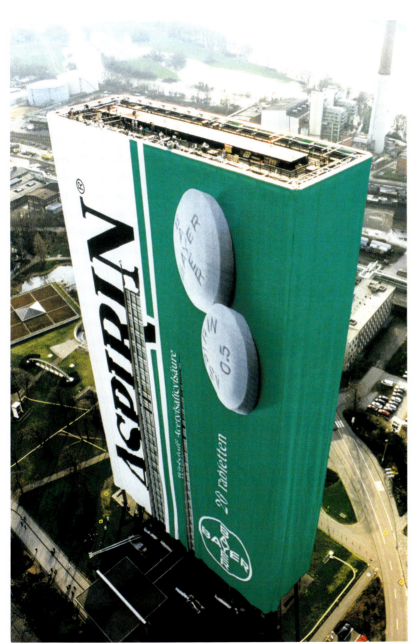

Bild: Makom

■ Das spektakuläre Event einer Gebäudeverhüllung garantiert umfangreiche Aufmerksamkeit der Öffentlichkeit und der Medien. Farbig bedruckte Netzvinylbahnen werden lückenlos an allen Seiten des Gebäudes verspannt, so dass aus Entfernung beispielsweise der Eindruck einer überdimensionalen Produktverpackung entsteht.

Technik

Format
Dieses Werbemedium ist Größen unabhängig und an jedem Gebäude realisierbar. Jedoch müssen Genehmigungen eingeholt, statische Gesichtspunkte berücksichtigt, und die Montage nur von Fachfirmen ausgeführt werden.

Material
Die Motive werden vierfarbig auf winddurchlässige Netzvinylbahnen gedruckt. Die Anbringung der Planen kann je nach Gebäude mit herkömmlichen Standardlösungen über Ösung und Stahl-Anker-Konstruktionen erfolgen oder durch individuell angepaßte Spezial-Lösungen wie Baugerüste oder aufblasbare pneumatische Trägersysteme. Besondere Aufmerksamkeit beim Verhüllen des

Medien an Gebäuden: **Gebäudevehüllung**

Gebäudes schaffen Berufskletterer, die für eine saubere Verspannung der einzelnen Bahnen eingesetzt werden können.

Preise / Belegung

Eine Mindestbelegung gibt es nicht, jedoch ist eine Gebäudeverhüllung nur wirklich sinnvoll, wenn sie mindestens drei Monate dauert, damit der Kunde von der Medienwirksamkeit voll profitieren kann.

Schaltkosten

Der Preis richtet sich nach der Größe des geplanten Werbeplakates, dem begleitenden Event, den lokalen Voraussetzungen und dem technischen Anforderungsprofil. Genaue Preisangaben können nur anhand von individuellen Anfragen gemacht werden.

Die Werbeaktion sollte mindestens sechs Monate vor geplanter Durchführung mit dem Anbieter projektiert werden. Die Abwicklung und Gesamtverantwortung, das heißt, Genehmigungsabwicklung, Statik, Logistik, Montage, Demontage und Recycling wird auf Wunsch vom Anbieter übernommen.

AW3_308 Bild: Makom

Anbieter

- *BlowUp Media (www.blowup.de)*
- *Litomobil (www.litomobil.de)*
- *Makom (www.makom.de)*

Medien an Gebäuden: **Riesenposter**

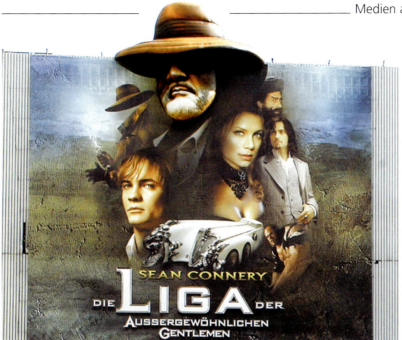
Riesenposter mit 3D Element — Bild: BlowUp Media

■ Riesenposter sind bedruckte Kunststoffplanen oder Vinylnetze, die in einer Größe bis über 1.000 m² erstellt werden können. Galt das Riesenposter anfangs noch als temporäres Event, so ist es heute zum planbaren Bestandteil mehrkanaliger Kampagnen gereift. Die neueste Entwicklung ist, dass 3D-Elemente oder sogar Videoboards in die Poster integriert werden.

Zur Zeit gibt es bundesweit in Großstädten 700 Stellen für Riesenposter ab 80 m². Sie sind größtenteils beleuchtet und werden exklusiv durch nur einen Kunden pro Standort belegt.

TIPP

Der Service der Anbieter kann die Ausarbeitung von Belegungsvorschlägen, die Durchführung von Kontrollfahrten mit dem Auftraggeber und die Lieferung von Foto-Dokumentationen beinhalten.

Technik

Format

Die Größe von Riesenpostern reicht von 50 m² bis unbegrenzt. Die meisten Anbieter produzieren Riesenposter bis 1.000 m². In der Regel wird das Poster im optimalen Format für den Standort gefertigt, die Abstimmung des Werbemotivs auf den Standort ist also zwingend erforderlich um die optimale Werbewirkung zu erzielen.

Druckvorlage

Die notwendige Druck-Auflösung hängt von der Größe des Prints ab. Beispiel: Eine CMYK-Datei für ein Riesenposter mit 200 m² Größe, sollte etwa 70 MB groß sein. Grundsätzlich können Dateien aus den gängigen, professionellen Grafikprogrammen verarbeitet werden. Logos sollten als Vektorgrafiken angelegt werden.

DTP-TIPP

Das Werbemotiv wird bis 50 m² Endformat im Maßstab 1:10 und ab 50 m² Endformat im Maßstab 1:20 angelegt.

Material

Aus Gründen der Licht- und Winddurchlässigkeit werden hier überwiegend wetterfeste Vinyl-Gitternetze benutzt. Durch das sehr dichte Vinyl-Netzmaterial, die hohe Brillanz des Druckes und den räumlichen Abstand des Betrachters entsteht eine einheitliche Struktur und ein sauberes Druckbild. Je nach Verwendungszweck und auf Kundenwunsch

Medien an Gebäuden: **Riesenposter**

können auch andere Materialien benutzt werden.

Druckverfahren und Druckfarben

Riesenposter werden digital in punktgenauem Ink-Jet-Verfahren bedruckt. Vorteile des Digitaldruckes sind eine hohe Konturenschärfe und exakte Übergänge und Farbtrennung. Bei der Umsetzung der Vorlage gibt es keine Zwischenstufen. Für jeden Standort kann individuell produziert und konfektioniert werden.

Anbringung

Riesenposter werden zu einem einteiligen Poster verschweißt und einsatzbereit geliefert. Die Kanten können verstärkt oder umsäumt werden; auf Kundenwunsch werden Kederbänder oder Ösen angebracht.
Jeder Standort wird entsprechend den gegebenen Möglichkeiten mit der bautechnisch sichersten Lösung ausgestattet. Bohrlöcher werden fachmännisch versiegelt.
An festen Standorten wie Parkhäusern, Häuserfassaden und an Baugerüsten können 2 Personen das Großbild innerhalb von 30 Minuten statisch einwandfrei aufspannen.
Die Montage erfolgt sowohl mittels Hubwagen als auch mit Gewerbe-Kletterern. Letztere sorgen für spektakuläre Aktionen – auch an Flächen, die für Kräne unzugänglich sind.

BlowUps on Glass

An Fassadenoberflächen aus Glas können Riesenposter mit Hilfe eines Vakuum-Saugheber-Systems unter Anwendung von dauerhaftem Unterdruck montiert werden. Der Vorteil: keinerlei Veränderungen der Fassade.

Beleuchtung

Viele Riesenposter-Standorte sind rund um die Uhr beleuchtet. Die Lampen mit Streulichteffekt werden über und unter dem Werbeträger montiert. Es werden keine Halogenscheinwerfer, sondern spezielle Metalldampflampen verwendet. Ein Vorteil dabei ist die optimale Farbwiedergabe durch helleres, weißeres Licht. Der Stromverbrauch wird gesenkt und die Leuchtmittel sind länger haltbar.

Produktions- und Schaltkosten

Die Belegung erfolgt einzeln pro Standort. Die Kosten sind standort- und größenabhängig und betragen zwischen € 14.500,– und 75.000,– pro Monat, inkl. Produktion, an besonderen Standorten auch über € 100.000,–. Die Mindestbelegdauer beträgt 28 Tage, die Rücktrittsfrist anbieterabhängig ca. 90 Tage.

Die Produktionskosten sind abhängig von Größe und Stückzahl, belaufen sich jedoch auf mindestens € 25,– pro m^2.

Die Anbieter übernehmen Produktion, Montage und Demontage, Einholung der behördlichen Genehmigung, nötige Reinigungs- und Reparaturarbeiten, Lagerung der Poster und Fotodokumentation.

TIPP

Um die Werbewirksamkeit zu erhöhen, sollten Riesenposter im Verbund mit anderen Medien eingesetzt werden.

Anbieter

– *BlowUp Media
(www.blowup.de)*
– *KWS Außenwerbung
(www.megaplakat.de)*
– *Makom
(www.makom.de)*
– *Litomobil
(www.litomobil.de)*

weitere Anbieter → siehe CD

Medien an Gebäuden: **Riesenposter**

Bild: Magic Poster

■ Sonderform „City Key Visuals"

Eine außergewöhnliche Werbeform die, wie Riesenposter, Gebäudeflächen als Medium nutzt. An den bundesweiten Filialen der Karstadt-Häuser stehen 130 Werbeflächen zur Verfügung die individuell zwei bis vier Wochen belegt werden können, beispielsweise in Berlin, Bremen, Düsseldorf, Frankfurt, Hamburg, Köln, Leipzig, Mannheim, München und Stuttgart. Hervorzuheben ist, dass die Warenhäuser pro Tag 2,5 Mio. Besucher verzeichnen und damit die Kontaktzahlen der „City Key Visuals" enorm sind. Die Flächen sind von 12 bis 450 m² groß und kosten zwischen € 5.000,- und 35.000,- bei 4 Wochen Belegung, inklusive Produktion, Montage und Demontage.

Anbieter

– *Magic Poster GmbH (www.magicposter.de)*

Medien an Gebäuden: **Taschen aus Riesenpostern**

Bild: BlowUp Media

Bilder: Fresh-Handel

■ Was geschieht mit Riesenpostern nach der Demontage? Eine clevere Möglichkeit der Weiterverarbeitung sind die sogenannten Fresh®Bags. Aus gereinigten, immer unterschiedlich zerteilten Riesenpostern entstehen einzigartige „Corporate Bags". Nach dem eigentlichen Einsatz tragen sie die Werbebotschaft des Posters in Farben und Schriftausschnitten weiter – sei es als Geschenk an Mitarbeiter oder durch Verkauf an Taschenliebhaber. Jede Tasche ist ein Unikat mit Wiedererkennungseffekt.

Neben fertig entwickelten Objekten können auch individuelle Entwürfe in Auftrag gegeben werden.

Technik

Format

Das Programm der Fresh®Bags reicht von kleinen CD-Player-Taschen über Zeitungstaschen (zum Teil in Laptopgröße) bis hin zu praktischen Shoppern in verschiedenen Größen. Aus einem Quadratmeter Riesenposter können durchschnittlich zwei Taschen gefertigt werden.

Material und Produktionszeit

Als Material dient das robuste PVC-Netzgewirk von Riesenpostern. Viele Modelle sind ab Lager lieferbar. Bei neuen Projekten beträgt die Produktionszeit zwischen zwei Wochen und drei Monaten.

Preise

Die aktuellen Modelle kosten zwischen € 15,– und 112,– pro Stück. Wiederverkäufer sollten individuell anfragen, denn Rabatte werden bereits ab 10 Stück gewährt.

Anbieter

– *Fresh-Handel Klinke & Meyer (www.freshbags.de)*

Medien an Gebäuden: **Baustellenwerbung**

AW3_310 Bild: Z New Media

Formate

– DIN A1 (1/1) hoch (59 x 84 cm)

– DIN A0 (2/1) quer (119 x 84 cm)

– Doppel DIN A0 (4/1) quer (241 x 84 cm)

– Doppel DIN A0 (4/1) hoch (119 x 171 cm)

Vom DIN-Format abweichende Werte sind durch überlappende Kleberänder bedingt.

■ Bauzäune

An den klassischen Holzbauzäunen und Schutzgängen, sowie in Unterführungen, Tunnels und an Mauerwerken werden 4/1- und DIN A1-Plakate eingesetzt, um zum Teil großflächig und effektiv in mittelgroßen und großen Städten zu werben.

In Berlin stehen beispielsweise 7.000 m² Zaunfläche an verschiedensten Standorten zur Verfügung, an denen im Nassklebeverfahren das Plakatmaterial auf Wunsch in großen Mengen (bis zu 10 Plakaten nebeneinander) angebracht wird.

Technik

Material

Durch das Nassklebeverfahren bedingt, kommen nur Affichenpapiere, wie im Kapitel klassische Plakatwerbung beschrieben, in Frage. Auch die Voraussetzungen für Lichtechtheit oder Opazität sind identisch mit der Plakattechnik.

TIPP

Details wie Kleberand, Papiergewicht und Papierqualität bitte mit dem Anbieter absprechen. Mit Preisaufschlägen werden auf Anfrage auch Sonderformate ausgehängt.

TownTalker Netze			
Netz	Auflage/Format		Preis pro 14 Tage
Junior Towns (29 Städte)	3.100 / A0 quer	+ 2.085 / A1 hoch	27.200,–
Big Towns (22 Städte)	2.860 / doppel A0	+ 3.400 / A1	49.300,–
Towns (35 Städte)	3.510 / doppel A0	+ 4.820 / A1	59.950,–
Towns Plus (39 Städte)	1.545 / doppel A0	+ 5.900 / A1	29.400,–
All Towns (74 Städte)	5.055 / doppel A0	+ 10.720 / A1	89.350,–
Erweiterungen der Netze um zusätzliche Städte ist auf Anfrage möglich			

Medien an Gebäuden: **Baustellenwerbung**

Preise / Belegung

Die festgelegte Periode von 14 Tagen ist die Mindestbelegungsdauer und bildet somit eine Einheit. Die Anzahl der gebuchten Einheiten ist wählbar. Werden 14 Tage unterschritten, muss mit einem Aufschlag gerechnet werden. Die Belegung einzelner mittelgroßer Städte ist möglich. Meistens wird jedoch die Schaltung in Städtenetzen gewählt, Schaltkosten siehe Tabelle auf Seite 89.

Produktion

Die Anlieferung der Plakate muss beschnitten, plano auf Europaletten, 100-stückweise abgestochen erfolgen. Spätestens 14 Tage vor Aushangbeginn sollte die Druckauflage mit 10 % Ersatzplakaten beim Anbieter eintreffen.

Anbieter

– TownTalker
 (www.towntalker.de)
– Beba Plakatwerbung
 (www.beba-werbung.de)

weitere Anbieter → siehe CD

■ Bauschilder

Bauschilder sind repräsentative Werbeanlagen, die an jeder mittelgroßen oder großen Baustelle sofort ins Auge stechen. Die Schilder werden in montagefertigen Segmenten geliefert. Die Anbieter übernehmen in der Regel alles, vom Designentwurf über die Montage, mitsamt Unterkonstruktion bis zur Demontage am Bauende.

Technik

Formate

Grundsätzlich ist jede Größe und Form realisierbar. Doch das Format pendelt sich normalerweise auf verschiedene Standardgrößen ein. So fertigen manche Anbieter das Format 70 x 100 cm, andere standardmäßig 300 x 120 cm oder 400 x 120 cm.

Material

Die Anbieter verwenden beispielsweise 10 mm starke PVC-Integral-Hartschaumplatten (Kömacell), bei eher langfristiger Beschilderung hat sich die Aluminium-Verbundplatte bewährt mit einem Kern aus Polyäthylen (Dibond). Auch bedruckte Planen werden in diesem Bereich eingesetzt, mit all ihren flexiblen Eigenschaften. Die Unterbauten sind aus Metall oder Holz konstruiert.

Druckverfahren

Durch den kombinierten Einsatz von Folientechnik und hochwertigem Digitaldruck können die Bauschilder ganz individuell mit Beschriftung, Text, Grafiken und Bildern in Fotoqualität gestaltet werden.

Vorlagen

Die Anbieter übernehmen gerne Entwurf und Design. Eigene Entwürfe sind willkommen, für die Daten eignen sich alle gängigen Grafikprogramme.

Preise

Die Produktionskosten für Bauschilder sind von Format, Bedruckung, Konstruktion des Unterbaus und vielen anderen technischen Modalitäten abhängig. Deshalb folgend einige Beispiele in verschiedenen Größen und Materialien:

Eine **PVC-Integralschaumplatte** mit den Maßen 300 x 120 cm vollflächig bedruckt ist ab € 420,– zu bekommen. Mit den Maßen 400 x 120 cm beträgt der Preis € 480,–.

Medien an Gebäuden: **Baustellenwerbung**

Eine **digital bedruckte Plane** 300 x 300 cm inkl. UV-Schutzlack (der ca. 5 Jahre Beständigkeit bietet) kostet € 850,– (reine Produktion), für Gerüst und Montage ist mit € 1.500,– zu rechnen.

Eine vierfarbig bedruckte **Aluminium-Verbundplatte** im Format 300 x 400 cm inklusive Auf- und Abbau kostet ab € 1.900,– zuzüglich € 20,– Miete für den Unterbau pro Monat.

Anbieter

- *dresden design Uwe Scholz (www.dresden-design.de)*
- *Grafiatec (www.grafiatec.de)*
- *Mintas (www.mintas.de)*
- *Penzkofer (www.penzkofer.com)*

weitere Anbieter → siehe CD

Bild: S&H Marketing

Verkehrsmittel-werbung

…Öffentlicher Personennahverkehr

…Bahnhöfe

…LKWs

…Taxis

…Privatfahrzeuge

… Mobile Werbeträger

… Flugzeuge

… Flughäfen

Verkehrsmittelwerbung

■ Verkehrsmittelwerbung bietet große Vorteile gegenüber statischen Werbeträgern. Die Werbung auf Fahrzeugen wird in weiten Gebieten verbreitet und ist Tag und Nacht präsent. Das geht in Städten durch Werbung auf Bussen, Bahnen und Taxis über den Innenstadtbereich hinaus bis in die ländlichen Gebiete.
Ganze Regionen oder gar die gesamte Bundesrepublik werden durch LKW-Werbung abgedeckt, die unter Umständen die Werbung sogar durch ganz Europa tragen.

Farbenfrohe, originelle und auffällige Werbung auf Fahrzeugen ist wegen des hohen Wiedererkennungseffektes und des starken Unterhaltungswertes sehr beliebt. Sie erreicht vor allem jüngere Leute und Berufstätige im Stadtgebiet oder mobile Menschen unterwegs im Auto oder in der Eisenbahn.
Die meisten Werbemedien werden über einen längeren Zeitraum gebucht, oft über ein Jahr, so dass die Werbung ständig präsent ist. Durch die Möglichkeit von lokalen, regionalen oder bundesweiten Buchungen können auch Werbetreibende mit kleinerem Budget größtmöglichen Nutzen aus der Verkehrsmittelwerbung ziehen.
Die Verkehrsmittelwerbung lässt sich ganz grob in öffentliche Verkehrsmittel für den Personennah- und -fernverkehr und in Transportfahrzeuge für den Güterverkehr einteilen.
Darüber hinaus gibt es noch mobile Werbeträger, die ausschließlich zu Werbezwecken unterwegs sind.

Gestaltung
Verkehrsmittelwerbung bietet beinahe grenzenlose Gestaltungsmöglichkeiten. Da Passanten meist nur kurzen Blickkontakt mit dem Werbemedium haben, ist es wichtig, die Werbebotschaft so zu konzipieren, dass sie schnell erfassbar und schnell wiedererkennbar ist (siehe Seite 10 Außenwerbegestaltung).

Dank der Window-Grafics-Folie können auch die Fenster bei Bussen und Bahnen voll in die Gestaltung einbezogen werden. Die besondere High-Tech-Folie ermöglicht von außen Aufsicht und von innen Durchsicht ohne zu sehr zu beeinträchtigen und ohne starke Sichtverdunkelung (die Sichtverdunkelung beträgt im Vergleich zu einer unbeklebten Scheibe nur ca. 20 %).
Besondere Wirkung lässt sich mit einer Ganzbeklebung des Verkehrsmittels erzielen, was sich noch steigern lässt, wenn die Form des Fahrzeugs einbezogen werden kann wie beispielsweise bei einem LKW, der eine überdimensionale Produktverpackung darstellt.

Wenn zusätzlich mit reflektierender Folie gearbeitet wird, behält die Werbewirkung bei Dämmerung und Dunkelheit immer den vollen Effekt (mehr dazu auf Seite 145).

Produktion
Für die Gestaltung der Fahrzeuge kommen in der Regel zwei verschiedene Produktionsverfahren zum Einsatz.

Lackierung: dabei erhalten die Fahrzeuge in Spritztechnik eine Grundlackierung aus Acryl- oder Kunstharzlack in gewünschter Farbe. Normalerweise übernehmen diese die (Verkehrs-)Betriebe selbst. Für die Werbebeschriftung sollte darauf geachtet werden, dass die Autolacke qualitativ zur Grundlackierung passen.

Folientechnik: Die Werbebotschaft wird per Sieb- oder Digitaldruck auf spezielle Folien gebracht oder das Motiv wird mittels eines Schneideplotters aus farbiger Klebefolie ausgeschnitten und auf

Verkehrsmittelwerbung

AW3_401 Bild: Poster Mobil

das Fahrzeug geklebt. Als Vorlagen können Reinzeichnungen aus den gängigen Grafikprogrammen dienen, die meisten Anbieter übernehmen, auch die Umsetzung der Motive und Texte.
Für die Weiterverarbeitung auf einem Schneideplotter wird das Werbemotiv vektorisiert benötigt.

Nützlich ist dafür die Vektorgrafik- und Piktogramm-Sammlung „creativ collection Butterfly" (www.ccvision.de).

Die Folien müssen einige Kriterien erfüllen, um eine langfristige saubere Präsentation der Werbebotschaft zu gewährleisten. Sie

müssen UV-beständig und schrumpfungsfrei sein. Außerdem unempfindlich bei Waschstraßen- und Dampfstrahl-Reinigung. Zusätzlich sollte auch die rückstandsfreie Ablösung am Ende der Schaltperiode gewährleistet sein. Deshalb sollten die Folien am besten mit einem A2-Kleber versehen wer-

Verkehrsmittelwerbung: **Öffentlicher Personennahverkehr**

den, der rückstandsfrei wieder ablösbar ist. Eine Aufbringung von Selbstklebefolien ist weit kostengünstiger, als eine Lackierung.
Durch den Einsatz von Folien entfallen zudem auch aufwendige Lackierarbeiten und Trockenzeiten. Speziell aufgebaute Klebstoffe (Controltac oder Comply) verhindern die Bildung von Blasen. Abhängig von der Einsatzdauer können Folien mit einer Ablösbarkeit von einem bis fünf Jahren ausgewählt werden.
Weich-PVC-Folien und PVC-Folien mit sogenanntem A2-Kleber, die oben aufgeführte Eigenschaften besitzen, haben sich in der Praxis bewährt. Hersteller derartiger Folien sind 3M, Jackstaedt, Fasson und Mactac. Hohe Zusatzkosten werden riskiert, wenn durch minderwertige Folien für die (Verkehrs-)Betriebe Probleme bei der Reinigung auftreten.
Zum Schutz der Oberfläche empfiehlt sich nach dem Druck eine Laminierung der Folien mit Polyesterlaminat clear (hauchdünn, 0,025 mm).

Lackierung und Folientechnik können auch kombiniert werden. Hierzu wird das Fahrzeug in gewünschter Farbe lackiert, Schriftzüge aufgemalt und komplexe Bildelemente auf die Folie gedruckt und aufgeklebt. Neben der Folientechnik kommen beim LKW auch bedruckte Planen zum Einsatz (siehe auch S. 141).

■ Verkehrsmittelwerbung im Stadtgebiet auf Bussen, Straßenbahnen und U-Bahnen hat den großen Vorzug der Mobilität. Man erzielt Sichtkontakte zu den Nutzern des öffentlichen Personennahverkehrs, Fußgängern und Autofahrern gleichzeitig.

Einsatzgebiet, Fahrzeugart und Werbeflächen sowie Belegungsumfang können bei der Buchung von Verkehrsmittelwerbung meist flexibel kombiniert werden. Die Beschriftung wird hinsichtlich der Fahrzeuge und der jeweiligen Werbeflächen definiert. Die Fahrzeugart und der -typ entscheiden darüber, wie groß die jeweiligen Werbeflächen sind. Die klassischen öffentlichen Verkehrsmittel bieten auf Grund ihrer unterschiedlichen Formen eine enorme Bandbreite an Werbemöglichkeiten. Es gibt Normalbusse, Gelenkbusse, 4-, 6- und 8-achsige Straßenbahnen, S- und U-Bahnen oder auch die Regionalzüge der Deutschen Bahn AG.

Entscheidet man sich für eine Halbbelegung, so wird der gesamte Fahrzeugteil unterhalb der Fenster belegt, bei der Ganzbelegung das komplette Fahrzeug, wobei die Einbeziehung der Fenster einer besonderen Genehmigung des Anbieters bedarf.

Darüber hinaus stehen an manchen Fahrzeugen auch Dachkranz-, Heck- oder Dachflächen zur Verfügung sowie Platz für Seitenscheiben- und Heckscheibenplakate, die in Form von beschrifteten Selbstklebefolien auf die Innen- oder Außenseiten der Fenster geklebt werden.
Wichtig ist, dass je nach Verkehrsbetrieb, die Fahrzeuge eine unterschiedliche Grundlackierung haben, mit der das geplante Motiv in Einklang zu bringen ist.

Laut der „Grundlagenstudie zur Ermittlung von Verkehrsmittelwerbung" (erhältlich beim Fachverband für Außenwerbung e.V., www.faw-ev.de) werden innerhalb zwei Wochen mit Werbung auf Bussen, Straßenbahnen und S-Bahnen 50 % der erwachsenen Bevölkerung (Personen ab 14 Jahren) im Einzugsgebiet erreicht, die in diesem Zeitraum ihr Haus verlassen hatten.

Verkehrsmittelwerbung: **Öffentlicher Personennahverkehr**

Die Nutzung der Fensterflächen erhöht die Werbewirksamkeit (AW3_402) Bild: DERG

AW3_403 Bild: DS Medien

■ Werbung an Bussen

Werbeflächen an der Außenseite des Busses sind die Rumpfflächen, manchmal inklusive Dachkranz und Heckfläche. Außerdem kann der Bus halb oder ganz auf rund 60 m² bemalt, beziehungsweise mit ablösbarer Folie beklebt werden. Eine Ganzgestaltung ist eine komplette Werbegestaltung außen am Bus inklusive einer partiellen Nutzung der Scheiben bis zu 30 % der nutzbaren Fensterfläche mit einer Window-Graphics-Folie. Komplette Flächen können durch wiederholen des gleichen Motivs kostengünstig gestaltet werden. Die Flächen sind je nach Art des Busses unterschiedlich, denn neben den Normalbussen gibt es die Gelenkbusse, die Niederflurbusse und, wie in Berlin, die Doppeldeck-Busse.

Technik

Formate

Je nach Stadt sind die öffentlichen Verkehrsmittel unterschiedlich und innerhalb der Städte kommen zudem verschiedene Wagentypen zum Einsatz. Somit ergeben sich auch viele verschiedenen Werbeformate. Auf Grund der enormen Bandbreite an Möglichkeiten ist es unerlässlich, die jeweiligen genauen Flächemaße für die Werbung, sowie die Position von Türöffnungen und andere technische Details, der einzelnen Fahrzeugmodelle bei der Gestaltung des Motivs zu berücksichtigen.
Es empfiehlt sich, die genauen Spezifikationen beim jeweiligen Anbieter oder bei den Stadtwerken der gewünschten Verkehrsbetriebe zu erfragen.

TIPP

Alle Fahrzeugvorlagen von PKW über LKWs und Busse bis zu Straßenbahn und Zügen für den Entwurf gibt es im creativ collection CAR-SPECIAL, welches regelmäßig aktualisiert erscheint (www.ccvision.de).

Verkehrsmittelwerbung: **Öffentlicher Personennahverkehr**

Bild: DS Medien

Belegungskosten für Busse pro Fahrzeug und Monat		
Belegung	ca.-Preise	Montage/Demontage
Ganzgestaltung Normalbus	670,– bis 840,–	je nach Layout
Ganzgestaltung Gelenkbus	ab 750,–	
Ganzgestaltung Doppeldeckerbus	1400,–	
Teilgestaltung	295,– bis 360,–	250,–
Heckfläche	110,– bis 120,–	12,80
Rumpfbelegung		
Rumpf und Dachkranz Normalbus	295,–	
Rumpf und Dachkranz Gelenkbus	450,– bis 650,–	
WindowGraphics pro m²	25,–	

Preise / Belegung

Die Rumpfflächenwerbung und Ganzgestaltung ist meist ab einem Monat möglich.

Bild: DS Medien

Für die Ganzbelegung sollte man sich aber mindestens auf ein Jahr Laufzeit einlassen, denn die Produktions- und Neutralisierungskosten relativieren sich erst durch eine hohe Werbekontaktzahl und damit durch eine längere Laufzeit.

In Berlin beträgt die Mindestabschlussdauer für die Außenwerbeflächen am Berliner Doppeldeck-Bus und der Berliner Straßenbahn ein Jahr. Die Buchungen sind lokal, regional und auch national möglich.

Schaltkosten

Die Mietpreise sind je nach Ort und Region unterschiedlich.

Die angegebenen Preise enthalten die Produktionskosten. Zusätzlich ist mit Mehrkosten für Anbringung und Entfernumg zu rechnen. Je nach Fläche zwischen € 100,– und 700,–.

TIPP

Bei einer Belegung von 2 bis 3 Jahren gewähren die meisten Anbieter einen Rabatt von 5 bis 15%

Anbieter

- *DERG*
  (www.derg.de)
- *DS Medien*
  (www.dsmedien.de)
- *KWS Aussenwerbung*
  (www.kws-aussenwerbung.de)
- *Ströer Out-of-Home Media GmbH (www.stroeer.de)*
- *Lloyd Verkehrs-Reklame*
  (www.lloyd-werbung.de)

Für Berlin:

- *VVR-Berek*
  (www.vvr-berek.de)

Für Hannover:

- *X-City Marketing*
  (www.xcima.de)

Für alle Fahrzeugvorlagen:

- *creativ collection CAR-SPECIAL*
  (www.ccvision.de)

Weitere Anbieter → siehe CD

Verkehrsmittelwerbung: **Öffentlicher Personennahverkehr**

Eine kreativ genutzte Traffic Board-Fläche (AW3_404) — Bild: DS Medien

■ Traffic Board

Das TrafficBoard ist eine mobile Plakatwand. Die Werbefolien werden im Großflächenformat 18/1 und im CityLight-Poster-Format 4/1 an der Fahrerseite der Normalbusse und Gelenkbusse des öffentlichen Nahverkehrs angebracht. Unter Einbeziehung der Fensterflächen mit der Window-Graphics-Folie, werden sie mit herkömmlichen Folien zum Traffic-Board kombiniert.

Eine Großflächenkampagne kann mit dem TrafficBoard optimal ergänzt und Schaltpausen wirkungsvoll überbrückt werden. Aber auch ein eigenständiger Werbeauftritt erzielt starke Aufmerksamkeitswerte. Buswerbung lohnt sich, für kurz- und längerfristige Aktionen.

Die Schaltung der TrafficBoards ist in vielen Städten mit über 100.000 Einwohnern und dort überwiegend im Citybereich möglich. Das TrafficBoard kann auch im CityLight-Poster-Format an die Heckseite des Busses montiert werden.

Technik

Format

Das TrafficBoard hat das klassische 18/1-Großflächenformat, also 356 x 252 cm, und bietet 9 m² Werbefläche an der der Straße zugewandten Seite des Busses. Es ist aber auch für die Heckseite, Heckfenster und Einstiegsseite des Busses im CityLight-Poster-Format (4/1) zu mieten.

DTP-TIPP

In Berlin sind die 18/1-TrafficBoards 380 cm breit und 250 cm hoch.

Material

Die mobile Großfläche besteht aus selbstklebender, leicht ablösbarer Industriefolie, die weder reflektierend noch fluoreszierend

Verkehrsmittelwerbung: **Öffentlicher Personennahverkehr**

Traffic Boards im 18/1- und 4/1-Format (AW3_405)   Bild: KWS Außenwerbung

Bild: DERG

sein darf. Für die Fenster werden spezielle WindowGraphics-Folien benötigt.

Vorlagen

Das Motiv bzw. das fertig gestaltete Plakat kann in allen gängigen Formen übermittelt werden (ISDN, CD...) und vom Anbieter in digitaler Form bearbeitet werden. Die Vorlaufzeit beträgt ungefähr drei Wochen.

Preise / Belegung

Das TrafficBoard im 18/1-Format kostet pro Monat € 620,– und im 4/1-Format € 350,–.
Bei der Montage, Demontage und bei einem gewünschten Motivwechsel, des 18/1-TrafficBoards belaufen sich die Kosten auf € 500,–. Die Montage und Demontage, auch bei einem Motivwechsel, des 4/1-TrafficBoards kostet € 250,–. Auf Wunsch übernimmt der Anbieter auch die Produktion. Die Kosten für die Produktion des 18/1-TrafficBoards belaufen sich auf € 395,– und für das 4/1-TrafficBoard auf € 130,–.

Die Mindestbelegung ist ein Monat. Alle TrafficBoards können sowohl einzeln als auch in verschiednen Netzen gebucht werden. In Orten wie Chemnitz, Dresden, Leipzig, Eilenburg und Altenburg stehen bis zu zehn TrafficBoards an Bussen zur Verfügung, in Hamburg 13, in Berlin 23 und in Hannover wird das Medium für 20 Stadtbahnen angeboten.

Schalt- und Produktionskosten

Für das TrafficBoard im gängigen 18/1-Format liegen die monatlichen Schaltkosten bei € 620,– bis 750,–. Für das TrafficBoard im 4/1-Format an der Heckseite oder der Einstiegsseite entstehen Schaltkosten in Höhe von € 250,– bis 350,– im Monat.

Anbieter

– DERG
  (www.derg.de)
– DS Medien
  (www.dsmedien.de)
– KWS Außenwerbung
  (www.megaplakat.de)
– S.D. Verkehrswerbung
  (www.sd-werbung.de)

Für Berlin:
– VVR-Berek
  (www.vvr-berek.de)

Für Hannover:
– X-City Marketing
  (www.xcima.de)

Weitere Anbieter → siehe CD

Verkehrsmittelwerbung: **Öffentlicher Personennahverkehr**

■ TrafficBanner

TrafficBanner sind Folien für Aktionswerbung in Standardgröße. Sie können bundesweit und in jedem Ort an Bussen und Bahnen angebracht werden. Sie sind ein guter Sichtkontakt zu den Nutzern des öffentlichen Personennahverkehrs, Fußgängern und Autofahrern. Pro Bus können bis zu 5 TrafficBanner und bis zu 7 TrafficBanner bei Gelenkbussen zum Einsatz kommen.

Ähnlich wie bei der Rumpfbeklebung, werden sie seitlich und an der Heckfläche unter den Fenstern angebracht, jedoch nicht durchgängig als Bande. Zwei oder drei Folien je Seite sind kostengünstig und erfüllen ideal den Werbezweck, zum Beispiel für kurzfristige Werbeaktionen bei einer Aktionszeit von nur wenigen Wochen.

AW3_406
Bild: DERG

Technik

Format

Es können fünf bis sieben Folien im Format 175 x 50 cm je Bus angebracht werden. DERG bietet 1.500 Busse zur Verfügung an.

Preise / Belegung

Der Monatsmietpreis je Bus und Banner beträgt zwischen € 42,– und 54,–. Produktionskosten auf Anfrage beim Anbieter.
Die Mindestbelegungsdauer beträgt ein Monat. Die Mindestbelegungsmenge sind 5 TrafficBanner pro Einsatzraum. Die Buchung ist lokal, regional und national möglich. Es besteht keine Möglichkeit der Einzelbelegung auf der Heckfläche.

Anbieter

– DERG
 (www.derg.de)
– S.D. Verkehrswerbung
 (www.sd-werbung.de)

Verkehrsmittelwerbung: **Öffentlicher Personennahverkehr**

Bild: Kölner Außenwerbung

■ Werbung an Straßenbahnen

Auch bei der Straßenbahn wird unterschieden zwischen Rumpfflächen-, Halb- oder Ganzbelegung. Der Vorteil der Rumpf- und Heckflächenwerbung ist die schnelle Durchführung mit Produktion und Anbringung.

Die Wagentypen unterscheiden sich erheblich in der Größe und so auch in der Werbeflächen.

Technik

Formate

Für die Formate der Straßenbahnaußenflächen gilt dasselbe wie für die der Busse, sie variieren von Stadt zu Stadt und sind je nach

Verkehrsmittelwerbung: **Öffentlicher Personennahverkehr**

Bild: 3M

AW3_407 Bild: Kölner Außenwerbung

Bild: 3M

Fahrzeugtyp verschieden. Genaue Details können bei den Verkehrsbetrieben der jeweiligen Stadt oder bei den Stadtwerken erfragt werden.

Preise / Belegung

Rumpfflächenwerbung ist meist ab einem Monat möglich. Für die Ganzbelegung sollte man sich mindestens auf ein Jahr Laufzeit einlassen, denn die hohen Produktions- und Neutralisierungskosten relativieren sich erst mit der Zeit.

In Berlin beträgt auch die Mindestabschlussdauer für die Außenwerbeflächen an der Straßenbahn ein Jahr.

Schaltkosten

Die Preise variieren stark, denn sie berechnen sich abhängig vom Straßenbahntyp und der Größe des Fahrzeugs. Die Folienproduktion ist inbegriffen.

Schaltkosten			
pro Straßenbahn und Monat			
Rumpfbelegung	409,–	bis	869,–
Halbbelegung	766,–	bis	1.533,–
Ganzbelegung	971,–	bis	1.789,–

Organisation/Montage

Anbringung und Entfernung kosten bei einer Laufzeit von einem Jahr € 675,–.
Die Montagekosten richten sich stark nach dem Layout, besonders bei Halb- und Ganzbelegung. Bei der Rumpfflächenbelegung erreichen sie € 150,– bis 220,–.

Anbieter

– DERG (www.derg.de)
– DS Medien (www.dsmedien.de)
– Kölner Außenwerbung (www.kaw.de)

Für Berlin:
– VVR-Berek (www.vvr-berek.de)

Für Hannover:
– X-City Marketing (www.xcima.de)

Weitere Anbieter → siehe CD

Verkehrsmittelwerbung: **Öffentlicher Personennahverkehr**

Bild: VVR-Berek

■ Werbung an U-Bahnen

Auch bei der U-Bahn sind entweder Rumpfflächenwerbung oder Ganzbemalung bzw. -beklebung möglich.

Technik

Die Formate sind je nach Bautyp entweder 8 Flächen à 250 x 60 cm oder auch à 350 x 60 cm. Die kleineren Werbeflächen, von denen es 4 gibt haben entweder die Größe 140 x 60 cm oder 190 x 60 cm.

Preise / Belegung

Die Preise verstehen sich monatlich je Zugeinheit. Eine Zugeinheit besteht aus zwei Wagen. Die hier aufgeführten Informationen orientieren sich an Berlins U-Bahnen.

Die Herrichtungs- und Löschungskosten kommen dabei noch hinzu.

Bei der Berliner U-Bahn muss mit folgenden Kosten gerechnet werden: Rumpfflächen kosten monatlich € 205,–, eine Ganzbeschriftung kostet € 1.115,– pro Monat. Die Mindestbelegung ist jeweils ein Jahr.

Anbieter

– DS Medien (www.dsmedien.de)
Für Berlin:
– VVR-Berek (www.vvr-berek.de)

Verkehrsmittelwerbung: **Öffentlicher Personennahverkehr**

AW3_409   Bild: DERG

■ Werbung in Bussen und Straßenbahnen

Innenwerbung in Bussen und Bahnen kann in verschiedenen Größen im oberen Bereich der Seitenscheiben oder der Heckfenster angebracht werden, innen an den Deckenflächen über den Fenstern, innen an der Seitenwand zwischen den Fenstern, oder auch an den Trennscheiben zum Fahrersitz.

Die Seitenscheiben- und Heckfensterplakate sind sowohl von innen als auch von außen lesbar. Bei einer durchschnittlichen Fahrzeit von 10 Minuten bleibt viel Zeit zum Studieren der Werbebotschaft.

Technik

Material

Die Innenraumplakate werden aus selbstklebender, mit Sperrschicht bedruckter Folie gefertigt, die auch beidseitig bedruckt werden kann, wenn sie an Scheiben angebracht werden soll. Sie werden von innen an die Fensterscheibe geklebt.
Die Seitenscheibenplakate sind 50 cm breit und 15 cm hoch, die Seitenstreifenfolien 69 cm breit und 9,5 cm hoch. Falls die Trennscheibenplakate im Aluwechsel-

Verkehrsmittelwerbung: **Öffentlicher Personennahverkehr**

AW3_410
Bild: DERG

rahmen präsentiert werden, sind normale DIN A2-Papierplakate erforderlich.

Preise / Belegung

Die Mindestbelegungsdauer für Werbung in den Innenräumen ist 1 Monat. Oft gibt es eine Mindestabnahme der Folien (bei den Berliner Verkehrsbetrieben mindestens 50 Stück).

Schaltkosten-Beispielrechnung

Für 6 Seitenscheibenplakate (an einem Fahrzeug) betragen die Schaltkosten bei einer Gesamtplakatmenge von 150 Stück im Monat € 1.275,– ohne Folienproduktion. Hinzu kommen einmalige Kosten für Anbringung und Entfernung von € 4,– bis 7,– je Folie.

Anbieter

- *DS Medien (www.dsmedien.de)*
- *DERG (www.derg.de)*
- *KWS Außenwerbung (www.kws-aussenwerbung.de)*
- *Lloyd Verkehrswerbung (www.lloyd-werbung.de) (Anbieter für Trennscheibenplakate in Wechselrahmen)*

Für Hannover:

- *X-City Marketing (www.xcima.de)*

Für Berlin:

- *VVR-Berek (www.vvr-berek.de)*

Weitere Anbieter → siehe CD

Verkehrsmittelwerbung: **Öffentlicher Personennahverkehr**

AW3_411 Bild: DS Medien

Schaltkosten

Inklusive Produktion, Anbringung und Entfernung, bei einmonatiger Laufzeit und 25 Plakaten entstehen beispielsweise Kosten von € 1.263,–.

Anbieter

– DS Medien
  (www.dsmedien.de)

Für Berlin:

– VVR-Berek
  (www.vvr-berek.de)

■ BusLight-Poster

Die einzigen bei Tag und Nacht hinterleuchteten Werbeflächen in der Verkehrsmittelwerbung sind die so genannten BusLight-Poster. Sie befinden sich in Nahverkehrsbussen an den Trennwänden direkt hinter dem Fahrer und sind eine optimale Ergänzung zu den City-Light-Postern an den Haltestellen (Siehe auch Kapitel klassische Plakatwerbung, Seite 40).
In Netzen zu je 25 Stück kann monats- oder städteweise gebucht werden.

AW3_412 Bild: DS Medien

Technik

Die BusLight-Poster erscheinen einheitlich im DIN A2-Format. Produktion, Anbringung und Entfernung kann vom Anbieter übernommen werden.

■ Werbung in U-Bahnen

Die hier genannten Angaben zur Innenwerbung in U-Bahnen orientieren sich an Gegebenheiten und Preisen der Berliner U-Bahn. Zur U-Bahn-Werbung in anderen Städten können die jeweiligen Verkehrsbetriebe genauere Informationen geben.

Technik

Format

In der Berliner U-Bahn werden zwei verschiedene Formate je nach Linie eingesetzt: entweder

Verkehrsmittelwerbung: **Fahrgastfernsehen**

69 x 13 cm oder 53 x 9,5 cm. Die Größen für andere Städte müssen bei den jeweiligen Verkehrsbetrieben erfragt werden.

Material

Die Innenraumplakate werden auf selbstklebende Folien aufgedruckt und mit leicht ablösbarem Kleber auf Scheiben oder Wände geklebt.

Preise

Für die Mindestbelegungsdauer und die Mindestabnahme sind z.B. in Berlin 50 Flächen für einen Monat vorgegeben. Die Schaltkosten für Seitenscheibenplakate betragen € 4,10 pro Monat und Fläche. Zusätzlich muss man mit den Kosten für Anbringen, Entfernen oder Auswechseln der Werbeträger rechnen. Dieser einmalige Betrag beläuft sich bei einer Schaltdauer von 1 bis 6 Monaten auf € 7,–, bei einer Dauer von über 7 Monaten nur auf € 2,50 pro Fläche.

Anbieter

– *VVR-Brerek*
  (www.vvr-berek.de)

■ Elektronische Werbeträger gewinnen immer mehr an Bedeutung, sei es an stark frequentierten Straßen, in Fitnessstudios, an Tankstellen oder auch in Verbrauchermärkten. Technische Neuerungen ermöglichen eine Annäherung von Außenwerbung und Fernsehen. Auch in U-Bahnstationen und öffentlichen Verkehrsmitteln kann auf elektronische Art geworben werden.

Digitales Fahrgastfernsehen ist derzeit in den Hamburger U-Bahnen (Train-Infoscreen), den Stadtbahnen Hannovers (X-CITY Mobil) und in Berlin (Berliner Fenster) buchbar. Die Werbeaussagen werden in ein redaktionelles Umfeld eingebettet, das aus Nachrichten, Sport, Kultur, lokalen Veranstaltungen und Wetter besteht.

■ Train-Infoscreen Hamburg

Insgesamt stehen in Hamburg 894 hochauflösende TFT-Displays in 447 U-Bahnwagen zur Verfügung. Train-Infoscreen erreicht 262.000 Menschen pro Woche in Hamburg. Das entspricht 23 % der Bevölkerung Hamburgs zwischen 14 und 74 Jahren.

Technik

Verarbeitet werden Photoshop-Dateien, digitale Videos, gängige TV-Formate sowie analoge Vorlagen wie Dias und Negative. Die Auflösung ist 1.024 x 768 Pixel.

Preise / Belegung

Bei der sogenannten Netzbelegung ist eine Ganztagsbelegung (4:00 – 1:00 Uhr) oder Halbtagsbelegung (4:00 – 14:30 oder 14:30 bis 1:00) möglich. Es kann gewählt werden, ob der Spot alle 5, 10, 15 oder 30 Minuten wiederholt werden soll. Die Spotlängen liegen zwischen 5-30 Sekunden. Derzeit ist nur eine Komplett-Belegung des gesamten Hamburger Netzes möglich.

Preisbeispiel
12 Sek. Spotlänge, ganztags, alle 15 Minuten, 7 Tage: € 8.761,–.

Haltestellenbelegung
Einblendung eines 8-Sekunden Standbildes direkt nach dem Hinweis auf eine bestimmte Haltestelle. Die Mindestbelegung beträgt drei Monate ganztags.

Preisbeispiel
U1 Hauptbahnhof Süd, 1 Monat: € 785,–.

Verkehrsmittelwerbung: **Fahrgastfernsehen**

Bild: Infoscreen Hamburg

Verkehrsmittelwerbung: **Fahrgastfernsehen**

Plakatadaption
Standbild mit einer Länge von 5 Sekunden Voraussetzung für diese Belegungsvariante ist eine gleichzeitige Schaltung als CityLight-Poster oder Großflächenplakat. Wiederum ist nur die Ganztagsbelegung möglich; der Spot wird alle 5 oder 10 Minuten wiederholt. Gebucht wird dekadenweise.

Preisbeispiel
Ganztags, alle 10 Minuten, 10 Tage: € 4.900,–.

Anbieter

– *Infoscreen Hamburg GmbH (www.infoscreen-hamburg.de)*

AW3_414
Bild: X-City Marketing

Verkehrsmittelwerbung: **Fahrgastfernsehen**

Bilder: X-City Marketing

■ X-City Hannover

In den Linien 1,2,4,6 und 11 von Hannovers Stadtbahnen befinden sich insgesamt 864 Doppelbildschirme (6 Doppelschirme pro Wagen). Die Bildschirmgröße entspricht 12 Zoll, ausgestrahlt werden die Beiträge in einer Auflösung von 800 x 600 Pixeln. Der linke Bildschirm gibt dynamische Fahrgastinformationen wieder. So werden Schadensmeldungen, Fahrplanänderungen oder aktuelle Umsteigerelationen ausgestrahlt.

Auf dem rechten Bildschirm werden neben Informationen über den Öffentlichen Nahverkehr redaktionelle Beiträge ausgestrahlt, in die Werbeaussagen eingebunden werden.

Technik

Übertragen werden die Signale durch die Funktechnik Digital Multimedia Broadcast.
Die Vorlagen können in folgenden Formaten geliefert werden:

Film/Animation (4:3)

betacam-sp, dv, mini dv, Dateien im unkomprimierten avi-Format (720 x 576 Pixel, 25 fps)

Bildvorlagen

Adobe Photoshop-kompatible Formate, 800 x 600 Pixel.

Preise / Belegung

Bei der sogenannten Flottenwerbung bucht man alle 864 Doppelbildschirme in 5 Linien. Die Mindestspotlänge liegt bei 10 Sekunden. Die Wiederholungsfrequenz beginnt bei 150 Wiederholungen pro Tag und Bildschirm und kann in 50er Schritten erhöht werden.

Preisbeispiel:

Spotlänge 10 Sekunden, 150 Wiederholungen, 7 Tage: € 5.433,–

Punktwerbung

Ausstrahlung eines 7-Sek.-Spots auf 6 Doppelschirmen an einem festgelegten Haltepunkt in einer Linie und einer Fahrtrichtung. Die Mindestbelegung beträgt 90 Tage, die Wiederholungsfrequenz liegt bei 70 mal pro Bildschirm und Tag.

Verkehrsmittelwerbung: Fahrgastfernsehen

Preisbeispiel

Spotlänge 7 Sekunden, 70 Wiederholungen, 90 Tage: € 621,–

Linienwerbung

Hier legt man sich auf die Ausstrahlung des Spots in einer Linie fest. Der Spot von mindestens 10 Sekunden wird in beiden Fahrtrichtungen auf 173 Doppelbildschirmen ausgestrahlt. Die Wiederholungsfrequenz beginnt bei 100 mal pro Tag und Bildschirm und kann in 50er-Schritten erhöht werden.

Preisbeispiel

Spotlänge 10 Sekunden, 100 Wiederholungen pro Tag, 7 Tage: € 1.195,–.

Anbieter

– X-City Marketing
 (www.xcima.de)

■ Berliner Fenster

Die Berliner U-Bahnen sind ebenfalls mit einem Doppelmonitorsystem ausgestattet. Auf einem Monitor werden alle wichtigen Bilder gesendet, der andere Monitor ersetzt quasi die Tonspur. Das Berliner Fenster erreicht täglich rund 1,6 Mio. Zuschauer. Ein Tag wird in zwei Sendeeinheiten à 10 Stunden unterteilt.

Technik

Das Berliner Fenster arbeitet technisch mit dem sogenannten DAB-DMB-System, das die permanente Übertragung großer Datenmengen in Echtzeit ermöglicht. Es können alle gängigen Videoformate verarbeitet werden. Darüber hinaus können Bilddaten in den Formaten psd, bmp, jpg und tif angeliefert werden. Das Grafikformat liegt hier bei 800 x 600 Pixel, Farbmodell RGB.

Alternativ können auch Dias, Negative oder Chromalin/Andrucke bis DIN A4 verarbeitet werden. Die Verwendung von VHS und S-VHS ist nicht möglich.

Preise / Belegung

Der Sekundenpreis klassischer Spots ist abhängig von der Gesamtlänge des Spots. Bis 19 Sekunden liegt er bei € 5,– pro Sekunde, ab 20 Sekunden bei € 3,75 pro Sekunde. Die Mindestspotlänge beträgt 5 Sekunden. Mindestens muß eine Sendeeinheit à 40 Wiederholungen gebucht werden.

Eine attraktive Alternative ist das Magazinsponsoring. Hier wird in direktem Zusammenhang vor oder nach einem Magazin der Spot geschaltet. Der Sekundenpreis liegt hier bei € 0,50, Mindestbelegung 1 Sendeeinheit à 40 Ausstrahlungen.

Für soziale und kulturelle Einrichtungen gilt ein Sekundenpreis von € 0,50 beim klassischen Spot. Darüber hinaus gewährt der Anbieter 50 % Rabatt an Wochenenden und Feiertagen.

Anbieter

– VVR-Berek
 (www.vvr-berek.de)

Verkehrsmittelwerbung: U-Bahnstationen

TIPP

Die Fahrgastfernsehen-Nord-Kombi ist ein Zusammenschluss der zuvor aufgeführten Anbieter und ermöglicht, die Schaltung in den drei Großstädten zu kombinieren. Es können entweder zwei oder alle drei Städte gebucht werden. Die Nordkombi erzielt in Berlin, Hannover und Hamburg 2,75 Millionen Werbemittelkontakte pro Woche in der Kernzielgruppe 14 bis 49 Jahre.

Preisbeispiel:
Schaltung eines 10-Sek.-Spots in Berlin, Hamburg und Hannover, Spoteinschaltung alle 10 Minuten je Bildschirm, Belegungsdauer 1 Tag: gesamt € 4.830,– (die Einzelpreissumme beträgt € 6.124,–).

Anbieter

- *Fahrgastfernsehen Nord-Kombi (www.fahrgastfernsehen.de)*
- *INFOSCREEN HAMBURG GmbH (www.infoscreen-hamburg.de)*
- *X-City Marketing (www.xcima.de)*
- *VVR Berek (www.vvr-berek.de)*

AW3_415 Bild: DS Medien

■ Infoscreen

In hochfrequentierten U-Bahnstationen deutscher Metropolen sind Großbildflächen angebracht, die den wartenden Fahrgästen ein Unterhaltungsprogramm bieten. In 10-minütigen Programmschleifen wird ein Mix aus redaktionellen Inhalten wie z.B. Nachrichten aus Politik, Wirtschaft und Sport, Lifestyle- und Kulturtipps, Wettervorhersagen, Cartoons und Werbung ausgestrahlt.

Die Werbespots werden in das redaktionelle Umfeld eingebettet und zwischen 6 bis 24 Uhr je nach Buchung 50, 100 oder 200 mal täglich gesendet.

Verkehrsmittelwerbung: **U-Bahnstationen**

Derzeit stehen insgesamt 123 Infoscreen-Anlagen zur Verfügung: In Berlin 8, Bonn 4, Dortmund 11, Düsseldorf 11, Essen 8, Frankfurt 14, Hamburg 10, Köln 14, München 29 und Nürnberg 14.

Infoscreens sind 2,50 m breit und 1,85 m hoch. Die Spotlänge liegt zwischen 5 bis 30 Sekunden.

Technik

Produktionsvorlagen
Bei Anlieferung digitaler Produktionsvorlagen sollte man sich vorher mit dem Anbieter in Verbindung setzen.
Dias von 35 mm (Kleinbildformat) bis 20 x 25 cm
Negative von 35 mm (Kleinbildformat) bis 20 x 25 cm
Proofs, Andrucke bis DIN A4
Videos (ohne Ton) in den Formaten BETACAM SP oder DVCPRO
digitale Bildformate (Breite x Höhe): 1024 x 768 Pixel; Farbmodell RGB
Dateiformate: Photoshop bis 6.0 (bei sukzessivem Bildaufbau in getrennten Ebenen als Photoshop-Dokument)
Datenübermittlung per ISDN
Datenträger: alle gängigen Formate

Preise / Belegung

Die beamergesteuerten, bewegten Bilder können nur städteweise belegt werden. Die Schaltkosten betragen € 0,035 pro Sekunde und Bildfläche. Bei der Gesamtbelegung des Deutschland-Netzes mit 200 Spots je Tag und Bildfläche gilt der Sonderpreis von € 0,025 je Sekunde und Bildfläche.

Der Gesamtpreis setzt sich wie folgt zusammen: Bildflächen x Preis pro Sekunde x Anzahl der Spots / Tag x Spotlänge x Tage.

Beispiel

Bei einer Belegung von 1 Tag (100 Spots täglich) eines 10 Sekunden Spots in Frankfurt (derzeit 14 Flächen), ergibt sich ein Preis von € 490,–. Für die bundesweite Belegung (123 Bildflächen) würde die gleiche Schaltung € 4.305,– kosten. Hiervon geht gegebenenfalls noch Mengenrabatt ab.

Bild: Infoscreen

Anbieter

– *Infoscreen Gesellschaft für Stadtinformationsanlagen mbH* (www.infoscreen.de)

Verkehrsmittelwerbung: **U-Bahnstationen**

AW3_417 Bild: X-City Marketing

■ **Fahrgastfernsehen in U-Stationen in Hannover und Stuttgart**

In derzeit 11 U-Stationen Hannovers und 14 City-Bahnhöfen in Stuttgart bietet X-City Fahrgastfernsehen an. Auf den Großbildschirmen werden Informationen des Öffentlichen Nahverkehrs, redaktionelle Meldungen und Werbung ausgestrahlt.

Die Größe der Bildschirme liegt bei ca. 2,60 x 2 m. Die Daten werden per Glasfaser übertragen und mit einer Auflösung von 1024 x 768 Pixel ausgestrahlt.

Preise/Belegung

Die Spotlängen sind frei wählbar. Gebucht wird jeweils das gesamte Netz einer Stadt.

Preisbeispiele
Folgende Beispiele beziehen sich auf einen 10 Sek.-Spot mit 100 Wiederholungen täglich pro Bildschirm.

Hannover: 11 Großbildschirme in den U-Stationen Hauptbahnhof (2), Kröpcke (6), Steintor (2), Lister Platz (1).

Stuttgart: 14 Großbildschirme in den City-Bahnhöfen Hauptbahnhof (4), Rotebühlplatz (2), Charlottenplatz (4), Schlossplatz (2) und Rathaus (2).

Stationwerbung X-City		
Dauer	Tagespreis	Gesamtpreis
Hannover (11 Bildschirme)		
1 Tag	442,75	442,75
7 Tage	354,20	2.479,40
14 Tage	309,93	4.338,95
30 Tage	265,65	7.969,50
Stuttgart (14 Bildschirme)		
1 Tag	550,00	550,00
7 Tage	467,50	3.272,50
14 Tage	412,50	5.775,00
30 Tage	357,50	10.725,00

TIPP

Bei einer kombinierten Buchung von X-City-Station und X-City Mobil (siehe Seite 111) wird ein gesonderter Rabatt gewährt.

Anbieter

– *X-City Marketing Hannover GmbH (www.xcima.de)*

Verkehrsmittelwerbung: U-Bahnstationen

Großfläche an einer U-Bahnstation (AW3_416)   Bild: DS Medien

■ Plakatanschlag

Die Allgemeinstellenwerbung auf S- und U-Bahnhöfen ist wie ein Schwarzes Brett, auf dem der Handel kommuniziert, Veranstaltungshinweise gegeben werden, oder karitative Unternehmen zu Aktionen aufrufen.

Technik

Für genauere Informationen zum Thema Plakatanschlag allgemein siehe auch Kapitel klassische Plakatwerbung / Allgemeinstellen auf Seite 29.
Die folgend aufgeführten Schaltkosten orientieren sich an der Berliner U-Bahn.

Schaltkosten

Mindestanschlagdauer ist 7 Tage

Papierformate	Breite x Höhe	Tagespreis
DIN A0 hoch	841 x 1189 mm	1,50
DIN A1 hoch	594 x 841 mm	1,20
DIN A1 quer	841 x 594 mm	0,80
DIN A2 hoch	420 x 594 mm	0,65

Verkehrsmittelwerbung: **U-Bahnstationen**

■ **Großflächen**

In den Berliner U-Bahn-Stationen stehen derzeit 1.400 Großflächen im Format 18/1 zur Verfügung. Bei den Top-Standorten, die meist auf den wichtigsten Umsteigebahnhöfen zu finden sind, werden täglich bis zu 100.000 nachweisbare Sichtkontakte erzielt.

Technik

Die Großflächen haben das 18/1-Bogen-Format, also 356 x 252 cm.

Preise / Belegung

Die Belegung erfolgt dekadenweise. Die Plakatstellen wurden unterteilt in Top-Klasse und Klassik.

Preise je Tag und Fläche:
- Top-Klasse: € 21,50
- Klassik: € 14,50

Anbieter
- DERG (www.derg.de)
- DS Medien (www.dsmedien.de)

Bild: NET

■ **Treppenstufenwerbung**

Werbung auf Treppenstufen wird hauptsächlich an den Ein- und Ausgängen von Bahnhöfen platziert. Je nach Anbieter wird die Werbung auf Plexi-Schildern mit abgerundeten Ecken in vorgefräste Stufen eingelassen, Plexi-Schilder auf den Stufen verschraubt oder mittels Folie aufgeklebt.

Formate

Das Format der Treppenstufenschilder ist abhängig vom Anbieter und der Größe der Treppe. In Berlin (Anbieter VVR-Berek) liegt die Größe für Schilder, die in vorgefräste Stufen eingelassen werden bei 645 x 75 mm. Für angeschraubte Schilder stehen die Maße 2.000 x 80 mm bzw. 3.000 x 80 mm zur Verfügung.

Verkehrsmittelwerbung: **U-Bahnstationen**

Preise / Belegung

Auch bei der Belegung und den Preisen gibt es große Unterschiede. Während man bei der DERG bereits Treppen ab 1 Monat buchen kann, ist die Mindestlaufzeit bei VVR-Berek in Berlin 1 Jahr. Die monatlichen Grundpreise reichen von € 205,– bis 255,–. Der Preis ist allerdings abhängig von der Anzahl der Stufen, der Standortwertigkeit und der zu erwartenden Kontaktchance.

Produktionskosten

Zu den Schaltkosten müssen die Produktionskosten hinzugerechnet werden. Je nach Material (Plexi-Schilder oder Folie) und Größe variiert der Produktionspreis und sollte daher direkt angefragt werden.
Montage und Demontage werden gesondert berechnet und variieren je nach Montageart.

Anbieter

- DERG (www.derg.de)
- NETcommunications AG (www.net-communications.de)

Für Berlin:
- VVR-Berek (www.vvr-berek.de)

AW3_418

AW3_419 Bilder: NET

■ Bodenwerbung in U-Bahnstationen

Diese großen Bodenwerbefolien werden in den Berliner U-Bahnhöfen angebracht. Die etwa 2m² große Folie ist unübersehbar und erregt die Aufmerksamkeit der Fahrgäste beim Ein- und Aussteigen aus der U-Bahn und natürlich auch beim Warten. Diese Folien eignen sich besonders für Produktneueinführungen, Branding oder Imagewerbung.

Technik

Die 1,80 m breite und 1,20 m hohe Folie wird mit einem transparenten rutschfesten Schutzlaminat auf dem Boden fest verklebt.

Preise / Belegung

Pro Folie beträgt die Mindestbelegung eine Woche. Der Preis ist abhängig von Bahnhof und Platzierung und muss beim Anbieter erfragt werden.

Anbieter:

- VVR-Berek (www.vvr-berek.de)

Verkehrsmittelwerbung: **Nah- und Fernverkehrsmittel**

Bild: DERG

■ Die Züge der Deutschen Bahn AG können mit vielfältigen Werbeflächen und -möglichkeiten genutzt werden. Der Fernverkehr bietet *ausschließlich in den Innenräumen* attraktive Werbeflächen an.

Darunter hat der Werbetreibende die Möglichkeit, beispielsweise das TrainLight-Poster zu buchen oder Plakatflächen in diversen DIN-Formaten. In MET-, ICE-, EC-, IC-, IR-Zügen, im DB-Nachtzug oder auch in Sonderzügen (z.B. zur CeBIT) kann selektiv und individuell geschaltet werden, je nach Wunsch werden Wagenklasse, Platzierung im Fahrzeug oder die Laufzeit festgelegt. Ob in der S-Bahn, im Nahverkehrs- oder Fernverkehrszug, die Werbung erreicht innen ein mobiles Publikum und wird von außen im Vorbeigehen auch von Nicht-Reisenden bemerkt. Die Kontakthäufigkeit ist sehr hoch, denn die meisten Reisenden oder Pendler benutzen die Verkehrsmittel oft oder sogar täglich und begegnen der Werbebotschaft somit immer wieder.

■ **Werbung auf Lokomotiven**

Ein begrenztes Kontingent an Lokomotiven der Baureihe 101 steht für eine Halb- oder eine Ganzbelegung zur Verfügung.

Verkehrsmittelwerbung: **Nah- und Fernverkehrsmittel**

Sie werden überwiegend an Fernverkehrszügen wie IC-, EC- oder IR-Zügen eingesetzt. Mit der Lok rollt die Werbebotschaft quer durch ganz Deutschland.

Technik

Format

Für die Werbung wird die Lok mit einer widerstandsfähigen, graffitigeschützten Folie auf einer Fläche von 19 m Länge und 4 m Höhe beklebt – das entspricht 100 m². Auch Teilgestaltungen von Lokomotiven der Baureihe 101 sind möglich. Hier wird je Lokseite ein Werbestreifen im Format 12 x 1,2 m angebracht.

Preise / Belegung

Die Belegungsdauer für Werbung auf der halben oder gesamten Lok beträgt ein Jahr. Über die Anzahl der zu belegenden Loks wird individuell verhandelt, da das Kontingent an buchbaren Lokomotiven begrenzt ist.

Schaltkosten

Die Preise werden individuell je nach Kampagne abgestimmt, bewegen sich jedoch bei einer Komplettbelegung mit Folie pro Lok und Jahr im Rahmen von € 41.650,– bis 49.000,– plus Montage und Demontage von € 15.500,–. Bei einer Halbbelegung betragen die Schaltkosten € 30.600,– bis 36.000,–, plus € 4.800,– für Montage und Demontage.

Der Anbieter berät bei der Umsetzung und der Konzeption. Es können Komplettangebote gewählt werden, bei denen lediglich die Produktionsunterlagen vom Kunden zu stellen sind.

Anbieter

– DERG
 (www.derg.de)

AW3_421   Bild: DERG

■ Werbung auf Güterwagen

Mit Folien beklebte Güterwagen tragen die Werbebotschaft durch das ganze Land. Format und Platzierung hängen von Größe und Typ des Wagens ab. Güterwagenwerbung muss mindestens ein Jahr lang gebucht werden. Die Jahresmiete je Wagen beläuft sich auf € 1.020,–.

Anbieter:

– DERG
 (www.derg.de)

Verkehrsmittelwerbung: **Nah- und Fernverkehrsmittel**

■ Werbung auf Binnenschiffen

AW3_422   Bild: Z New Media

Werbung auf Binnenschiffen ist ein völlig neues Werbemedium. Auf beiden Seiten des Schiffes können riesige Werbebanner montiert werden. Es sind aber auch die Beklebungen von Ladeluken, Schornstein und Führerhausdach buchbar. *Selbst der Transport von Werbeobjekten* oder die Veranstaltung individueller Events sind auf den Schiffen möglich.

Überall da, wo es in Deutschland oder Europa (zum Beispiel Niederlande, Frankreich, Tschechien...) Wasserstrassen gibt, kommen Binnenschiffe als Werbeträger zum Einsatz. Diese Werbeform ist noch unverbraucht und außergewöhnlich und gerade deshalb sehr erfolgversprechend.

Formate

Je nach Typ – Güter-, Tank- oder Containerschiff – sind die Formate für die Werbeflächen unterschiedlich. Standardflächen sind in den Größen 40 x 0,9 m, 60 x 0,9 m und 80 x 0,9 m wählbar.

Preise / Belegung

Die Mindestbelegung liegt bei 3 Monaten pro Schiff, es sind bis zu 90 Schiffe verfügbar. Es wird vom Anbieter garantiert, dass das gebuchte Schiff mindestens 22 Tage im Monat auf dem Wasser fährt und nur von *einem* Werbetreibenden belegt ist.

Schaltkosten

Die Preise sind saisonal bedingt gestaffelt, um der geringen Kontaktfrequenzen während der kälteren Jahreszeiten gerecht zu werden.

Kostenbeispiel: Banner auf Binnenschiffen			
Werbebanner 80 x 0,9m		Kosten pro Monat	Kosten für Mindestbel.
Vorsaison	Februar, März	6.300,–	18.900,–
Hauptsaison	April bis Sept.	8.950,–	26.850,–
Nachsaison	Oktober	6.300,–	18.900,–

Der Tagessatz für individuelle Einsätze beträgt € 1.300,– und die Produktionskosten pro Quadratmeter zwischen € 45,– und 55,–. Die Buchung sollte 8 Wochen vor Aktionsbeginn erfolgen, die Druckunterlagen müssen bis 4 Wochen vor Belegung geliefert werden.

Die Belegung ist einzeln, regional, nach Nielsen, bundesweit oder europaweit möglich.

TIPP

Man kann Binnenschiffe auch komplett bemalen lassen. Hier sind der Kreativität nur wenige Grenzen gesetzt. Weil oft mehrere Hundert Meter zwischen zwei Flussufern liegen, sollte die Typografie der Werbebotschaft groß und klar sein.

Anbieter

– *Z New Media (www.z-newmedia.de)*

Verkehrsmittelwerbung: **Nah- und Fernverkehrsmittel**

AW3_423 Bild: DERG

■ Plakate im Nahverkehr

Für Plakate in S-Bahnen, ähnlich denen, die auch in Bussen und Straßenbahnen gebucht werden können, stehen folgende Verkehrsräume zur Verfügung: Berlin, Dresden, Frankfurt, Halle, Hamburg, Hannover, Leipzig, Magdeburg, München, Nürnberg, Rhein-Neckar, Rhein-Ruhr, Rostock und Stuttgart. Ebenso sind die Plakate in Doppelstockwagen im Nahverkehr buchbar.

Seitenscheibenplakate

Seitenscheibenplakate sind doppelseitig bedruckte Selbstklebefolien im Querformat 50 cm x 15 cm, die an den Scheiben der Fahrzeuge angebracht werden.

Seitenwandplakate

Einseitig bedruckte Selbstklebefolien im Querformat 80 x 20 cm (in Berlin 135 x 20 cm), die an verschiedenen Platzierungen im Bereich der Seitenwände, zum Beispiel über den Türen oder Fenstern, in den Fahrzeugen angebracht werden können.

A2-Plakate

Einseitig bedruckte Plakate im DIN A2 Hochformat. Die Plakate sind entweder laminiert und mit Klebeband versehen oder gewöhnliche Papierplakate.

Preise / Belegung

Die Buchungen sind lokal, regional und national möglich. Je Plakat werden für Montage und Demontage zusätzlich ab € 4,50 berechnet.

Verkehrsmittelwerbung: **Nah- und Fernverkehrsmittel**

Schaltkosten für Plakate im Nahverkehr	
Die Mindestbelegdauer beträgt ein Monat	
	Preis pro Stück und Monat
Seitenscheibenplakate	4,05 bis 12,00
Seitenwandplakate	4,05 bis 11,00
Seitenstreifenfolie	3,65
A2-Plakate/-Folien	10,00 bis 17,00
Heckscheibenplakate	28,00 bis 35,00
Heckfläche	110,00 bis 120,00
Deckenfläche (innen über den Scheiben)	8,00
hinterleuchtete Deckenflächen	12,00
Stirnwandflächen	7,10

Sonderform

Werbemöglichkeit in S-Bahnen sind auch die SwingCards (Format ist maximal 10 x 15 cm). Sie sind doppelseitig bedruckt und aus einem schwer entflammbaren Material (Hart-PVC oder Dünnplastik). Sie werden mit einer Kordel an den Gepäckablagen befestigt.
Die Aushangzeit ist 14 Tage, der Preis beträgt je SwingCard inklusive Montage und Demontage € 3,–. SwingCards sind in den S-Bahnen in Berlin, Dresden, Frankfurt, Halle, Hamburg, Hannover, Leipzig, Magdeburg, München, Nürnberg, Rhein-Ruhr, Rostock und Stuttgart platzierbar.

Anbieter

– DERG (*www.derg.de*)

■ **Besonderheit Tunnelwerbung**

Bilder: DERG

Hier ist eine neue besondere Werbemöglichkeit: die „Tunnelwerbung". Zwischen dem Tiefenbahnhof der Frankfurter S-Bahn und Niederrad tauchen plötzlich *bewegte* Bilder im Dunkeln auf.

Der „Film" funktioniert nach dem Prinzip des Daumenkinos. In Fensterhöhe des Zuges sind 192 Leuchtkästen im DIN-A2-Format angebracht. In jedem dieser Kästen hängt ein Poster, das beim Vorbeifahren des Zuges für einen kurzen Moment rückseitig beleuchtet wird. Aus Sicht der Fahrgäste entsteht der Eindruck eines kurzen Werbespots.

Dieser Werbung begegnet man auf den S-Bahn-Strecken in Frankfurt am Main vom Hauptbahnhof zum Flughafen und zum Messegelände. Die Buchung erfolgt im Vier-Wochen-Rhythmus und ist einzeln selektierbar.

Die Tunnelwerbung kostet pro 4 Wochen und Anlage € 25.000,–, zuzüglich der Produktionskosten von € 3.600,–, inklusive Montage und Demontage.

Anbieter

– *DERG*
  (www.derg.de)

Verkehrsmittelwerbung: **Nah- und Fernverkehrsmittel**

■ Plakate im Fernverkehr

Die Möglichkeiten in Fernzügen Posterflächen zu schalten sind vielfältig. Es gibt Papierplakatflächen in diversen Formaten in IC-, EC- und ICE-Zügen und Folienplakate der hinterleuchteten TrainLight-Poster im ICE. Sie werden an Standorten wie Ein- und Ausstiegsbereichen, Großräumen, Verbindungsgängen, Bistrobereichen und Abteilen neben den Sitzplätzen in den Fernzügen angebracht. Die Reisenden verbringen durchschnittlich drei Stunden im Zug und haben somit viel Zeit, die Informationen genau zu betrachten. Die Kontaktmöglichkeiten sind gut – 2002 fuhren monatlich 11 Millionen Personen mit Fernverkehrszügen.

TrainLight-Poster
Die Formate der TrainLight-Poster variieren je nach Platzierung. Achtung: Rundum werden ca. 2 cm des Motives vom Vitrinenrand verdeckt!
Belegbar sind 3 verschiedene Netze, Buchungszeitraum je 3 Monate: ICE 1 mit 59 Flächen, ICE 2 mit 44 und ICE 3 mit 54 Flächen.

AW3_424   Bild: DERG

Verkehrsmittelwerbung: **Nah- und Fernverkehrsmittel**

TrainLight-Poster

Bei kombinierter Buchung von 1. und 2. Klasse werden die Preise der 2. Klasse berechnet.
Bei der Produktion sind ca. 10% Überlieferung einzuplanen.

	Platzierung			monatl. Preis je Fläche	Monatge/ Demontage	Produktions- kosten	Format	Besonderheiten
TrainLight-Poster A	ICE 1+2, Einstiegsbereich	1.Klasse:		90,–	12,–	ca. 62,–	62,2 x 113,2 cm	auch als Dekovitrine nutzbar
		2.Klasse:		60,–				
TrainLight-Poster B	ICE 1+2, Einstiegsbereich	1.Klasse:		90,–	12,–	ca. 62,–	47,3 x 113,2 cm	auch als Dekovitrine nutzbar
		2.Klasse:		60,–				
TrainLight-Poster D	ICE 1, Sitzbereich	2.Klasse:		60,–	12,–	ca. 62,–	41 x 113,2 cm	auch als Dekovitrine nutzbar
TrainLight-Poster E	ICE 2, Sitzbereich	2.Klasse:		60,–	12,–	ca. 62,–	40,7 x 122,8 cm	
TrainLight-Poster F	ICE 3, Sitzbereich	1.Klasse:		90,–	12,–	ca. 62,–	57,8 x 106 cm	
		2.Klasse:		60,–				
TrainLight-Poster G	ICE 3, Bistrobereich	2.Klasse:		45,–	12,–	ca. 27,–	42 x 59,4 cm	

Bild: DERG

Papierplakate in IC, EC und ICE

DIN A2 Plakate können in ICE-Zügen 1-monatig und in IC und EC-Zügen 3-monatig belegt werden. Die Schaltkosten liegen je Fläche bei € 17,– pro Monat, für Anbringung und Entfernung werden je Fläche weitere € 4,50 berechnet.

IC-EC-Nacht-Netze

Netz	Flächen
IC/EC 1. Klasse	248
IC/EC 2. Klasse	417
IC/EC Bistro	164
Nachtzug	130

Anbieter

– DERG
  (www.derg.de)

Verkehrsmittelwerbung: **Nah- und Fernverkehrsmittel**

■ **Prospektverteilung**

In Fernverkehrszügen können vom Kunden gelieferte Prospekte und/oder Warenproben bis 50 g auf den Sitzen in IC/EC- und IR-Zügen oder in den DB Lounges am Bahnhof ausgelegt werden.

Vor dem Hinsetzen werden die Reisenden auf den Prospekt oder die Probe aufmerksam. Reisende in Fernverkehrszügen verbringen durchschnittlich drei Stunden im Zug, ein Zeitraum, in dem die Werbung gründlich studiert werden kann. Die Mitnahmerate besonders bei Warenproben ist hoch.

In ICE-2-Zügen werden vom Werbetreibenden gelieferte Prospekte bis 100 g oder Flyer bis 15 g in Dispensern platziert, die in jedem Wagen zur Verfügung stehen.

AW3_426   Bild: DERG

Technik

Formate

In IC/EC- und IR-Zügen darf das Format höchstens DIN A4 sein und nicht mehr als 50 g wiegen. Formate und Gewichte, die darüber hinausgehen werden extra gebucht und mit 2,5 % Aufschlag je 10 g berechnet.

Prospekte für die ICE-Dispenser sollten maximal DIN A4-Format haben und nicht schwerer als 100 g sein. Flyer sollten nicht größer als 120 x 230 mm sein und nicht schwerer als 15 g.

Anlieferung

Die IC/EC-Prospekte müssen 14 Tage vor der Schaltung vorliegen, die ICE-Prospekte 5 Tage vor Aktionsstart.

Preise / Belegung

IC/EC-Prospekte können täglich in einer Auflage von ca. 15.000 Stück ausgelegt werden oder, nach Kundenwunsch, in anderen Zeitabständen.

Bei den ICE-Prospekten beträgt der Aktionszeitraum 14 Tage, in dem 8.800 Prospekte oder 22.000 Flyer zum Einsatz kommen.

Schaltkosten

Das Auslegen von Warenproben oder Prospekten in IC oder EC-Zügen liegt bei € 0,45, in Messesonderzügen bei € 0,77 pro Stück. Die Belegung der Dispenser der ICE-Züge kostet für A4 Prospekte € 0,40, für Flyer € 0,11 pro Stück.

Anbieter

– DERG
 (www.derg.de)

Verkehrsmittelwerbung: **Nah- und Fernverkehrsmittel**

■ Broschürenaushang

In ICE-Zügen können an den Haken seitlich über den Sitzplätzen Broschüren ausgehängt werden. In gut sichtbarer Position werden solche Drucksachen gerne und oft von den Fahrgästen gelesen. Statistisch sind Züge an dritter Stelle der beliebtesten Orte zum Lesen.

Technik

Die Aushänge müssen vom Werbetreibenden gelocht und mit einer Kordel versehen angeliefert werden. Es gibt keine speziellen Beschränkungen des Broschürenformates, jedoch sollte das Format DIN A4 nicht überschreiten, da sonst die Gefahr besteht, dass die Broschüren störend auf die Fahrgäste wirken.

Preise / Belegung

Buchbar sind Netze bis zu 17.000 Exemplaren in ICE-Zügen und bis zu 27.000 Exemplaren in IC/EC-Zügen. Teilbelegungen sind ab 600 Stück im ICE und ab 7.500 Stück in IC/EC-Zügen möglich. Die Netze sind in 1. und 2. Klasse getrennt. In der Regel werden die Aushänge gebucht, bis die Auflage aufgebraucht ist, maximal aber 14 Tage.

Die Grundpreise gelten für ein Gewicht von 200 g pro Stück, bei schwereren Aushängen werden 2,5 % pro angefangene 20 g Mehrgewicht berechnet.

Preisbeispiel:
Das kleinste ICE Netz mit 600 Exemplaren in der 1. Klasse kostet bei 14-tägiger Belegung € 2.580,–. Das größte ICE Netz (die Züge der 1. Generation) mit 5.500 Stück in der 2. Klasse liegt bei € 18.150,–. Das größte IC/EC-Netz kostet bei kompletter Belegung mit 20.000 Stück € 36.000,–.

Anbieter

– DERG
 (www.derg.de)

■ Hörfunk in ICE-Zügen

An über 38.000 Plätzen in 59 ICE-Zügen wird Unterhaltung mit einem Hörfunkprogramm geboten. Mit einem Kopfhörer, der im Zug erhältlich ist, können mehrere Kanäle zur Unterhaltung gewählt werden. Besonders beliebt ist der Klassik-Kanal. Durch die entspannte Atmosphäre im Zug trifft Hörfunkwerbung hier auf „offene Ohren". Das Programm wechselt einmal im Monat.

Technik

Ausgestrahlt werden 10 Hörfunk-Spots in allen Zügen, das entspricht 17.700 Spots pro Monat. Maximal werden drei Kunden pro Monat angenommen, die ihre Werbebotschaften von 10 bis 30 Sekunden Länge platzieren können. Anlieferung der Spots in Form von MP3-Files muss mindestens 21 Tage vor Kampagnenbeginn erfolgen.

Preise / Belegung

Schaltkosten für Hörfunk im ICE		
Zeitraum 1 Monat in allen Zügen (= 17.700 Spots)		
Länge	pro Spot	Gesamt
10 sec.	0,33	5.850,–
15 sec.	0,50	8.775,–
20 sec.	0,66	11.700,–
25 sec.	0,83	14.625,–
30 sec.	0,99	17.550,–

Anbieter

– DERG (www.derg.de)

Verkehrsmittelwerbung: **Nah- und Fernverkehrsmittel**

■ **Fahrgast-TV in ICE-Zügen**

Speziell Geschäftsreisende werden über das Fahrgast-TV im ICE erreicht. Es gibt mehr als 7.000 Bildschirme in 220 Zügen auf ca. 425 täglichen Zugverbindungen deutschlandweit, davon 98% in der ersten Wagenklasse. Sie bieten ein Informationsprogramm mit Nachrichten aus Politik, Wirtschaft und Kultur, sowie informative Magazine.

Das Kontaktpotential entspricht 7,5 Mio. Fahrgästen pro Jahr, die zu folgenden Zielgruppen-Schwerpunkten zählen: Geschäftsreisende, überwiegend männlich, überdurchschnittlich viele Akademiker, mittleres Alter.

AW3_427 Bild: DERG

Das Videoprogramm besteht aus zwei Kanälen (Kanal 7 + 8) und wechselt 14-tägig. Es werden 12 Werbeblöcke pro Tag ausgestrahlt, das entspricht 2.640 Spots täglich in 425 Zugverbindungen. Als Kontaktzahl lassen sich 60.200 Erste-Klasse-Fahrgäste pro Woche zu Grunde legen.

Technik

Das Spot-Material auf Betacam SP Sendebändern oder als MPEG1-Dateien muss dem Anbieter mindestens 6 Wochen vor Schalttermin vorliegen.

Schaltkosten

Die Mindestschaltzeit für Spots mit einer Länge ab 15 Sek. beträgt 14 Tage. Weiterhin sind monatliche Buchungen und auch Jahresbuchungen möglich. Der Sekundenpreis auf Kanal 7 beträgt € 0,45 und auf Kanal 8 € 0,85.

Fahrgast-TV im ICE

Werbespot auf Kanal 8

Belegung	15 sec.	Spotlänge 20 sec.	45 sec
14 Tage	2.142,–	2.856,–	6.426,–
1 Monat	4.590,–	6.120,–	13.770,–
1 Jahr	45.900,–	61.200,–	137.700,–

Anbieter

– DERG
 (www.derg.de)

Verkehrsmittelwerbung: **Nah- und Fernverkehrsmittel**

AW3_428 — Bild: DERG

■ Promotion

Sowohl im Nahverkehr als auch im Fernverkehr können Werbetreibende Promotions mit Infomaterial und Warenproben starten. Die Fahrgäste begrüßen in der Regel diese Abwechslung während einer längeren Reise. Auch während der täglichen Fahrten in die Ballungszentren mit Stadtexpress, Regionalexpress, Regionalbahn oder S-Bahn sind die Fahrgäste aufnahmebereit und es werden hohe Erinnerungswerte erzielt.

Eine Beratung der Reisenden am Sitzplatz ist nicht gestattet, *für Beratungsgespräche können aber separate Abteile, soweit vorhanden, gemietet werden.*

Die Genehmigung für eine Verteilung auf Bahnsteigen, in Bahnhöfen, in Regionalzügen und S-Bahnen muss extra beantragt und bezahlt werden. Für die Promotions kann ansonsten der komplette Bahnbereich genutzt werden.

Preise / Belegung

Es stehen insgesamt 750 Fernverkehrszüge, 27.000 Regionalzüge und 1.600 S-Bahnen für Promotions zur Verfügung. In folgenden Städten sind S-Bahn-Aktionen möglich:

Frankfurt, Hamburg, Hannover, München, Nürnberg, Rhein/Ruhr und Stuttgart.

Schaltkosten

Die im Grundpreis enthaltenen Kosten beziehen sich ausschließlich auf die Strecke der Promotion-Aktion und 2 Promoter (ohne Promoterhonorare). Zu bestimmten Messe- und Veranstaltungsterminen wird ein Aufschlag von 20% erhoben.

Promotions in Nah- und Fernverkehr

Zugart		Preis/Tag	zusätzlicher Promoter/Tag
Nahverkehr			
S-Bahn		210,–	105,–
Regionalzug		105,–	55,–
Fernverkehr			
ICE/MET	bis 180 km	230,–	75,–
ICE/MET	181–280 km	380,–	125,–
ICE/MET	281–380 km	530,–	175,–
ICE/MET	381–480 km	690,–	230,–
IC/EC	bis 180 km	190,–	65,–
IC/EC	181–280 km	320,–	105,–
IC/EC	281–380 km	450,–	150,–
IC/EC	381–480 km	570,–	190,–

TIPP

Man kann Promoter für eine geplante Werbeaktion bei der Deutschen Eisenbahn-Reklame GmbH buchen. Auch über weitere Service-Leistungen, wie Lagerung des Promotionmaterials, Entsorgung, Strom- oder Wasseranschluss kann mit dem Anbieter verhandelt werden.

Anbieter

– DERG
  (www.derg.de)

Verkehrsmittelwerbung: **Nah- und Fernverkehrsmittel**

■ Anzeigen

Die Reisenden in einem Fernverkehrszug studieren häufig Fahrplandaten. Wer seine Anzeigen in diesem Umfeld platziert, kann auf viele Millionen Kontakte pro Jahr zählen.
Im Faltblatt „Ihr Reiseplan", auf Fahrscheintaschen und auf ausgedruckten Reiseverbindungen stehen Anzeigenflächen zur Verfügung.

Preise / Belegung

Fahrscheintaschen
Anzeigen auf Fahrscheintaschen, die Werbeflächen auf Innen- und Rückseite bieten, erscheinen in einer Auflage von 15 Mio Exemplaren pro Jahr. Sie werden bei allen Verkaufsstellen der DB AG und kooperierenden Reisebüros zusammen mit Fahrkarten und Reisedaten ausgegeben. Die Schaltkosten betragen € 16,– bei s/w-Anzeigen und € 23,– bei 4-farbigen Anzeigen pro Fläche und 1.000 Exemplaren.

Faltblatt „Ihr Reiseplan"
Das Informationsblatt mit einer Auflage von 6 Mio Exemplaren erscheint monatlich. Das Faltblatt liegt in jedem Fernreisezug an jedem 2. Platz aus und ist das am meisten und am intensivsten gelesene Printmedium in den Fernzügen. Von einer Viertelseite bis zur Titelseite sind verschiedene Formate buchbar. Die Schaltkosten bewegen sich zwischen € 80,– für eine ¼-Seite s/w bis € 620,– für eine 4-farbige Titelseite.

Reiseverbindungen
Diese DIN A4 Blätter werden zum Ausdrucken von Fahrgastinformationen durch die Info-Schalter der DB genutzt. Es besteht die Möglichkeit, eine schmale Anzeige auf der Vorderseite im Format 190 x 15 mm, oder auf der Rückseite eine Anzeigenfläche von 180 x 190 mm zu buchen. Die Mindestabnahme liegt bei 6 Mio. Blatt (die Jahresauflage liegt bei 70 Mio. Exemplaren).

Die Schaltkosten für die Anzeige auf der Rückseite kostet s/w € 3,– und 4-farbig € 4,10 pro 1.000 Exemplare, die schmale Anzeige auf der Vorderseite ist dann kostenlos.

Bahn & Bike
Das Magazin mit einer Auflage von ca. 250.000 Exemplaren erscheint jährlich und bietet Informationen rund um die Reise mit Bahn und Fahrrad. „Bahn & Bike" liegt an Bahnhöfen aus und wird

AW3_431 Bilder: DERG

AW3_430

AW3_429

Verkehrsmittelwerbung: **Medien an Bahnhöfen**

bei Veranstaltungen verteilt. Eine ganzseitige vierfarbige Anzeige im Format 91 x 174 mm kostet € 6.900,–, eine halbe Seite im Innenteil € 3.150,–.

Magnetkarten für Schließfächer

In den Bahnhöfen Hannover und München werden zum Öffnen und Verschließen der Gepäckfächer am Bahnhof Magnetkarten verwendet, die auf der Rückseite eine Werbefläche von 86 x 54 mm bieten. Die Belegung dieser Fläche ist ab 5.000 Stück für ein Jahr möglich. Die Schaltkosten bei dieser Auflage betragen schwarz-weiß € 2.500,–, 4-farbig € 3.650,–. Auch die Bedruckung mit Sonderfarben ist möglich.

AW3_432

AW3_433   Bilder: DERG

Anbieter

– DERG
 (www.derg.de)

■ Große und kleine Bahnhöfe werden als eigene Märkte zum lebendigen Mittelpunkt der Städte. Mehr als 1,9 Millionen Personen nutzen täglich die Bahnhofsstationen von IC-, ICE-Bahnhöfen und ca. 2,5 Millionen die S- und IR-Bahnhöfen – ob als Pendler, Fernreisender, Besucher, als jemand der Freunde zum Zug begleitet oder abholt oder sich einfach eine neue Zeitschrift kauft.

Verkehrsmittelwerbung: **Medien an Bahnhöfen**

■ CityLight-Poster

Besondere Netze von CityLight-Postern sind in Bahnhöfen und auf Bahnhofsvorplätzen belegbar. In 78 Städten mit mehr als 100.000 Einwohnern sind über 480 Poster-Flächen auf IC- und ICE-Bahnhöfen zu finden. Über 2.800 Poster-Flächen stehen in 270 S-Bahnhöfen in insgesamt 24 Großstädten zur Verfügung.

Die täglichen Fahrgastfrequenzen sprechen für hohe Kontaktzahlen, zum Beispiel werden die S-Bahnhöfe täglich von über 2 Mio. Fahrgästen besucht.

Format

Formate und Technik können dem Kapitel „klassische Plakatwerbung" auf Seite 40 entnommen werden.

Preise / Belegung

Die Belegung erfolgt nach Netzen und wochenweise. Es gibt zwei IC-Netze mit je ca. 250 Flächen und ein S-Bahn/IR-Netz mit 2.800 Flächen. Einige seien hier kurz erläutert:

Netze in den S-Bahnbereichen Dortmund, Duisburg, Düsseldorf, Essen und Köln mit insgesamt 235 buchbaren Stellen kosten pro Tag und Fläche € 10, 90.

Für die **Netze in Berlin** (500 Stellen) und **Hamburg** (386 Stellen) müssen mit € 13,20 pro Tag und Fläche gerechnet werden.

Die **Intercitynetze bundesweit** liegen bei € 12,50. Ein Plakatwechsel ist jeweils Dienstags oder Mittwochs möglich.

Material

Am besten eignet sich 135 g/m² schweres, beidseitig gestrichenes Papier. Man benötigt einen Ersatzbedarf an Plakaten von 2 %.

Anbieter

– DERG
  (www.derg.de)

■ Großflächenplakate

Das klassische Medium der Außenwerbung ist mit rund 10.000 Flächen auch speziell an Bahnhöfen und Umgebung gut vertreten, davon sind ca. 2.000 beleuchtet. Über 740 Stellen gibt es an Bahnhofsvorplätzen, über 1.600 auf Fernbahnhöfen, über 3.700 an S-Bahnhöfen, über 4.900 an Straßen der Umgebung von Bahnhöfen.

Technik / Belegung

Format, Drucktechnik, Papier, Teilung usw. entspricht den üblichen Großflächen im 18/1-Format (siehe Seite 29), die Belegung erfolgt dekadenweise.

Preise

Die Schaltkosten werden nach Leistungsklassen (G-Werte) und Ortsgrößen eingeteilt und liegen zwischen € 3,53 und 21,63 pro Tag und Fläche. Beleuchtete Stellen sind etwas teurer und liegen zwischen € 11,10 und 24,91.

Anbieter

– DERG (www.derg.de)

Verkehrsmittelwerbung: **Medien an Bahnhöfen**

AW3_434 Bild: DERG

■ BigBanner

Unter BigBanner versteht man Großtransparente, die an augenfälligen Standorten im oder am Bahnhof, entweder freihängend oder an Wände gespannt montiert werden.
Die DERG bietet diese Werbemöglichkeit an 165 Top-Standorten in rund 45 Großstadtbahnhöfen an. BigBanner können einseitig oder auch doppelseitig bedruckt werden.

Format

Um Freiräume optimal zu nutzen, müssen die BigBanner individuell an Standortgegebenheiten angepasst werden. Unter www.derg.de können Standorte ausgewählt und genauere Informationen abgerufen werden.

Preise / Belegung

Die Mindestbelegung beträgt 28 Tage. Gegen Aufpreis ist auch ein

Verkehrsmittelwerbung: **Medien an Bahnhöfen**

Freihängende Banner (AW3_435)

Colorama (AW3_436)   Bilder: DERG

Motivwechsel möglich. Je nach Größe, Bahnhof und Platzierung betragen die Kosten zwischen € 1.300,– und 17.000,– für 28 Tage pro Fläche. Die Buchung ist lokal, regional und national möglich.

Der Anbieter übernimmt auf Wunsch die komplette Umsetzung einer BigBanner-Aktion.

Anbieter.

– *DERG*
  (www.derg.de)

■ Coloramen an Bahnhöfen

Coloramen sind Leuchtkästen in unterschiedlichsten Formaten, in denen mit hinterleuchteten Großdias oder Folien geworben wird. Diese Art der Leuchtwerbung wird in allen größeren Bahnhöfen, an Bahn-Immobilien/–Brücken und Schiffen von Partnern der DB AG eingesetzt.

Technik

Die Formate werden den örtlichen Gegebenheiten angepasst und sind daher sehr unterschiedlich. Genaue Angaben können beim Anbieter je gewünschtem Standort erfragt werden.

Preise / Belegung

Die Mindestbelegungsdauer beträgt ein Jahr. Die Schaltkosten sind abhängig von der Flächengröße, der Standortwertigkeit und den Frequenzen. Preise können daher nur auf Anfrage angegeben werden.

Anbieter

– *DERG (www.derg.de)*

Verkehrsmittelwerbung: **Medien an Bahnhöfen**

AW3_437   Bild: DERG

■ DIN A1-Plakate

Die DIN A1-Pakate werden in modernen Alu-Wechselrahmen mit Schutzfolie an Wände montiert und hängen in Unterführungen, Bahnhofshallen, an Treppenabgängen, auf Bahnsteigen und an anderen Stellen mit Publikumsverkehr. Es gibt ca. 4.000 gut platzierte Stellen in rund 725 Bahnhöfen, so dass gute Kontaktchancen gegeben sind.

Technik

Die Plakate haben das DIN A1-Hochformat (59,4 x 84 cm). Die Sichtfläche beträgt 57,5 x 82 cm. Als Papier sollte ein für Außenwerbung geeignetes verwendet werden, siehe Seite 21.

Preise / Belegung

DIN A1-Plakate werden nach Netzen und wochenweise belegt. Plakatwechsel ist jeweils dienstags oder mittwochs, je nach Terminplan. Für gezielte Kundenansprache besteht die Option, nur ausgewählte Bahnhöfe zu buchen.

Schaltkosten

Bei der Errechnung der Schaltkosten wird vor allem die Größe des Bahnhofs berücksichtigt. Je Tag und Plakatfläche ist in InterCity- und ICE-Bahnhöfen mit € 1,73, in InterRegio-Bahnhöfen mit € 1,– zu rechnen.
Plakatflächen in der Umgebung von S-Bahnhöfen kosten etwa € 1,42 pro Tag und Fläche.

Anbieter

– DERG
 (www.derg.de)

Berlin
– VVR-Berek Berlin
 (www.vvr-berek.de)

Verkehrsmittelwerbung: **Medien an Bahnhöfen**

■ Bodenwerbung

Unter Fußbodenwerbung versteht man selbstklebende Folien, die auf den Bodenflächen von hochfrequentierten Bahnhöfen (mit bis zu 350.000 Besuchern täglich) verklebt werden können.
Derzeit sind über 1.341 Flächen in 103 Bahnhöfen belegbar, u.a. in den Großstädten Berlin, Hamburg, Frankfurt, München, Stuttgart, Düsseldorf, Leipzig und Köln.

AW3_438 Bilder: DERG

Technik

Das Standardformat für diese sogenannten „GroundPoster" beträgt 120 x 180 cm, mit Absprache sind auch andere Formate möglich.

Preise / Belegung

Die Mindestbelegung ist zwei Wochen, die maximale Laufzeit beträgt sechs Wochen. Die Mindestabnahmemenge ist zehn GroundPoster pro Bahnhof.

Schaltkosten

In Bahnhöfen mit bis zu 80.000 Besuchern pro Tag kostet die Schaltung je GroundPoster € 61,40. In Bahnhöfen ab 80.000 Besuchern pro Tag belaufen sich die Kosten je Stück auf € 71,60.
Zuzüglich fallen noch Kosten für die Produktion, Montage, Qualitätskontrolle, Demontage und Entsorgung an. Die GroundPoster sind ausschließlich im Full-Service buchbar. Produktionskosten auf Anfrage.

Anbieter

– DERG
 (www.derg.de)

Weitere Anbieter → siehe CD

Verkehrsmittelwerbung: **Medien an Bahnhöfen**

AW3_439

Bilder: DERG

■ Sitzbänke

Die DERG bietet Werbung auf Sitzbänken in nahezu allen Bahnhöfen an, die einzeln oder bundesweit belegt werden können.

AW3_440

„Alte" Konfiguration

Die Bänke, die mit einer „alten" Sitzbankkonfiguration ausgestattet sind haben eine Werbefläche an einem Aufsatz, der über der Rückenlehne der Sitzbänke angebracht wird. Die Werbebotschaft kann ein- oder doppelseitig auf diesen Aufsatz entweder als Folie geklebt oder als Resopalplatte montiert werden.
Die Folien für die Sitzbänke müssen wetterfest und lichtbeständig sein. Resopalplatten können mit Folie beschichtet oder auch direkt mit der Werbung bedruckt werden.

„Neue" Konfiguration

Die Werbefläche die auf einer Glasscheibe über dem Sitzbankelement angebracht ist – wird mit bedruckter Folie beklebt. Je nach Ausführung sind unterschiedliche Maße möglich. Die Folien für die Sitzbänke müssen wetterfest und lichtbeständig sein.

Format

Sowohl die Werbeflächen der „alten", wie auch der „neuen" Konfiguration haben meist ein Format von 281 x 52 cm.

Preise / Belegung

Die Belegung ist ab einem Jahr möglich. Die Schaltkosten sind von der Flächengröße, der Standortwertigkeit und den Frequenzen abhängig und müssen beim Anbieter individuell erfragt werden.

Anbieter

– DERG
  (www.derg.de)

Verkehrsmittelwerbung: **Medien an Bahnhöfen**

■ Vitrinen an Bahnhöfen

Derzeit stehen etwa 1.250 Vitrinen, sowohl beleuchtet als auch unbeleuchtet, in Bahnhöfen, Bahn-Immobilien und auf Fährschiffen von Partnerunternehmen der DB AG zur Verfügung.
Bei dem Produkttyp „Ausstellungsvitrine" besteht die Möglichkeit, Produkte auszustellen und die Vitrine zu dekorieren. Schaukästen hingegen können nur mit Folien oder Plakaten dekoriert werden.

AW3_441 Bild: DERG

Technik / Preise

Vitrinen und Schaukästen können in unterschiedlichen Ausführungen genutzt werden. Details zu den Ausführungen können beim Anbieter erfragt werden.
Die Vitrinen müssen für mindestens ein Jahr belegt werden und die Miete bewegt sich im Rahmen von € 260,– bis 3.350,– pro Jahr. Hinzu kommen die anfallenden Stromkosten bei den beleuchteten Varianten.

Anbieter

– DERG
  (www.derg.de)

■ BeamBoards

Als Werbemedium an S-Bahnhöfen mit hohen Kontaktzahlen bietet sich das so genannte BeamBoard an. Das sind Großbildschirme, auf die animierte Plakatmotive im 18/1-Format projiziert werden. Technisch entspricht es den Bildschirmen im U-Bahnbereich (s. Seite 113). Momentan stehen 21 BeamBoards zur Verfügung: 9 in Frankfurt/Main, 8 in Berlin und 4 in München.

Technik

Die Werbemotive können als PDF, JPEG, TIFF, GIF oder BMP Dateien im RGB Modus angeliefert werden. Als Auflösung ist entweder 1.024 x 768 Pixel (entspricht 4:3) oder 1.024 x 735 Pixel (entspricht 18/1) mit mindestens 72 dpi notwendig.

Schaltkosten

Die Buchung erfolgt dekadenweise (10-11 Tage), nach dem Dekadenplan des jeweiligen Ortes. Die Standorte sind nach Leistungsklassen eingeteilt und kosten pro Tag und Motiv zwischen € 21,22 und 24,91.

Anbieter

– DERG (www.derg.de)

Verkehrsmittelwerbung: **Medien an Bahnhöfen**

Bild: DERG

■ **Neue Ticket-automaten**

Immer mehr Fahrgäste der Bahn nutzen die Ticketautomaten an den Bahnhöfen um Fahrscheine zu kaufen, Sitzplatzreservierungen vorzunehmen oder Fahrplanauskünfte abzurufen.

Technik

Auf den „Touchscreen"-Bildschirmen der Automaten können als Werbefläche der Bildschirmschoner bei Inaktivität oder die Wartemasken bei der Verbindungssuche genutzt werden. Das Format des Werbebanners auf dem Bildschirmschoner beträgt 658 x 640 Pixel, bei der Verbindungssuche 620 x 400 Pixel.

Preise / Belegung

Mindestbelegung sind 4 Wochen, die ab € 5.150,– pro Werbefläche buchbar sind. Bei bundesweit über 3.200 Automaten beträgt die Kontaktchance rund 5,4 Mio.

Anbieter

– DERG (www.derg.de)

Verkehrsmittelwerbung: **Medien an Bahnhöfen**

■ Events in Bahnhöfen

Die deutschen Bahnhöfe werden täglich von mehreren hunderttausend Menschen frequentiert. Direkt im Mittelpunkt des Geschehens auf dem Bahnhofsvorplatz kann mit Events oder Promotionaktionen die Aufmerksamkeit der breiten Masse erzielt und so die Werbebotschaft vermittelt werden.
Werbe- oder Messestände, Ausstellungen oder Verteilaktionen erreichen so ein ständig wechselndes Publikum.

Technik

Grundsätzlich gibt es keine Flächenbeschränkungen. Zu Einzelheiten einer geplanten Aktion berät Sie der Anbieter.

AW3_442 Bilder: DERG

Preise

Events Bahnhof			
Buchungskosten pro Tag und Fläche mit Promotereinsatz			
Fläche	Kategorie 1	Kategorie 2	Kategorie 3
bis 5 m²	730,–	570,–	290,–
6 bis 30 m²	1.100,–	870,–	475,–
31 bis 70 m²	1.310,–	1.040,–	580,–
71 bis 100 m²	1.640,–	1.310,–	745,–
über 100 m²	auf Anfrage		

Events oder Promotionaktionen werden tageweise gebucht. Die Bahnhöfe werden in Kategorien eingeteilt, die als entscheidende Kritererien die Einwohnerzahl der Stadt bzw. die Anzahl der Bahnhofsbesucher pro Tag heranziehen. Kosten für Info-, Werbe-, Messestände, Ausstellungen, Displays und Aufbauten pro Tag siehe Tabelle. Promoter für die Aktionen, sowie die komplette Umsetzung und Produktion können auch beim Anbieter in Auftrag gegeben werden.

Anbieter

– DERG (www.derg.de)

Verkehrsmittelwerbung: **Lastkraftwagen**

Bild: 3M

■ Lastkraftwagen verbreiten die Werbebotschaft auf regionalen, nationalen und europaweiten Strecken. Ihr Einsatz kann sowohl nach festen Routen und Ländern als auch für spezielle Ereignisse wie z.B. Neueröffnungen gebucht werden.

Besonders auffallend ist die Werbung, wenn das Führungsfahrzeug auch einen Teil der Werbefläche ausmacht, oder wenn die Form des Fahrzeuges genutzt wird, beispielsweise als überdimensionale fahrende Kekspackung.

Grundsätzlich unterscheidet man zwischen Planenfahrzeugen und Festaufbauten. Bei den Planenfahrzeugen werden die Planen direkt mit dem Werbemotiv bedruckt. Extra angefertigte Planen werden ausschließlich für Dauerwerbung eingesetzt. Die Festaufbauten werden mit selbstklebender Folie beklebt, auf der die Werbebotschaft abgebildet ist. In der Nacht kann mit reflektierender Folie wirkungsvoll präsentiert werden.

Verkehrsmittelwerbung: **Lastkraftwagen**

Sonderform

Ein neues, speziell für die Heckfläche entwickeltes System gewährleistet, dass das Werbemotiv nicht durch Scharniere, Schließstangen oder ähnliches unterbrochen wird.

Dieses Plakatierungssystem mit dem Namen „Back2U" ist für nationale und internationale Kampagnen buchbar (www.back2u.com)

Werbefläche von 60 bis 80 m² zum Einsatz. Die Wechsel-Transportsysteme, die hauptsächlich für internationale Werbung eingesetzt werden, bieten ungefähr 40 m² Fläche für Werbung.

Die Gesamtwerbefläche beim LKW besteht aus den beiden Seitenflächen und – in den meisten Fällen – der Heckfläche, die ungefähr 20 m² ausmacht (manchmal sind die Hecks aufgrund von Ladebühnen als Werbeflächen nicht nutzbar).

Material

Die Folien für die Beklebung der Festaufbauten müssen waschstraßen-, dampfstrahlsicher und UV-beständig sein. Wichtig ist außerdem, dass sie nicht schrumpfen dürfen und die rückstandsfreie Ablösung gewährleistet sein muss.

AW3_443   Bild: Back2U   AW3_444, AW3_445   Bilder: Poster Mobil

Technik

Format

Für den regionalen Einsatz werden Verteilerfahrzeuge mit einer Werbefläche von 25 bis 30 m² verwendet. Auf internationalen Routen kommen LKWs mit einer

LKW-Formate		
	Fahrzeug	Werbefläche
PosterTrans	Verteiler/Transporter	2 x 4/1
TruckBoard	Verteiler/ LKWs (ca. 7,5t)	2 x 18/1
PosterMobil Large	Verteiler/LKWs (ca. 7,5t)	je Seite 590 x 230cm, Heck 170 x 120cm
PosterMobil XS	LKW (über 7,5t)	Heckfläche 250 x 270cm
PosterMobil X-Large	LKW (über 7,5t)	je Seite 1.360 x 270cm, Heck 250 x 270cm
PosterMobil XL-Eco	LKW (über 7,5t)	je Seite 1.360 x 270cm, Heck 250 x 270cm

Verkehrsmittelwerbung: **Lastkraftwagen**

Druckverfahren

Bei kleinen Auflagen wie z.B. 1 bis 10 Stück werden die Planen und Folien im Digitaldruckverfahren bedruckt. Sind die Auflagen aber höher, werden sie im Siebdruckverfahren hergestellt.

Preise / Belegung

Die Mindestbelegung bei Verteilerfahrzeugen bis 7,5 t beträgt zwischen 2 und 6 Monaten. Bei LKWs, die hauptsächlich auf nationalen und internationalen Autobahnen unterwegs sind, zwischen 12 und 36 Monaten. Die Heckflächen der großen LKWs sind für Kurzbuchungen geeignet und schon ab 2 Monaten belegbar.

Bundesweit sind 3.500 LKWs über 7,5 t belegbar. Für die in den Formatbeispielen genannten Flächen „TruckBoard" und „PosterMobil-Large" stehen bundesweit ungefähr 900 Fahrzeuge zur Verfügung, davon 120 in Berlin und 60 in Hamburg.

Schaltkosten

Die monatlichen Schaltkosten variieren stark je nach regionaler, nationaler oder internationaler

AW3_446 — Bild: Poster Mobil

Vorlagen

Als Vorlagen können Großdias, großformatige Farbfotos, Halbtonvorlagen oder Reinzeichnungen verwendet werden. Digitale Vorlagen aus den gängigen Grafikprogrammen (PhotoShop, Illustrator, Freehand, QuarkXPress, Indesign) werden in der Regel in einem Zwischenformat erstellt, z.B. 1:20. Die Absprache mit dem Anbieter ist hier unabdingbar.

Preisbeispiele für LKW-Werbung					
Fahrleistung/Monat/Fahrzeug		Region	Anzahl	Monate	Preis
PosterTrans	3.900 km	Stadtverkehr	200	2	179.000,–
TruckBoard	4.000 km	Stadtverkehr	100	3	228.000,–
PosterMobil Large	4.000 km	Stadtverkehr	100	6	325.000,–
PosterMobil XS	10.000 km	Fernverkehr	300	4	663.000,–
PosterMobil X-Large	12.000 km	Fernverkehr	100	12	687.000,–
PosterMobil XL-Eco	10.000 km	Fernverkehr	100	36	384.000,– pro Jahr

Verkehrsmittelwerbung: **Lastkraftwagen**

Schaltung. Wichtiges Unterscheidungskriterium ist, ob es sich um Planenfahrzeuge oder um Festaufbauten handelt.

Produktions- und Organisationskosten

Die Höhe der Produktionskosten ist abhängig von Motiv und Auflagehöhe. Rabatte werden je nach Mietzeitraum und Abnahmemenge gewährt.
Die Anbieter übernehmen Produktion, Anbringung, Pflege und Entfernen der Folien oder Planen, sowie die Dokumentation der kompletten Kampagne. Die Folien können vom Auftraggeber gestellt oder vom Anbieter produziert werden.

TIPP

Container, die längere Zeit an einem gut einsehbaren Platz abgestellt werden, können so gleichzeitig als Werbefläche genutzt werden. Container bieten gegenüber Großflächenplakaten den Vorteil der Dreidimensionalität

Anbieter helfen bei Konzept und Standortwahl und bieten auch eine Einbindung an Kampagnen mit speziell angefertigten Containern.

Bild: Poster Mobil

Anbieter

- *Poster Mobil (www.postermobil.de)*
- *Kleinhempel (www.kleinhempel.de)*
- *adMobil (www.admobil.de)*
- *CIRCUS Ideas Company GmbH (www.circus-ideas.com)*

Sonderform

Werbung auf Fahrzeugen der AVIS Autovermietung ist auf mehreren tausend Transportern / LKWs und ca. 50.000 PKWs möglich. Die Transporter / LKWs sind im Jahr ca. 100.000 km unterwegs, und bieten damit enorme Kontaktchancen sowohl im Stadtverkehr, als auch auf Autobahnen und Überlandstraßen.
Auf LKWs (7,5 t) kann entweder eine komplette Gestaltung an den Seitenflächen (je 600 x 230 cm) plus 165 x 60 cm Heckwerbefläche oder das sogenannte „Traffic-Board" (306 x 216 cm) gebucht werden.
Bei Transportern, wie dem Mercedes Sprinter, kann eine Fläche auf einer oder beiden Seiten von 119 x 175 cm belegt werden, das entspricht dem CityLight-Format.

Die Schaltkosten inklusive Folienproduktion, Montage und Demontage betragen bei 100 Fahrzeugen pro Monat: € 175.000,– (LKW-Komplettbelegung), € 130.000,– (LKW-Traffic-Board beidseitig), € 41.200,– (Transporter beidseitig).

Anbieter

- *adMobil (www.admobil.de)*

Verkehrsmittelwerbung: **Lastkraftwagen**

AW3_447 Bild: Poster Mobil

■ Reflektierende Werbung bei Dunkelheit

Wer bei Dunkelheit, also rund um die Uhr, und fast konkurrenzlos im weitgehend werbearmen Umfeld präsent sein möchte, kann seine Werbefläche auch vollreflektierend anbringen lassen. Reflektierende Folien haben an der Oberfläche kleinste Glaskügelchen, welche einfallendes Licht reflektieren.

16 Unternehmen bundesweit können inzwischen diesen Service anbieten. Die Nutzfläche der eingesetzten LKWs (ungefähr 80 m²) entspricht mehr als acht Plakat-Großflächen. Reflektierende Werbefolien können sowohl an den Seitenflächen angebracht werden, als auch nur am Heck.

Die allgemeine Verkehrssicherheit wird durch reflektierende Werbung nicht beeinträchtigt, sondern eher erhöht! *Die Gestaltung der reflektierenden Werbung sollte auf Logo und Kernbotschaft reduziert sein*, somit umfasst die reflektierende Wirkung nur einen Teil der Tagesgestaltung.
Bei Tag sind reflektierende und nicht-reflektierende Elemente nicht zu unterscheiden.

Folienanbieter

– 3M
  (www.3m.com)

■ Taschen aus LKW-Planen

Wie die Taschen aus Riesenpostern (siehe Seite 88), können auch Taschen aus gebrauchten LKW-Planen gefertigt werden. Der Vorteil gegenüber dem Poster-Netzgewirk der Riesenposter ist, dass das Planenmaterial wasserfest ist. So sind beispielsweise Fahrradkuriertaschen von FreshBag robust und perfekt für den Dauereinsatz. Außerdem werben die Hersteller damit, dass Gebrauchsspuren die Produkte noch attraktiver machen.

Format

Verschiedene Formate und Arten, auch Kombinationen unterschiedlicher Materialien, bilden ein umfassendes Sortiment für nahezu jeden Gebrauch: Geldbörsen, CD-Player-Taschen, DJ-Bags, Handtaschen, Shopper, Umhängetaschen, Rahmentaschen für Fahrräder,

Bilder: Fresh-Handel

Verkehrsmittelwerbung: **Müllfahrzeuge**

Rucksäcke, usw. Ein Hersteller bietet sogar Fußbälle und Boxsäcke aus LKW-Planen an.

Preise

Von € 10,- für die kleine Akten-Tasche bis € 49,- für eine Umhängetasche im Format 43 x 15 x 65 cm reicht die Spanne der Planentaschen-Kollektion.

Anbieter

- *Fresh-Handel Klinkel Meyer (www.freshbags.de)*
- *Freitag (www.freitag.ch)*

AW3_448   Bild: KWS

■ Mittlerweile stehen viele Städte und Gemeinden der Werbung auf kommunalen Fahrzeugen offen gegenüber. Die Ausführungen und Preise sind je nach Fuhrpark unterschiedlich. Zur Orientierung beziehen sich nachfolgende Informationen auf die Einzugsgebiete Ulm und Offenburg.

Um die Werbung auf Müllfahrzeugen, Saugfahrzeugen, Hochdruckspülwagen oder Kehrmaschinen zu platzieren, werden zwei Sperrholzplatten an beide Seiten der Fahrzeuge montiert.

Technik

Formate

Die Sperrholzplattengröße beträgt für

- Müllfahrzeuge: 235 x 125 cm
- Saugfahrzeuge: 250 x 50 cm oder auch 90 x 60 cm
- Hochdruckspülwagen: 100 x 50 cm
- Kehrmaschinen: 250 x 60 cm oder auch 160 x 60 cm

Material / Druckverfahren

Meist werden die Sperrholzplatten mit Folie beklebt. Bei Papierplakaten empfiehlt sich eine Schutz-

Verkehrsmittelwerbung: **Müllfahrzeuge**

Bild: KWS

folienkaschierung. Die Folie wird im Sieb- oder Digitaldruckverfahren bedruckt.

Preise / Belegung

Die normale Belegungszeit liegt zwischen ein bis drei Jahren. Nach Rücksprache sind aber auch kürzere Laufzeiten ab einem Monat möglich. Änderung und Aktualisierung der Werbung innerhalb der Vertragszeiten sind realisierbar. Die Folien werden ein bis zwei Tage vor Einsatz auf die Werbeflächen der Fahrzeuge geklebt. Daher muss das Material rechtzeitig bereitgestellt werden. Die Schaltkosten je Fahrzeug bei Jahresbelegung bewegen sich in folgendem Bereich:

Fahrzeugschaltkosten		
Fahrzeugart	Werbe-fläche in cm	Preis pro Fahrzeug u. Jahr
Müllfahrzeug	235 x 125	1.380,–
Saugfahrzeug	250 x 50	1.015,–
	90 x 60	550,–
Hochdruckspülwagen	100 x 50	830,–
Kehrmaschinen	250 x 60	690,–
	160 x 60	460,–

Hinzu kommen einmalige Kosten zwischen € 255,– und 410,– pro Fahrzeug für die Produktion, Montage und Demontage der Folien. Die Produktion der Folien ist stark vom Motiv und der Auflage abhängig. In der Regel übernimmt der Anbieter alle Arbeiten, angefangen von der Gestaltung bis zur Anbringung und Entfernung der Folien. Auf Wunsch können fertige Folien aber auch angeliefert werden.

Anbieter

– KWS Außenwerbung (www.kws-aussen-werbung.de)

Verkehrsmittelwerbung: **Taxis**

Bild: Penzkofer

■ Werbung auf Taxis ist vielseitig einsetzbar. So wird sie häufig zum Imageaufbau, bei Neueröffnungen und Produkt-Neueinführungen aber auch als unterstützende Werbemaßnahme zu Messen und Großveranstaltungen genutzt. Ein besonderer Vorteil ist, dass Taxiwerbung sowohl lokal, als auch regional und bundesweit eingesetzt werden kann.

In Deutschland stehen rund 55.000 Taxis zur Verfügung, die durchschnittlich 18 Stunden täglich unterwegs sind. Sie fahren ca. 41.000 km im Jahr. Da Taxis häufig in den Zentren der Stadt, wie zum Beispiel Einkaufszentren, am Flughafen oder Bahnhof fahren, erzielen sie eine hohe Kontaktzahl.

Die gängigste Werbeform ist die Seitenflächenwerbung, bei der die Türflächen auf der Fahrer- und Beifahrerseite beklebt werden. Im Innenraum können die Kopfstützen mit Bezügen versehen werden, die ebenfalls als Werbefläche zur Verfügung stehen. Darüber hinaus können Printmedien, oder Warenproben ausgelegt werden. Sonderwerbeflächen am Taxi sind außerdem spezielle Heckflächen und Dachträger, sowie nichtrotierende Radkappen oder Fronthaubenflächen.

Technik

Das Format für die Taxiseitenflächen auf beiden Türen ist theoretisch frei gestaltbar. Um nicht vom Fahrzeugtyp abhängig zu sein, hat sich ein Standardmaß zwischen 150 und 160 cm Breite und 30 cm Höhe bewährt. Sondermaße sind aber nach Rücksprache mit den Anbietern generell möglich.

Die Taxis werden mit selbstklebender Folie beklebt, die rückstandslos ablösbar sein müssen. Ebenfalls muss gewährleistet sein, dass die Folie Waschstraßen, Sonne, Wind und Wetter übersteht und sich nicht ablöst oder schrumpft.

Druckverfahren

Je nach Auflagenhöhe werden die Folien im Siebdruck oder bei kleineren Auflagen im Digitaldruckverfahren bedruckt. Alternativ können die Fahrzeuge auch mit geplotteten Schriften oder Logos beklebt werden.

AW3_449   Bild: Creative Car

Preise/Belegung

Die Mindestbelegung beträgt bei den meisten Anbietern 4 Wochen. In Ausnahmefällen, wie zum Beispiel bei Messen kann man aber

Verkehrsmittelwerbung: **Taxis**

AW3_450　　　　　　　　　　　　　　Bild: Creative Car

Schaltkosten

Die monatlichen Schaltkosten für Seitenflächenwerbung bewegen sich im Rahmen von € 100,– pro Taxi (bei Buchung von über 500 Taxen, Laufzeit ein Jahr) bis zu € 250,– pro Taxi (5 bis 10 Taxen, 1 Monat). Berechnungsbasis ist die Anzahl der gebuchten Taxis und der Belegungszeitraum. In Messemonaten ist die Buchung in der Regel teurer.

Die Anbieter übernehmen die komplette Umsetzung von der Produktion über Anbringung und Entfernung der Folien bis zur Werbeflächeninstandhaltung. Dieser Service ist im Preis enthalten. Nach Unfällen wird kostenfrei eine Ersatzbeklebung angebracht.

Anbieter

– *TAXI-Werbung Schimanski (www.taxi-werbung.de)*
– *BeMa Taxiwerbung (www.bema-taxiwerbung.de)*
– *Creative Car GmbH (www.crea-car.de)*
– *TAXI-AD GmbH (www.taxi-ad.de)*
– *HUNO-Taxipromotion*

Weitere Anbieter → siehe CD

auch kürzere Zeiträume buchen. Die Belegungszeit richtet sich nach den Zielvorstellungen der Kunden. Langfristige Imagewerbung wird über ein bis drei Jahre gebucht, unterstützende Werbemaßnahmen zu einer Messe können auch nur 2 Wochen betragen.

Verkehrsmittelwerbung: **Taxis**

■ Kopfstützen

Als Unterstützung zur Seitenwerbung – aber auch als alleinige Werbemaßnahme – bietet sich die Kopfstützenwerbung an. Die Kopfstützen des Fahrers und Beifahrers werden mit bedruckten Bezügen überzogen und sind somit während der gesamten Fahrt im Blickfeld der Fahrgäste.

Die Bezüge gibt es in unterschiedlichen Ausführungen. Der gängigste Bezug ist aus bedrucktem Polyester-Satin bzw. Damast in Seidengarn und wird mittels eines Knopflochgummis an den Kopfstützen fixiert.

AW3_451 — Bild: BEMA

Format
Das Format unterscheidet sich je nach Anbieter, ein Beispielmaß ist ca. 42 cm lang und zwischen 17 und 20 cm breit.

Preise / Belegung

In der Regel liegt die Mindestlaufzeit bei 4 Wochen. Die Preise beinhalten neben der Produktion und Druck der Kopfstützen ebenfalls die Distribution und Installation der Werbung, sowie die Einsatzkontrolle und Dokumentation. Wie bei der Seitenwerbung ist der Preis abhängig von der Laufzeit, sowie der Anzahl der gebuchten Taxen. Je Taxi muss man mit Kosten zwischen € 55,– (2-farbiger Druck, mindestens 300 Taxen, Laufzeit 3 Monate) und € 130,– (4-farbiger Druck, Laufzeit 4 Wochen, Kleinauflage) rechnen.

Bei den meisten Anbietern gibt es spezielle Kombi-Angebote bei gleichzeitiger Buchung von Seitenflächen- und Kopfstützenwerbung.

Sonderform
Eine besondere Art der Kopfstützenwerbung bietet die Berliner BEMA-Taxiwerbung an. Ein patentierter Kopfstützenbezug ermöglicht neben der Anbringung von Werbeaussagen auch die Auslage von Visitenkarten oder Flyer. Hierzu sind spezielle Taschen an den Bezügen angebracht, in die Postkarten, Flyer oder Visitenkarten eingesteckt werden können.

Das Flyer-Modell hat die Tasche dem Fahrgast zugewandt, das Visitenkarten-Modell bietet seitlich eine Tasche in Visitenkartengröße. Neben den Hauptwerbeflächen gibt es noch seitliche Flächen mit den Maßen 11,5 x 10,5 cm.

Verkehrsmittelwerbung: **Taxis**

Die Mindestschaltdauer beträgt ebenfalls 1 Monat, der Preis beträgt bei Kleinaufträgen pro Kopfstütze € 35,–, für Großkunden gibt es Preisstaffeln.

Anbieter

- *BeMa Taxiwerbung (www.bema-taxiwerbung.de)*
- *TAXI-AD GmbH (www.taxi-ad.de)*
- *Creative Car GmbH (www.crea-car.de)*
- *HUNO-Taxipromotion*

AW3_452   Bild: Taxi-AD

■ Heckträger

Eine weitere Möglichkeit der Werbung auf Taxis bietet TAXI-AD auf speziellen Heckträgern an, die sogenannten Quickbacks. TÜV-geprüfte Kunststoffkörper werden am Heck oder auf dem Dach befestigt.

Technik

Die Werbeaussagen werden mittels einer selbstklebenden Folie in DIN A1-quer (84,1 x 59,4 cm) aufgebracht. Die Folienanlieferung muss bis spätestens 15 Tage vor der Belegung erfolgen.

Preise / Belegung

Die Mindestmietdauer beträgt bei Heckträgerwerbung 1 Monat. Im Preis enthalten sind die Distribution und Installation der Werbung, Einsatzkontrolle und Dokumentation mit Fotos der Werbeflächen.

Preise pro Werbefläche und Monat, siehe Tabelle:

Taxiwerbung Heckträger					
	1 Monat	3 Monate	6 Monate	12 Monate	Messemonat
bis 50 Fzg.	268,–	186,–	159,–	137,–	–
ab 50 Fzg.	178,–	143,–	129,–	119,–	207,–
ab 100 Fzg.	174,–	140,–	125,–	116,–	199,–
ab 200 Fzg.	166,–	133,–	120,–	111,–	186,–
ab 500 Fzg.	164,–	131,–	118,–	109,–	173,–

Anbieter

- *TAXI-AD GmbH www.taxi-ad.de*

Verkehrsmittelwerbung: **Taxis**

AW3_453

Bild: Taxi-AD

■ Dachträger

Ebenso wie für die Heckträger, hat TAXI-AD die Ausnahmegenehmigung für Werbung auf patentierten Dachträgern. Die TÜV-geprüften Kunststoffkörper werden auf normale Dachgepäckträger montiert. Da die Werbung mit wenigen Handgriffen ausgewechselt werden kann, sind auch kürzere Laufzeiten als bei der Seitenwerbung möglich.

Technik

Die sichtbare Fläche je Seite hat die Maße 85 x 31cm, siehe Skizze. Die Plakatanlieferung muss bis spätestens 15 Tage vor Belegung erfolgen

Preise / Belegung

Die Dachwerbung kann wochenweise, regional eingesetzt werden. Die Belegung beginnt am Montag und endet am Sonntag. TAXI-AD ist in allen deutschen Großstädten vertreten, z.B. in Berlin mit 380 Taxen, Hamburg mit 280 Taxen, München mit 205 Taxen.

Schaltkosten

Die Kosten sind abhängig von der Netzgröße (Anzahl der Taxis pro Stadt mit Dachwerbung) und der Laufzeit. Am Beispiel München (205 Taxen) ergeben sich Kosten

Verkehrsmittelwerbung: **Taxis**

Bild: Taxi-AD

von € 15.785,– pro Woche zuzüglich den Produktionskosten von € 1.980,–. In den Kosten sind neben der Werbeflächenanmietung, die Distribution und Installation, Einsatzkontrolle und Dokumentation enthalten.

Anbieter

– TAXI-AD GmbH
(www.taxi-ad.de)

Sonderform

Die Firma Creative Car GmbH bietet die Möglichkeit der 3-dimensionalen Produktwerbung auf Dachträgern mit einem Spezialverschluß an. Über eine Länge von ca. 120 cm können Produkte stark vergrößert in der Originalform angebracht werden.
Zuerst wird anhand eines Originalproduktes, Produktfotos oder Produktzeichnungen ein Muster in Originalgröße erstellt. Nach Korrektur, Abstimmung und Freigabe werden dann die 3-dimensionalen Dummys in der gewünschten Auflage produziert. Als Vorlaufzeit sollten mindestens 3 Monate eingerechnet werden.

Aufgrund des relativ hohen Konstruktionsaufwandes ist die Buchung einer Mindeststückzahl von 100 bis 150 Taxis notwendig. Die Kosten belaufen sich pro Taxi im ersten Monat auf ca. € 795,–, jeden weiteren Monat auf circa € 295,–.

Die 3-dimensionale Werbung auf Taxis ist bei den entsprechenden regionalen Behörden genehmigungspflichtig. Für einige Städte liegt dem Anbieter die Genehmigung bereits vor. Weitere holt er je nach Bedarf gerne ein.
(www.crea-car.de)

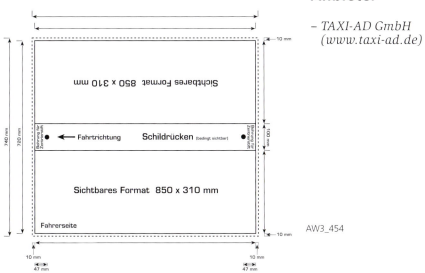

Verkehrsmittelwerbung: **Privatfahrzeuge**

Bild: 3M

■ Privatfahrzeuge werden als Werbeträger beispielsweise von der Firma Mobil-Werbeland vermittelt. Um eine saubere Präsentation der Werbebotschaft zu gewährleisten, werden nur Fahrzeuge vermittelt, die nicht älter als vier Jahre sind.
Oldtimer und Klassiker wie VW-Käfer können ebenfalls gechartert werden. Die Fahrzeuge unterliegen einer effektiven und gestrafften Kontrolle auf Sauberkeit und Einhaltung der Strecken.

Der Fahrbereich kann z.B. durch regelmäßige Arbeitswege sowie Freizeitbereiche der Autofahrer festgelegt werden. Ein Vertriebsnetz befindet sich im Aufbau, so dass künftig eine ganze Flotte angefordert werden kann, – z.B. 1.000 Fahrzeuge, jeweils 100 in Hamburg, Berlin, München, Frankfurt und anderen Städten. Derzeit umfasst die Kartei 10.000 Fahrzeuge. Eine einheitliche Flotte ist durch eine Konzeption mit Neufahrzeugen buchbar.

Verkehrsmittelwerbung: **Privatfahrzeuge**

Bild: Penzkofer

zeuge. Als Alternative kann der Werbetreibende selbst die Folien herstellen lassen und die jeweiligen Beschriftungsfirmen damit beliefern.

Gestaltung

Bei der Gestaltung der Fahrzeuge ist das CAR-SPECIAL der creativ collection hilfreich. Exakte Fahrzeugvorlagen in der Front-, Seiten-, Dach- und Heckansicht erleichtern die Umsetzung der Gestaltungspläne. (www.ccvision.de)

Technik

Es gibt keine Standardformate, die eingehalten werden müssen. Die Autos können individuell gestaltet werden. Je nach Fahrzeug steht eine unterschiedlich große Werbefläche zur Verfügung.

Beschriftung

Die Anbieter arbeiten mit ausgesuchten Firmen zusammen, die die Beschriftung der Fahrzeuge vornehmen. Der Auftraggeber ist nicht an die Zusammenarbeit mit diesen Firmen gebunden, sondern kann die Beschriftung auch von anderen Firmen durchführen lassen.

Bei gecharterten Flotten, die gleichzeitig in mehreren verschiedenen Städten fahren, sprechen sich die Werbetechnikunternehmen in den jeweiligen Städten ab und sorgen so für die einheitliche Beschriftung der Fahr-

Preise / Belegung

Eine Laufzeit bis zu einem Jahr ist üblich. Kürzere Zeiträume für Testphasen und anschließende Verlängerungen der Laufzeiten sind möglich.

Für Angebots- und Aktionswerbung erstellt die Agentur stunden-, tage- und wochenweise Angebote. Vorzugsweise kommen hier Dachaufbauten zum Einsatz,

155

Verkehrsmittelwerbung: **Privatfahrzeuge**

Bild: Mobil-Werbeland

da die Beschriftungskosten bei den kurzfristigen Laufzeiten zu hoch wären. Auch Kolonnenfahrten sind buchbar, z.B. fünf Fahrzeuge, die alle das gleiche Schild auf dem Dach haben und vier Stunden zu Einkaufszeiten durch die Stadt fahren.

Schaltkosten

Bei einer Belegung von einem Jahr liegen die Schaltpreise für einen Kleinwagen wie z.B. einem VW-Polo bei ca. €130,– pro Monat. Für einen Mittelklassewagen wie z.B. dem Mercedes C-Klasse muss man mit €125,– bis 150,– pro Monat rechnen. Bei einem Wagen der gehobenen Klasse, z.B. einem BMW 7er belaufen sich die monatlichen Kosten auf €260,– bis 310,–. Die Beschriftungskosten für einen PKW sollen hier an zwei Beispielen gezeigt werden.

Für eine beschriftete Fläche auf der Autotüre mit dem Format 70 x 25 cm kostet eine vierfarbige montagefertige Folie je nach Aufwand von €21,– bis 62,–.
Bei größerer Beschriftungsfläche liegen die Kosten für eine Folie beschriftet mit Text, Farben und unkomplizierten Grafiken in der Größenordnung von €245,– bis 480,–, je nach Fahrzeuggröße.

Anbieter

– *Mobil-Werbeland* (www.mobil-werbeland.de)

Werbeflächen auf PKW der AVIS Autovermietung:

– *adMobil* (www.admobil.de)

TIPP

Freudenthal-Werbung fertigt Auto-Werbe-Rotoren an, die auf das PKW-Dach montiert werden. Der Rotor ist drehbar und auch feststellbar z.B. bei der Fahrt. Die beidseitig konvexe Werbefläche hat die Form von Halbschalen mit den Maßen 1,20 x 0,80 m je Seite. Sie werden aus wetterbeständigem Aluminium hergestellt und sind durch die Verwendung von Hochleistungskugellagern extrem leichtläufig und vollkommen wartungsfrei. Ein Auto-Werbe-Rotor kostet €1.146,–.

Anbieter

– *Freudenthal Werbung* (www.fwz.de)
– *Rotaris Marketing GmbH* (www.rotaris.de).

Verkehrsmittelwerbung: **Mobile Werbeträger**

Bild: Litomobil

■ Mobile 18/1-Plakate

Mobile 18/1-Plakate werden an Kleinlastern und Pritschen mit speziellem Aufsatz für den Plakatanschlag angebracht, eine „fahrende Plakatwand" also. Es stehen zwei Werbeflächen im 18/1-Bogen-Format und zwei trapezförmige Flächen zur Verfügung. Der Innenraum des Aufsatzes bietet Platz für Werbemittel und Promotionequipment. An die Fahrzeuge können Lautsprecher und Beleuchtung montiert werden.

Diese Fahrzeuge fahren nach einer individuellen Fahrtroutenplanung; die optimalen Standorte und Routen werden gezielt ausgewählt. Sie werden oft am Point of Sale, bei Großveranstaltungen und Messen eingesetzt.

Verkehrsmittelwerbung: Mobile Werbeträger

Technik

Format
Die zwei Seitenflächen bieten Raum für jeweils einen 18/1-Bogen (356 x 252 cm). Außerdem können auch die trapezförmigen Flächen genutzt werden. Das Fronttrapez ist 126 cm hoch, am Kopf 66 cm und am Fuß 128 cm breit. Das Hecktrapez ist 233 cm hoch, am Kopf 61 cm und am Fuß 176 cm breit.

Material
Die beleuchtbaren Werbeflächen können mit Papierplakaten oder Folien beklebt werden. Für einen längeren Einsatz empfehlen sich Folien, da sie witterungsbeständiger sind und eine Reinigung der Plakate möglich ist. Papierplakate müssen bei längerem Einsatz (nach circa ein bis zwei Wochen) nachplakatiert werden.

Druckverfahren
Die Folien werden im Digitaldruck oder über Folienplott hergestellt, Papierplakate im Digitaldruck oder Offsetdruck (je nach Auflage).

Preise / Belegung

Die mobilen Plakate kann man tageweise buchen, mit einer Einsatzdauer von, üblicherweise acht Stunden pro Tag. Sie sind lokal, regional, national und auch europaweit einsetzbar. Die Buchung sollte ein bis drei Monate vor dem Einsatztermin erfolgen.

Schaltkosten
Ein Fahrzeug inklusive Fahrer, Routenplanung, Aktionskilometer, An- und Abfahrt, sowie Übernachtung und Plakatierung kostet am 1. Tag (8 Std.) zwischen € 980,– und 1.000,–, an jedem weiteren Tag zwischen € 550,– und 580,–.

Produktionskosten
Die Produktion der Plakate und Folien kann vom Anbieter übernommen werden. Plakate, die der Auftraggeber selbst herstellen lässt, müssen spätestens eine Woche vor dem Einsatz geliefert werden.
Folgend soll anhand eines Beispiels gezeigt werden, auf welche Höhe sich die Kosten für den Werbetreibenden für die Ausstattung des Fahrzeuges mit Papier- oder Folienplakaten ungefähr belaufen. Unser Beispiel bezieht sich auf die Buchung von drei Fahrzeugen mit Seiten-, Heck- und Frontplakaten.

Produktionskosten Plakate		
Flächen	Papier	Folie
6 Seitenflächen	912,–	1.512,–
3 Fronttrapeze	339,–	594,–
3 Hecktrapeze	456,–	768,–

Anbieter

- *Litomobil* (www.litomobil.de)
- *Granrath* (www.postertrain.de)
- *Promoductions GmbH* (www.promoductions.com)
- *MOVE IT MEDIA GmbH* (www.moveitmedia.de)
- *Mihai* (www.mihai.de)

Sonderform
Ein LKW, an den an jeder Seite ein Großflächenrahmen anmontiert ist, und der als Zugfahrzeug dient, bildet zusammen mit Plakatanhängern mit ebensolchen Großflächen einen „Postertrain".
An das Zugfahrzeug können bis zu vier Plakatanhänger angehängt werden. Die Anhänger sind „rollende Großflächenrahmen" mit jeweils einer Werbefläche pro Seite.
Der Postertrain erreicht einen hohen Grad an Aufmerksamkeit, wenn z.B. das gleiche Motiv bis zu viermal nebeneinander auftaucht. Es handelt sich bei den Plakaten immer um das 18/1-Großformat

Verkehrsmittelwerbung: **Mobile Werbeträger**

Bilder: Granrath

(356 x 252 cm). Bei Nutzung des Zugfahrzeuges und der vier Anhänger ergibt das 4 x 9 m² Werbefläche nach beiden Seiten (insgesamt 72 m²). Zugfahrzeuge plus Anhänger können tageweise gebucht werden.
Schaltkostenbeispiel: Ein Postertrain mit 6 Großflächen kostet für 10 Tage € 4.900,– zzgl. An- und Abfahrt und Produktionskosten für die Plakate. Die Kosten gelten inklusive Fahrer sowie Aktionskilometer. Bei Bedarf kommt für den Fahrer eine Übernachtungspauschale hinzu.

Der Anbieter übernimmt auf Wunsch sowohl die Gestaltung der Werbeidee, die Plakatierung der Großflächen, als auch die Verteilung von Prospekten falls ein „point of service" bei der Kampagne benötigt wird. Auf Wunsch wird die Werbeaktion von einem Promotion-Team begleitet.

Anbieter

– *Granrath*
  (www.postertrain.de)
– *POSTERmobil*
  (www.postermobil.de)

AW3_456

Verkehrsmittelwerbung: **Mobile Werbeträger**

■ **Werbeanhänger und Trailer**

Beim Trailer wird Werbung auf einem speziell angefertigten Anhänger präsentiert. Zwei Werbeflächen stehen zur Verfügung. Die Trailer werden in unterschiedlichen Varianten und Bezeichnungen angeboten: Leicht und eher als verschiebbare Werbekulisse oder kompakt, mit mehr oder weniger schrägen Flächen.

Die Trailer sind mit zwei Werbeflächen im 18/1-Großformat ausgestattet und extrem flexibel. Sie können an verschiedenen Standorten abgestellt, oder an vereinbarten Orten auf öffentlichen Verkehrswegen bewegt werden. In Kombination mit Fahrzeugwerbung auf dem Zugfahrzeug bewirkt diese Form der Außenwerbung einen hohen Grad an Aufmerksamkeit.

Je nach Standort können die Trailer auch beleuchtet werden. Im Überlandbereich werden sie auf Park- und Rastplätzen oder an gemieteten Grundstücken in vorgeschriebener Entfernung zur Autobahn oder Straße geparkt. Sie eignen sich als Werbeflächen für Events, Sonderaktionen, Promotion, Eröffnungen oder Messen.

AW3_457   Bild: Move It Media

Technik

Format

Die Seitenflächen der Trailer bieten eine Werbefläche von 356 x 252 cm pro Seite. Die Produktion der Motive erfolgt meist im Digitaldruck auf Papier oder Folie. Bei Belegung mit Papier müssen Ersatzplakate mitgeliefert werden.

Sonderform

Bei Fa. Granrath sind auch „Mega-Mobil-Banner" sowie Anhänger in kleineren Formaten buchbar. Das „Mega-Mobil-Banner" ist ein Anhänger mit 1.080 x 270 cm Werbefläche auf jeder Seite. Inkl. Planenproduktion kostet das Objekt € 6.750,– für 10 Tage inkl. Aktionskilometer und Übernachtung des Fahrers. Bei festem Stellplatz reduzieren sich die Kosten auf ca. € 3.500,–. Anbieter: Granrath (www.postertrain.de)

Verkehrsmittelwerbung: **Mobile Werbeträger**

Bild: Granrath

Vorlagen

Als Vorlagen für die Planenbeschriftung der Trailer dienen sowohl analoge als auch digitale Vorlagen auf den gängigen Datenträgern und im Format üblicher Programme wie z.B. QuarkXPress, Pagemaker oder Photoshop usw..

DTP-TIPP

Wie bei Großflächenplakaten oder Riesenpostern, werden für die Werbeflächen der Trailer die digitalen Vorlagen in einem Zwischenformat erstellt. Man sollte sich dazu mit dem Anbieter abstimmen.

Preise / Belegung

Die „fahrbaren Werbekulissen" werden üblicherweise gezielt für Sonderaktionen gebucht und mindestens für einen Tag belegt. In Städten dürfen die Anhänger nur ein bis zwei Wochen an einem Platz stehen.

Schaltkosten

Die Nutzung des Trailers kostet pro Tag ca. € 160,–, plus An- und Abfahrt. Die Preise für Produktion, Anlieferung, Aufbau, Umplatzierung, Abbau und Transport müssen erfragt werden.

Anbieter

- *Granrath*
  (www.postertrain.de)
- *Litomobil*
  (www.litomobil.de)
- *POSTERmobil*
  (www.postermobil.de)
- *Mihai*
  (www.mihai.de)
- *Move It Media GmbH*
  (www.moveitmedia.de)
- *Promoductions GmbH*
  (www.promoductions.com)

Verkehrsmittelwerbung: **Mobile Werbeträger**

Bild: Litomobil

■ Werbebike

Die umweltfreundlichere Alternative: Hier ist der Aufsatz für die Werbeflächen auf einem Fahrradanhänger montiert und wird von einem Fahrrad gezogen. Es stehen zwei Werbeflächen zur Verfügung. Das Werbebike kann als Wegweiser, Infotafel oder Erfrischungsstand dienen, ist extrem wendig und flexibel, und wird daher vor allem im Innenstadtbereich, in Fußgängerzonen und Einkaufszentren eingesetzt.

Das Werbebike kann auch im Fahrzeug (mit den mobilen 18/1-Plakaten) transportiert werden, so dass z.B. am Einsatzort das Fahrzeug als großer Blickfang dient, während mit dem Werbebike die Promotion läuft.

Technik

Zwei Seitenflächen bieten Werberaum im CityLight-Format 119 x 175 cm. Bei einigen Anbie-

Verkehrsmittelwerbung: **Mobile Werbeträger**

Zu Aktionen mit Werbebikes: die mobile Großbildfläche (AW3_459) Bild: Litomobil

AW3_460 Bild: Move It Media

tern können auch auf Wunsch die Speichen abgedeckt und als Werbefläche genutzt werden.

Preise / Belegung

Werbebikes werden tageweise gebucht. Sie fahren auf vereinbarten Routen und platzieren sich an ausgewählten Standorten. Die Mietkosten für Werbebikes inklusive einem Promoter, Routenplanung, Übernachtung und Plakatierung betragen pro Tag ca. € 685,–. Für jeden weiteren Tag kann man mit ca. € 500,– rechnen. Die Mindestbelegung beträgt 1-2 Werbebikes und 1 Tag (8 Std.). Die Produktion der Folienplakate für beispielsweise vier Werbebikes kostet zusätzlich € 600,–.

Sonderform

Auch mit einem Scooter (Motorroller) können Werbeaktionen realisiert werden. Hier steht eine Fläche mit 84 x 119 cm im DIN A0 Format je Seite zur Verfügung. Die Schaltkosten betragen für den ersten Tag € 650,–, jeder weitere Tag € 500,–. Die Produktionskosten der passenden Folien z.B. für 5 Scooter liegen bei ca. € 580,–. Anbieter: Move It Media GmbH (www.moveitmedia.de)

Anbieter

– *Move It Media GmbH*
  (www.moveitmedia.de)
– *Promoductions GmbH*
  (www.promoductions.com)
– *Litomobil*
  (www.litomobil.de)

Verkehrsmittelwerbung: **Mobile Werbeträger**

■ Fahrradtaxis

Es gibt zwei verschiedene Arten von Fahrradtaxis. Die Werbe-Rikschas sind Fahrradtaxis, die bis zu zwei Personen innerhalb der Stadt zum Zielort befördern, oder auf vorgegebenen Routen (nur in Berlin) fahren. Auf die Fahrgastzellen kann je nach Gefährt in verschiedenen Formaten Werbung aufgebracht werden.

Mit dem Velotaxi werden überwiegend Personen in der Innenstadt befördert, z.B. für eine Stadtrundfahrt. Mobile Werbeträger sind gerade in der Innenstadt am effektivsten. Die Velotaxis sind auch für den Straßenverkehr zugelassen. Diese moderne Gefährte auf 3 Rädern gewährleisten einen hohen Image- und Sympathietransfer durch Umweltbewusstsein, Originalität und Modernität.

Technik

Format

Die Formate sind je nach Fahrzeugtyp und Anbieter verschieden. Die Rikschas haben ihre Werbeflächen auf der Vorderseite, der Rückseite, am (Seiten-)Verdeck und bei manchen Anbietern kann man auch auf den Radkästen und im Rahmendreieck werben.

Rikscha (AW3_461) — Bild: Z New Media

Die Velotaxis bieten an Heck, Front, Dach und an den Seiten Werbeflächen. Die Druckunterlagen sollten ca. 14 Tage vor dem Kampagnenstart angeliefert werden.

Belegung

Die Belegung erfolgt vorwiegend monatlich oder pro Saison. Eine Saison dauert in der Regel von April bis Oktober. Rikschas sieht man inzwischen in München,

Verkehrsmittelwerbung: **Mobile Werbeträger**

Velotaxi (AW3_462) AW3_463 Bilder: 3M

Hamburg, Berlin, Bremen, Hannover, Rostock, Potsdam, Münster, Luzern und Köln. Das Velotaxi gibt es in Berlin, Hamburg, Düsseldorf, Potsdam, Leipzig, Rostock, Greifswald, Warnemünde, Dresden und Freiburg – außerdem in Barcelona, Wien, Athen, Tokyo, London, Amsterdam, Mailand, Mallorca und Kopenhagen. Die Idee stammt aber aus Berlin, dort werden die Velotaxis auch hergestellt. Wer mitfahren möchte, hält die Fahrradtaxis an, wie richtige Taxis, oder stellt sich an die nächste Haltestelle. Man kann die Fahrradtaxis auch anrufen und an den gewünschten Abfahrtsort bestellen. Wenn man mit einer Rikscha fahren möchte, zahlt man für eine Kurzstrecke bis zu einem Kilometer € 2,–.

Schaltkosten

Für ein komplettes Velotaxi mit Beschriftung ist die Saisonmiete ca. € 9.950,– und der Preis für einen Monat ab € 1.600,–. Je nach Witterung kann man bei der Firma R&R Medi-Business Freiburg auch ein Velotaxi im Winter für 3 Monate von November bis März ab € 1.200,– mieten.

Schaltkosten Rikschas			
Standort	Anzahl der Rikschas	Preis pro Jahr	Preis pro Monat
Berlin, Köln	1 bis 5	9.400,–	1.600,–
	6 bis 10	8.900,–	1.500,–
	ab 11	8.400,–	1.400,–

Anbieter

Rikschas

- Z New Media
  (www.z-newmedia.de)
- Rikscha-Mobil
  (www.rikscha-mobil.de)
- Köln: Perpedalo Rikschataxi
  (www.perpedalo.de)

Velotaxis

- Berlin und überregionale Schaltung: Velotaxi GmbH Berlin (www.velotaxi.de)
- Freiburg: R&R Medi-Business Freiburg GmbH
  (www.velotaxi-freiburg.de)

Weitere Anbieter → siehe CD

Verkehrsmittelwerbung: **Flugzeuge**

■ Mittlerweile bieten immer mehr Fluggesellschaften Werbung auf oder in Flugzeugen an. Die Lufthansa-Technik AG hat ein spezielles System entwickelt, das eine Kombination aus aufwändigen Ganz- und Teillackierungen mit Folienanbringungen ermöglicht.

Die Teil- oder Ganzlackierungen entsprechen dem technischen Standard normaler Airline-Designs. Sie sind für längerfristige Einsätze von bis zu sechs Jahren gedacht, da sie sehr aufwändig und damit kostspielig sind. Für kurzfristige Belegungen oder aktuelle Ergänzungen bestehender Designs werden Folien verwendet. So werden spezielle Angebote oder Produktabbildungen auf Folien bei normalen Routine-Checks angebracht, ausgewechselt oder entfernt.

Sonderform
Preiswertere und schnelle Zielwerbung realisiert „adwings". Hier werden Werbefolien an Stellen angebracht, die besonders gut für Fluggäste beim Ein-, Aus- oder Umsteigen und aus Transferbereichen im Flughafen sichtbar sind. Dies ermöglicht gezielte Werbung ohne das Corporate Design einer Fluggesellschaft zu beeinflussen.

Bild: 3M

Preise / Belegung

Die Mindestlaufzeit ist ein Jahr. Als Vorlaufzeit sollten ca. 14 Wochen zur Abstimmung, 10 Wochen zur Vorplanung und Feinabstimmung und je nach Flugzeugtyp ca. 4 Wochen für die Lackierung eingerechnet werden.

Die jährlichen Schaltkosten sind je nach Flugzeugtyp und Airline unterschiedlich und bewegen sich zwischen € 100.000,– und 330.000,– im ersten Jahr. Bei längeren Laufzeiten verringern sich die jährlichen Schaltkosten.

Lackierungskosten
Die Kosten einer Werbelackierung betragen je nach Aufwand ca. € 20.000,– bis 180.000,–. Hinzu kommen die Kosten für die Rücklackierung bzw. Folienentfernung in Höhe von ca. € 20.000,– bis 152.000,–. Bei manchen Airlines entfällt die Rücklackierung bei einer Mindestbuchung von 3 Jahren.

Anbieter

– *Lufthansa Technik AG (www.lufthansa-technik.com)*
– *SKK-Enterprise (www.skk-enterprise.de)*
– *POSTERmobil GmbH (www.postermobil.de)*

Verkehrsmittelwerbung: **Flugzeuge**

Verkehrsmittelwerbung: **Flugzeuge**

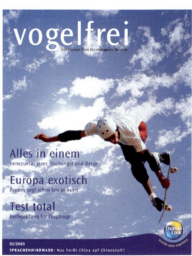

AW3_465

Bilder: Thomas Cook AG

■ Tickettaschen / Reiseunterlagen

Bereits vor Reiseantritt kann die Zielgruppe auf ein Produkt durch Anzeigen in den Dokumententaschen aufmerksam gemacht werden. Beispielsweise ist es bei Thomas Cook möglich die Innenlasche oder die komplette Rückseite der Tickettasche zu belegen. Der Mehrfachimpuls ist hier garantiert, da der Reisende die Unterlagen immer wieder benötigt.

Schaltkostenbeispiel
Für die Belegung der Innenlasche der Reiseunterlagen oder die Rückseite der Tickettasche ist bei einer Auflage von 100.000 Stück mit € 85,– per Tausend und bei über 500.000 Stück mit € 70,– per Tausend zu rechnen. Bei über 1 Mio. Stück reduziert sich der Preis per Tausend auf € 55,–.

Was für die entspannte Atmosphäre der Fahrgäste in Zügen gilt, kann natürlich erst recht auf das Verkehrsmittel Flugzeug übertragen werden. Es bietet sich an, in solch einem Umfeld Werbung zu betreiben. Die Aufnahmefähigkeit der Zielgruppen ist hier besonders groß.

■ Anzeigen in Bordmagazinen

Die angebotenen Bordmagazine der einzelnen Fluggesellschaften sind ein gerne und oft gelesenes Medium, die in den Sitztaschen direkt vor den Fluggästen platziert sind. Diese informativen Magazine haben eine Laufzeit von 1 bis 4 Monaten.

Beispiele Schaltkosten Bordmagazine			
Fluggesellschaft	Laufzeit	1/1-Seite, 4-fbg.	U4, 4-fbg.
Deutsche BA	1 Mon.	5.990,–	6.900,–
Lufthansa	1 Mon.	26.200,–	32.450,–
Eurowings	3 Mon.	5.900,–	
LTU	3 Mon.	10.000,–	11.000,–
Thomas Cook	3 Mon.	11.600,–	14.500,–
Air Berlin	3 Mon.	7.344,–	8.744,–
Hapag Lloyd	4 Mon.	12.600,–	10.120,–

Verkehrsmittelwerbung: **Flugzeuge**

Bilder: Thomas Cook AG

■ Sampling

Die Platzierung von Warenproben kann in Flugzeugen durch das Bordpersonal erfolgen, oder die Proben werden mit den Tabletts der Bordverpflegung verteilt.
Bei der Lufthansa ist auch die Belegung der Innenseiten der Frühstücksbox und der Verpackung der Pralinés, die kurz vor der Landung in der Business Class verteilt werden, möglich.

Preise

Auflage der meisten Samplings liegt bei ca. 100.000 Stück und kostet bei Überreichung auf den Tabletts ca. € 0,14 pro Stück.
Wenn die Warenproben, wie bei Thomas Cook, durch das Bordpersonal angeboten werden, liegt der Stückpreis bei ca. € 0,20 pro Stück.

Vergleichsweise preiswert, aber auch nicht so dominant, werden Proben bei der Deutschen BA angeboten. Sie werden vor dem Start in alle Sitztaschen verteilt und die Belegung kostet € 0,12.

■ Erfrischungstücher

Bei der Deutschen BA, Lufthansa, Eurowings und LTU ist die Bedruckung der Erfrischungstücherverpackung ein attraktives Werbemedium. Die Auflage der Tücher beträgt mindestens 100.000 bis 500.000 Stück und kostet zwischen € 3.900,– und 57.500,–.

Beispiel

Auf Flügen der Lufthansa werden die Erfrischungstücher auf innerdeutschen und europäischen Strecken den Gästen der Business-Class persönlich durch den Flugbegleiter überreicht. Das Format der Werbung auf der Verpackung beträgt 126 x 64 mm auf beiden Seiten des Päckchens. Bei einer Auflage von 1 Mio. Stück betragen die Schaltkosten:

– einseitig   € 89.800,–
– beidseitig   € 107.760,–

Verkehrsmittelwerbung: **Flugzeuge / Flughäfen**

■ Bord-TV

Auf nahezu allen europäischen und interkontinentalen Flügen wird Videounterhaltung angeboten. Je nach Klasse kann der Fluggast zwischen verschiedenen Programmen, Filmen und Genres wählen. Spots in den Werbeinseln der Programme haben Mindestlaufzeiten von ein bis drei Monaten und können bis zu 30 Sekunden lang sein.

Anbieter für Werbung in Flugzeugen

– Bader Media
  (www.bader-media.com)
– Verlagsgruppe Handelsblatt
  (www.gwp.de/lufthansa)
– Thomas Cook AG
  (www.thomascook.de)
– Deutsche BA
  (www.flydba.com)
– Prolog GmbH
  (www.prolog.org)
– SKK Enterprise
  (www.skk-enterprise.de)

■ Die Auswahl an Werbeflächen an Flughäfen sind so umfangreich und vielfältig, dass es kaum möglich ist, alle Medien hier einzeln aufzuführen. Deshalb ist es empfehlenswert, detailliertes Informationsmaterial beim jeweiligen Anbieter anzufordern. Nachfolgend wird ein kurzer Überblick über die gängigsten Werbemedien im Innen- und Außenbereich der Flughäfen gegeben. Die angegebenen Preise sind Schaltkosten, hinzu kommen Produktion und Montage.

■ Coloramen an Flughäfen

Coloramen sind hinterleuchtete Vitrinen in die Großdias montiert werden. An Flughäfen gibt es solche Werbeflächen in verschiedenen Größen und Modellen z. B. als einseitige Wandversion, oder beidseitig belegbar und freistehend, meist in rechteckiger Form, aber auch rund oder als Parallelogramm.

Preise / Belegung

Die Coloramen werden in der Regel für ein Jahr gebucht, es sind aber auch kürzere Belegungszeiträume möglich bzw. ist ein Monat mindestens zu belegen. Die Preise liegen zwischen € 1.000,– und 3.500,– pro Monat, abhängig von Größe, Standort und Werbeflächen (einseitig oder beidseitig).

Beispiele:

Ein Hochformat-Colorama in der Hauptpassage des Flughafen Düsseldorf mit dem Format 1,45 x 2 m kostet pro Monat ca. € 2.100,–.

– *Flughafen Düsseldorf*
  www.duesseldorf-international.de

Das Premiumnetzwerk am Flughafen Frankfurt/Main mit 11 Standorten an allen Eingängen der First- / Business-Class-Lounge kostet € 36.600,– pro Monat.

– *Media Fankfurt*
  www.media-frankfurt.de

AW3_466 Bild: Media Frankfurt

Verkehrsmittelwerbung: **Flughäfen**

Colorama als einseitige Wandversion (AW3_467)

Bild: Flughafen Düsseldorf

Verkehrsmittelwerbung: **Flughäfen**

CinemaPanel am Flughafen Frankfurt (AW3_468) Bild: Media Frankfurt

■ Wandwerbeflächen

Unter dem Begriff Wandwerbeflächen versteht man spezielle Rahmen und Flächen, die häufig aus Aluminium sind und zur Anbringung von Papierplakaten oder Großdias an den Wänden zur Verfügung stehen.

Technik

Die häufig an Säulen angebrachten Rahmen haben beispielsweise am Düsseldorfer Flughafen das DIN A1 Format, am Flughafen Frankfurt/Main sind sie 830 x 1.180 mm groß. Bei einer Verwendung von Papierplakaten wird empfohlen, das Plakat mit einem rückseitigen Konterdruck zu versehen, um die Leuchtkraft der Farben zu verstärken.

Preise / Belegung

Der Belegungszeitraum für die Flächen beträgt 1 Monat (Frankfurt). Die Plakatierung im Rahmen wird auch in Netzen von 30 bis 40 Plakatstellen innerhalb eines Flughafens angeboten.
Die Kosten für Einzelbelegungen liegen zwischen € 600,– und 1.500,– pro Monat und Fläche. Für die Netze mit 30 Flächen ist mit € 18.000 pro Monat zu rechnen.

Verkehrsmittelwerbung: **Flughäfen**

Bild: Flughafen Düsseldorf

- Flughafen Düsseldorf
  www.duesseldorf-international.de

- Media Fankfurt
  www.media-frankfurt.de

Beispiel

Im Flughafen Hannover ist ein Wandwerbeträger aus Edelstahl konstruiert und mit Halogenausleuchtung ausgestattet. Ein Digitaldruck im DIN A0-Hochformat wird hinter Glas aufgehängt.

Dieser Wandwerbeträger kostet in Gepäckrückgabehallen monatlich € 775,–, in öffentlichen Ankunftshallen € 1.000,–.

- Flughafen Hannover
  www.hannover-airport.de

Sonderform

Am Flughafen Frankfurt/Main gibt es sogenannte Cinema Panels mit einer Werbefläche von ca. 6 x 2 m, aufgeteilt in 5 Teilstücke. Von diesen beleuchteten Riesenflächen gibt es 3 Stück, verteilt auf gute Standorte im Terminal 1. Weitere 3 gibt es in einer etwas kleineren Variante mit ca. 3,5 x 2 m, ebenfalls im Terminal 1. Die Schaltkosten für die 5-teiligen Flächen betragen € 7.000,– bis 10.000,–, für die 3-teiligen Flächen zwischen € 3.800,– und 6.400,–.

- Flughafen Frankfurt
  www.media-frankfurt.de

Verkehrsmittelwerbung: **Flughäfen**

■ Freihängende Werbeflächen

Darunter sind Werbeflächen zu verstehen, die im Raum frei von der Decke hängen. Das können Banner aus PVC-Folie oder Trägerplatten aus Aluminium sein, die mit Großfotos oder Folien beklebt werden.

Technik

Die Folien werden im Digital- oder Siebdruckverfahren bedruckt. Jeder Flughafen hält unterschiedliche Größen und Formen dieser Werbeträger zur Belegung bereit. Oft sind es Rechtecke in verschiedenen Größen, die sich manchmal aus mehreren Elementen zusammensetzen (z.B. „Cross-Banner" in Frankfurt/Main).

Preise / Belegung

Der Buchungszeitraum dieser Werbeträger bezieht sich meistens auf einen Monat.
Die Kosten für Banner liegen zwischen € 650,– und 5.000,– im Monat je Fläche, abhängig von Standort, Ausführung und Größe der Werbefläche.

Beispiele:
Deckenbanner am Flughafen Düsseldorf im Format 4,20 x 4,20 m kosten € 5.000,– im Monat.

- *Flughafen Düsseldorf www.duesseldorf-international.de*

Banner in den Check-in Hallen am Flughafen Frankfurt/Main kosten beispielsweise € 3.236,– pro Monat (Format 2,7 x 6,3 m).

- *Media Fankfurt www.media-frankfurt.de*

TIPP

Luftraumflächen und Luftraumobjekte: Es ist möglich neben zweidimensionalen Werbeflächen auch Objekte in allen Formen, beleuchtet oder unbeleuchtet, an der Decke zu befestigen und so die Werbebotschaft unter die Leute zu bringen. Speziell am Flughafen Hahn, der durch Fluggesellschaften wie die Ryanair zum Inbegriff für Lowcost-Reisen geworden ist, gibt es einige attraktive Werbeflächen. (Media Frankfurt, www.media-frankfurt.de)

CrossBanner am Flughafen Frankfurt (AW3_470)

Verkehrsmittelwerbung: **Flughäfen**

Bilder: Media Frankfurt

Ausstellungsflächen

In einigen Flughäfen stehen für die Präsentation großer Produkte, wie Autos, Möbel oder technische Geräte Ausstellungsflächen zur Verfügung. Diese Flächen können teilweise auch für Veranstaltungen genutzt werden.

Stellwände, Dispenser und Info-Stellen können zudem angemietet werden. Daneben gibt es die PromotionPoints, die ideal sind, um Produkte oder Dienstleistungen live zu präsentieren. Nach Absprache sind viele Gestaltungsvarianten möglich.

Beispiel

Am Flughafen Frankfurt sind die Ausstellungsflächen 2,4 x 5,4 m groß und kosten beispielsweise für Autos € 8.890,– pro Monat.

Die PromotionPoints haben eine Größe von 6 x 4 m und bieten für Exponate eine Höhe von 2,5 m. Der Mietpreis für 14 Tage beläuft sich auf € 8.900,–.

– Media Fankfurt
  www.media-frankfurt.de

■ Vitrinen an Flughäfen

An vielen Flughäfen kann man Vitrinen zur Präsentation von Produkten mieten. Diese Vitrinen gibt es in den unterschiedlichsten Ausführungen. Sie sind z.B. in Drehtüren integriert, oder haben die Form eines dreidimensionalen Parallelogrammes, es gibt sie freistehend oder als Wandversion. Der größte Teil der Vitrinen ist beleuchtet und sie sind oft in Wartebereichen und in der Nähe von Geschäften zu finden.

Preise / Belegung

Die Mindestbelegung beträgt einen Monat. Die Miete einer Vitrine (2,2 x 1,2 x 2,2 m) am Flughafen Frankfurt/Main liegt z. B. zwischen € 2.000,– und 2.500,–.

– Media Frankfurt
  www.media-frankfurt.de

Verkehrsmittelwerbung: **Flughäfen**

AW3_471   Bild: Flughafen Hannover

■ Gepäckwagen

An Flughäfen, beispielsweise in Frankfurt und Hannover, können Werbebotschaften auf Gepäckwagen platziert werden. Insgesamt stehen in Frankfurt 5 bzw. 3 verschiedene Flächen an einem Gepäckwagen zur Verfügung, in Hannover haben die Flächen das Format 50 x 40 cm (hier kann auf 1.850 Wagen geworben werden).

Technik

In Frankfurt werden bestehende Flächen mit geschnittener oder gestanzter PVC-Folie beklebt. In Hannover wird ein beidseitig bedrucktes Schild an der Stirnseite des Wagens angebracht.

Preise / Belegung

In Frankfurt sind nur Netzbuchungen möglich. Die rund 3.000 großen Wagen mit 5 Werbeflächen liegen bei € 302.400,– pro Jahr. Für die rund 500 kleinen Wagen mit 3 Flächen, die im Fluggastbereich für das Handgepäck im Einsatz sind, liegen die Kosten bei € 50.000,– pro Jahr.

– Media Frankfurt
 www.media-frankfurt.de

Die Mietkosten in Hannover liegen pro Gepäckkarren bei € 55,– pro Jahr.

– Flughafen Hannover
 www.hannover-airport.de

■ Leuchtkoffer auf Gepäckbändern

Diese Form der Werbung bietet der Frankfurter Flughafen als Netz von 11 doppelseitig hinterleuchteten, festinstallierten „Koffern" in der Mitte der Gepäckbänder an.
An manchen Flughäfen drehen diese ihre Runden auf dem Gepäckausgabeband, wie z. B. in München. Dort gelangen die Werbekoffer zuerst auf das rotierende Gepäckband um die Blicke der wartenden Passagiere auf sich zu lenken. Insgesamt befinden sich in den Hallen am Frankfurter Flughafen 22 Gepäckbänder und auf jedem Band sind 5 Koffer montiert, das Werbemotiv ist auf jedem zweiten Gepäckband zu sehen.

Technik

Die Werbefläche auf den Koffern ist 90 x 60 cm groß und wird mit Großdias (mit Selbstklebeschicht) bestückt.

Preise / Belegung

Mindestmietdauer ist ein Jahr. Pro Monat belaufen sich die Schaltkosten auf € 5.020,–.

Verkehrsmittelwerbung: **Flughäfen**

Leuchtkoffer am Flughafen Frankfurt (AW3_472)　　　Bild: Media Frankfurt

Wie auch beim Station-INFOSCREEN (siehe S. 113) wird die Werbebotschaft in einen Mix aus Nachrichten, Reisespecials, Wetterprognosen, Kulturtipps und Cartoons eingebunden.
Die Technik ist analog der Station-INFOSCREENs, jedoch im 9:16-Verhältnis (768 x 1.280 Pixel).

Preise / Belegung

Der Sekundenpreis beträgt pro Bildfläche € 0,04 bei einer Spotlänge von 30 Sekunden. Bei einer Belegung von sieben Tagen mit einem 30 sekündigen Spot liegen die Schaltkosten bei € 2.800,– für fünf Flächen, und € 5.600,– für zehn Flächen.

Die Produktionskosten betragen, je nach Aufwand € 100,– bis 1.200,–.

- Media Frankfurt
  www.media-frankfurt.de

In Hannover kann der kreisende Koffer für € 3.500,– gebucht werden.

- Flughafen Hannover
  www.hannover-airport.de

■ **Airport-INFOSCREEN**

Im Ankunftbereich des Fughafen Düsseldorf International hat Infoscreen fünf digitale Großbildflächen installiert. Weitere fünf Flächen gibt es im Abflugbereich.

- Infoscreen GmbH
  www.infoscreen.de

Verkehrsmittelwerbung: **Flughäfen**

AW3_473 Bild: Media Frankfurt

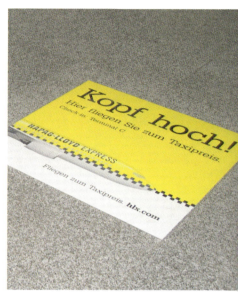
AW3_474 Bild: Flughafen Hannover

■ Vision Wall

Auch am Flughafen Frankfurt bestehen elektronische Werbemöglichkeiten (jedoch ohne Ton). Im Format 2,9 x 1,7 m gibt es sogenannte „Vision Walls" am Flugsteig A im Exclusivbereich der Deutschen Lufthansa und in der Wartehalle B an den Zugängen in den Gatebereich.

Sie setzen sich aus 9 Plasmabildschirmen mit jeweils 92,1 x 51,8 cm zusammen. Auf den Bildschirmwänden können MPEG 1 und 2, HTML-Seiten, Shockwave- und Flashdokumente, animierte Gifs, PowerPoint-Dokumente sowie einfache Grafiken dargestellt werden. Die Grafiken müssen im 16:9 Format produziert werden. Die Bildauflösung beträgt 1600 x 900 Pixel.

Preise / Belegung

Die „Vision Walls" müssen mindestens 1 Monat belegt werden und kosten bei Belegung aller drei Wände € 24.900,– pro Monat. Einzelbuchungen sind nicht möglich.

– *Media Frankfurt*
  www.media-frankfurt.de

■ Floor-Graphics

Im Flughafenbereich können Floor-Graphics geschaltet werden. Zum Beispiel im Flughafen Hannover 100 Bodenaufkleber für maximal sechs Wochen zu einem wöchentlichen Schaltpreis von ca. € 500,–.

Die Floor-Graphics sind 1 x 1 m groß und werden in allen Bereichen gut verteilt. Hinzu kommen die Produktionskosten und die spätere Entfernung.

– *Flughafen Hannover*
  www.hannover-airport.de

Verkehrsmittelwerbung: **Flughäfen**

AW3_475 Bild: Flughafen Hannover

CityLight-Boards (AW3_476) Bild: Media Frankfurt

■ Pylone / Werbetürme

Werbeflächen sind auch freistehend im Außenbereich des Flughafengeländes platziert.
Oft wird das Trägermaterial, wie z.B. Aluminium- oder Acrylplatten, mit bedruckter Folie beklebt oder das Werbemotiv wird direkt auf die Platten gedruckt.

Beispiele

Am Flughafen Hannover kann man acht Stellen (rechteckige Werbeflächen) an der Flughafenausfahrt mit einer Fläche von je 2,30 x 5 m buchen. Pro Jahr werden bei einer Vertragslaufzeit von drei Jahren € 49.000,– berechnet. Hinzu kommen Produktion und Montage für ca. € 2.800,–.

In Düsseldorf und Frankfurt/Main bestehen Werbetürme mit je 3 Werbeflächen, die einzeln belegbar sind. Die Türme stehen an Orten, die von Taxis, Autofahrern und Zubringerzügen oder –bussen gut gesehen werden können.
Die Flächen in Düsseldorf haben ein Format von 5,7 x 4,2 m, in Frankfurt 6 x 4,5 m, und kosten € 9.000,– bis 12.800,–. Mindestbelegung in Frankfurt ist ein Jahr.

■ CityLight-Plakate, -Boards

Diese beliebten Werbemedien sind auch an Flughäfen stark vertreten. Es werden beispielsweise Netze der Berliner Flughäfen, Düsseldorf, Frankfurt/Main und München angeboten.

Die technischen Voraussetzungen und Bedingungen für eine CityLight-Kampage entnehmen Sie bitte dem Kapitel „klassische Plakatwerbung", auf Seite 40, bzw. „Medien an Straßen", Seite 49.

Verkehrsmittelwerbung: **Flughäfen**

AW3_477
Bild: Wall AG

CityLightAirport
Netze und Schaltkosten, Preis pro Woche

CityLight	Ort	Stellen	
Plakate	Berlin (3 Flughäfen)	85	19.040,–
Boards	Berlin (3 Flughäfen)	15	12.390,–
Plakate	Düsseldorf	40	8.960,–
Plakate	Berlin + Düsseldorf	140	59.430,–
Plakate	Frankfurt XXL	50	10.500,–
Plakate	Frankfurt	25	5.250,–
Plakate	Frankf. + München	43	8.127,–
Boards	Frankfurt	8	8.000,–

Anbieter

- Wall AG
  (www.wall.de)
- Flughafen Düsseldorf
  (www.duesseldorf-international.de)
- Flughafen Frankfurt
  (www.media-frankfurt.de)

■ Werbung an Gebäuden

Werbeflächen an Gebäuden sind im Außenbereich des Flughafens, am Flughafengebäude selbst oder an anderen Gebäuden auf dem Flughafengelände angebracht. Hier gibt es die Möglichkeit, langfristige Leuchtwerbung in Form von Leuchtschriftzügen oder die Plakatierung in festinstallierten Leuchtkästen zu buchen (Mindestbelegung 12 Monate).

Am Flughafen Frankfurt kann man Flächen an der Fassade des Parkhauses oder gegenüber des Terminal 1 buchen, beispielsweise für die Anbringung einer Leuchtschrift oder einer beleuchteten Großbildfläche. Die Fläche am Parkhaus, die das gesamte Gebäude einschließt, kostet € 900.000,– im Monat, die Flächen gegenüber des Terminal € 11.800,– im Monat (im Beispielformat 10 x 6,5 m).

TIPP

Näheres zu Leuchtschriften finden Sie im Kapitel „Medien an Gebäuden", Seite 69.

Verkehrsmittelwerbung: **Flughäfen**

Bild: Flughafen Düsseldorf

Verkehrsmittelwerbung: **Flughäfen**

Bild: Flughafen Düsseldorf

■ Riesenposter

Hauptsächlich an den Zu- und Abfahrtstraßen der Flughäfen sind solche Flächen an Gebäuden realisierbar. Details zur Technik und Montage der Plakate finden Sie auch im Kapitel „Medien an Gebäuden", Seite 85.

Am Flughafen Hannover ist es beispielsweise möglich eine Plakatfläche am Parkhaus mit ca. 144 m^2 zu buchen. Mindestbelegung sind 2 Wochen, die während der Messezeiten (Cebit) € 19.500,– kosten. In den Zeiträumen zwischen den Messen sind die Schaltkosten günstiger, z.B. € 29.000,– für 4 Wochen Belegung.

– *Flughafen Hannover*
  www.hannover-airport.de

Auch am Flughafen Frankfurt/Main sind 2 Stellen mit einem Mindestbuchungszeitraum von 1 Monat belegbar. Sie kosten zwischen € 43.500,– und 49.000,– pro Monat und Fläche.

– *Media Frankfurt*
  www.media-frankfurt.de

Verkehrsmittelwerbung: **Flughäfen**

Bild: Media Frankfurt

■ Fahnen

Im Außenbereich besteht die Möglichkeit, Hissflaggen (meist im Hochformat und oft als Fahnengruppe) aufstellen zu lassen. Der Flughafen Frankfurt bietet werbung mit Flaggen an – in einem Format von 1,5 x 5 m und sind am Terminal 1 als 5er-Gruppe, am Terminal 2 als 7er-Gruppe buchbar. Die Schaltkosten liegen bei € 2.900,– pro Monat und Gruppe. Näheres zum Thema Flaggen siehe Kapitel: Medien an Straßen, Seite 59.

Anbieter für Werbung an Flughäfen

- *Flughafen Frankfurt (www.media-frankfurt.de)*
- *Flughafen Düsseldorf (www.duesseldorf-international.de)*
- *Flughafen Hannover (www.hannover-airport.de)*
- *Flughafen München (www.advertising.munich-airport.de)*
- *Flughafen Stuttgart (www.flughafen-stuttgart.de)*
- *Für Hamburg und Köln/Bonn: Terrahe & Co. (www.terrahe.de)*
- *Für Berliner Flughäfen (www.berlin-airport.de)*

Luftwerbung

…Heißluftballons

…Luftschiffe / Zeppeline

(siehe auch Kapitel „Events")

…Gleitschirme / Drachen

…Bannerflug mit dem Flugzeug

…Bannerflug mit dem Hubschrauber

Luftwerbung: **Heißluftballons**

Luftwerbung bietet die Möglichkeit, Marken und Mitteilungen auffällig und konkurrenzlos am Himmel zu präsentieren. Das Werbemotiv ist entweder direkt auf den Flugkörper oder auf ein Banner gedruckt, das am Flugobjekt befestigt ist. Luftwerbung muss kein isoliertes Medium sein, man kann von dem hohen Wiedererkennungswert profitieren und es in Werbekampagnen mit anderen Medien kombinieren.

Einsätze mit Helium-Zeppelinen und Ballons im Außenbereich bedürfen der Genehmigung der Luftfahrtbehörden, je nach Standort müssen sie vom Ordnungs- oder Bauamt der Gemeinde genehmigt werden, in der die Zeppeline oder Ballons aufsteigen sollen.

■ Werbung auf Heißluftballons gibt es in zwei Varianten:

– Auf einem neutralen Ballon werden Werbeflächen für das Anbringen eines Werbebanners gemietet.

– Man lässt eine eigene Ballonhülle mit seiner Werbebotschaft herstellen und kann somit die gesamte Hülle dauerhaft nutzen.

Die Ballons kommen regelmäßig bei den Anbietern von Ballonfahrten, hauptsächlich morgens und abends, zum Einsatz (ca. 50 mal pro Saison).

Die Ballons haben eine Lebensdauer von ungefähr fünf Jahren.

Je nach Ballontyp können 3 bis 18 Personen befördert werden. Die Fahrtdauer beträgt 60 bis 120 Min.. Neben der klassischen Heißluftballonform gibt es auch Zeppelin- und originelle Sonderformen wie die Form eines Schweins, einer Lokomotive, einer Kuh oder eines Hauses, die mit gleicher Technik betrieben werden.

Der Start wie auch später die Landung können zu einem großen Ereignis mit Festcharakter inszeniert werden. Natürlich kann man auch Geschäftsfreunde, Mitarbeiter und Kunden durch eine Ballonfahrt belohnen. Für den Start eines Heißluftballons muss jedoch in jedem Fall eine Genehmigung eingeholt werden.

Adressen → siehe CD

_____ Luftwerbung: **Heißluftballons**

Bild: Schroeder fire balloons

Technik

Format
Bei den Heißluftballons steht eine Fläche von ca. 200 m² für Werbung zur Verfügung. Die Werbebanner haben eine Größe von ca. 6 x 14 m.

Bild: Schwarz Consult

Vorlagen
Als Vorlagen dienen Reinzeichnungen. Die technische Umsetzung übernehmen die Hersteller der Ballons. Es werden Daten aus den gängigen Grafikprogrammen oder analoge Reinzeichnungen angenommen.

Preise / Belegung

Der Vertrag zwischen Sponsor und Betreiber des Ballons wird in der Regel über fünf Jahre abgeschlossen. Gemietete Flächen werden pro Einsatz gebucht.

Produktionskosten
Ballonwerbung ist nicht so teuer wie oft angenommen. Eine einmalige Investition ab € 30.000,– genügt, um für fünf Jahre seine Werbung mittels Heißluftballon zu präsentieren.
Was die Folgekosten angeht, sollte man sich gut beraten lassen, denn möglicherweise fallen weitere Kosten pro Start an, wie die An- und Abfahrt oder Übernachtungspauschalen. Die Produktionskosten für einen kompletten Heißluftballon liegen zwischen € 41.000,– und 65.000,-. Je nach Anbieter besteht auch die Möglichkeit, nur die Ballonhülle herstellen zu lassen. Korb und restliche Ausrüstung steuert dann der Betreiber bei. Die Produktionskosten für eine Hülle liegen zwischen € 20.000,– und 31.000,–. Für Einsätze der Ballons unter Regie der Betreiber entstehen keine weiteren Kosten.
Für spezielle Einsätze nach Wunsch des Sponsors kommen Kosten in Höhe von € 1.000,– bis 2.000,– hinzu, zzgl. des Kilometergeldes für das Begleitfahrzeug (etwa € 0,50 pro Kilometer). Eventuell entstehen beim Einsatz zusätzliche Kosten für Genehmigungen und Gutachten, die in der Regel vom Hersteller bzw. Lieferanten eingeholt werden.

Schaltkosten
Die Mietkosten für einen Heißluftballon werden je nach Einsatz berechnet; sie liegen aber etwa zwischen € 770,– bis 1.540,– pro Fahrt zuzüglich Kilometergeld von ca. € 0,50 pro Kilometer.
Die Herstellungskosten des Werbebanners in der genannten Größe liegen zwischen € 1.000,– und 1.900,–.
Die Anbieter übernehmen meist die komplette Realisation, von der Konzeption über die Gestaltung bis hin zur Produktion. Die Herstellung einer Ballonhülle nimmt etwa drei Monate in Anspruch.

Luftwerbung: **Heißluftballons**

Sonderform

Fliegende Markenartikel sind besonders einprägsam. Wenn man am Himmel ein Bierglas sieht, vergisst man das nicht mehr so schnell. Die Kosten für solche individuellen Ballons liegen zwischen € 70.000,– bis 120.000,– plus den Betrieb des Ballons.

Der Einsatz sollte möglichst bei medienwirksamen Events und Massenstarts erfolgen. Durch die Form der Ballons ist besonderes Können vom Piloten gefordert.

Bilder: Stratos

Anbieter

Vermittlung:
– *Schwarz Consult*
  (www.schwarz-luftwerbung.de)

Hersteller von Heißluftballons:
– *Stratos Ballooning*
  (www.stratos.de)
– *Schroeder fire balloons*
  (www.schroederballon.de)
– *Blue Sky Promotion*
  (www.blueskypromotion.de)

weitere Anbieter → siehe CD

Luftwerbung: **Luftschiffe / Zeppeline**

AW3_501

Bild: ZLT Zeppelin

■ Luftschiffe (Zeppeline) werden von einer Vielzahl weltweit tätiger Unternehmen, hauptsächlich in den USA, als Mittel für exklusive Außenwerbung, Events, VIP- Passagierflüge und als Kameraplattform für Luftaufnahmen eingesetzt.

Im Vergleich zu Heißluftballons sind „richtige", heliumgefüllte Luftschiffe wenig wetterempfindlich und dort einsetzbar, wo der Kunde dies wünscht und bieten den Passagieren eine komfortable Reise.

Luftschiffe bieten verschiedene Möglichkeiten, Werbung anzubringen. Man kann mittels großformatiger Banner den Mittelteil oder mit Folien das gesamte Luftschiff beschriften. Außerdem ist eine ganzformatige Innenbeleuchtung möglich oder die Projektion stehender und bewegter Bilder auf einen Teil der Fläche des Luftschiffes. Innenbeleuchtung und Projektion sind nur für nachts geeignet, da sie nur dann ihren vollen Effekt entfalten können.

Aufgrund ihrer Konstruktion lassen sich Luftschiffe in drei Kategorien unterteilen:

- Prallluftschiffe ohne Gerüst (bei weitem die größte Kategorie)
- halbstarre Luftschiffe
- starre Luftschiffe (die ursprünglichen Zeppeline)

Für den praktischen Einsatz als Werbeträger sind hauptsächlich die Größe sowie die Einsatzlimits wie Wetter, Reichweite, Nutzlast und Nachtbeleuchtung von Bedeutung. Ebenso das Vorhandensein einer Passagierkabine, deren Größe und Komfort.

Neben bewährten Konstruktionen, wie den Prallluftschiffen, wurde in den letzten Jahren eine Vielzahl neuer Luftschiffe mit erweitertem Einsatzspektrum entwickelt und in Verkehr gebracht. So wird der Zeppelin NT seit 2001 für touristische Passagierflüge am Bodensee ab Friedrichshafen eingesetzt.

Luftwerbung: **Luftschiffe / Zeppeline**

Technik

Bei Luftschiffen wird der notwendige Auftrieb mit dem nichtbrennbaren Helium in der Hülle erzeugt. Entsprechend ist die notwendige Motorleistung und damit das Geräusch beim Reiseflug gering. Große Luftschiffe mit bis zu 13 Passagieren verfügen über schwenkbare Motoren und können damit präzise und sicher gesteuert werden. Ihr Einsatzprofil entspricht eher einem Flugzeug als einem Ballon. Landungen

Bild: Stratos

und Starts sind bei Windgeschwindigkeiten bis zu 50 km/h möglich, sogar Flüge nach Instrumenten sind durchführbar, oft eine Voraussetzung, um über Ballungszentren und in der Nähe von Flughäfen überhaupt fahren zu können. Große Luftschiffe haben einen Einsatzradius von über 500 km und können ohne weiteres einen Tag in der Luft bleiben.

Ein „Heißluft-Luftschiff" ist dagegen nichts anderes als ein Heißluftballon. Durch Erhitzen der Innenluft wird Auftrieb erzeugt, der das Steigen bewirkt. Wie bei Heissluftballons kann wegen der untertags herrschenden Luftbewegungen (Thermik) oft nur am frühen Morgen und am Abend gefahren werden. Bei schönem Wetter mit geringen Windgeschwindigkeiten verleiht der Motor diesen „Luftschiffen" Steuerbarkeit innerhalb eines – aufgrund der niedrigen Reisegeschwindigkeit – begrenzten Gebietes um den Startplatz. Sie sind keine Allwetter-Fluggeräte, zu starke Winde oder Regen machen den Start unmöglich. Bei schlechtem Wetter ist andererseits auch die Zahl der potentiellen Kunden im Freien, die die Botschaft sehen, erheblich geringer. Besonders praktisch ist, dass, sofern keine luftrechtlichen Einschränkungen bestehen, von fast jeder größeren Wiese oder jedem Fluggelände aus gestartet werden kann. Heissluftballons mit Motor können 1 bis 2 Stunden über der Zielgruppe verweilen. Für richtige Passagierfahrten sind Heissluftballons mit Motor nicht geeignet, die Ausrüstung ist so umfangreich und das Gewicht so groß, dass die Tragkraft nur für Pilot und einen Passagier ausreicht. Das Luftschiff wird per Anhänger zum Einsatzort gebracht.

Bild: Stratos

Vorlagen

Als Vorlagen dienen Reinzeichnungen oder digitale Dokumente auf gängigen Datenträgern.

Luftwerbung: **Luftschiffe / Zeppeline**

Abwicklung

Die Anbieter stimmen ihr Angebot speziell auf Kundenwünsche ab und bieten eine umfangreiche Beratung an. Sie arbeiten mit kompetenten Fachunternehmen zusammen, die die Produktion der Werbemittel übernehmen. Somit erfolgt die komplette Realisierung der Werbekampagne über die Anbieter.

Format

Luftschiffe haben eine Länge bis zu 70 m und bieten eine riesige Werbefläche. Mit Folien kann diese Fläche bei Prallluftschiffen komplett genutzt werden. Bei halbstarren Zeppelinen ist diese Fläche durch die Motoren etwas eingeschränkt. Für die Befestigung von schnell zu wechselnden Stoffbannern gibt es an beiden Seiten des Luftschiffkörpers eine Fläche von maximal 30 x 10 m. Die Fläche für Projektionen hängt vom Luftschifftyp ab, ist jedoch in der Regel kleiner als die Fläche für Folien oder Banner.

Preise / Belegung

Aufgrund der Kostenstruktur werden normalerweise mehrmonatige, exklusive Werbeverträge abgeschlossen. Zusätzlich sind bei großen Luftschiffen, die ansonsten für Passagierflüge eingesetzt werden, auch Verträge für eine nur begleitende Werbung zu reduzierten Kosten möglich. Individuelle Mischformen – zum Beispiel eine Anzahl Gratisflüge oder Tage/Wochen zur exklusiven Verfügung sind je nach Veranstalter ebenfalls möglich. Internationale Firmengruppen bieten die Möglichkeit für weltweite vernetzte Kampagnen. Eine Buchung nur für einzelne Veranstaltungen ist ebenfalls möglich.

Bild: ZLT Zeppelin

Beispielsweise kostet die komplette Belegung eines Luftschiffes für einen Monat € 90.000,–, am Standort Friedrichshafen ist die Monatsbelegung bereits schon ab € 50.000,– möglich.
Die Produktionskosten für die seitlichen Werbeflächen – „Folienbranding" – sind sehr von der Farbigkeit und Größe abhängig und bewegen sich bei einer Länge von 43 m zwischen € 6.000,– und 15.000,– pro Seite.

Charterpreise

Die Charterpreise beginnen ab € 20.000,– pro Tag und bewegen sich zwischen € 150.000,– und 485.000,– pro Monat (diese Angaben gelten für Vollcharter inklusive Passagierkabine). Man sollte sich hierzu ein individuelles Angebot vom Anbieter erstellen lassen.

Anbieter

– *Skyship Cruise*
 (www.skyship.ch)
– *ZLT Zeppelin*
 (www.zeppelin-nt.de)
– *Mayer Luftwerbung*
 (www.luftwerbung.de)

weitere Anbieter → siehe CD

Luftwerbung: **Gleitschirme und Drachen**

■ Diese Fluggeräte sorgen ebenfalls für Aufmerksamkeit und ausgestreckte Zeigefinger der Leute am Boden. Speziell in Urlaubsgebieten, in denen Passagierflüge mit dem Paraglider angeboten werden, bietet sich ein kontaktstarkes Werbemedium an. Auch die Beschriftung eines Wettkampfgerätes mit großer Medienpräsenz, vor allem in Publikums- und Fachzeitschriften, kann mit guten Kontaktzahlen zu einem günstigen Preis aufwarten.
Selbst mit der Beschriftung des Gerätes eines aktiven Hobbypiloten können gute Werbeerfolge erzielt werden.

Technik

Material
Die Beschriftung erfolgt mit selbstklebendem Gewebestoff. Dieses

Bild: Penzkofer

Material muss sehr stark haften und flexibel sein, um alle Bewegungen des Segels mitzumachen. Bei Sonderfarben/Firmenfarben wird das weiße Grundmaterial eingefärbt. Es sind dann nahezu alle Farbtöne (ausgenommen Metallfarben wie Gold und Silber) möglich. Produktabbildungen und andere fotografische Abbildungen werden im Digitaldruck angefertigt.

Format
Die Werbefläche ist an die Größe des Fluggerätes gebunden, ca. 10 m Spannweite sind üblich.

Abwicklung
Man sollte sich unbedingt bereits in der Gestaltungsphase mit dem Anbieter abstimmen um die problemfreie Produktion zu gewährleisten. Die Anbieter übernehmen die Produktion und auf Wunsch auch die Gestaltung der Werbung.

Preise

Die Produktionspreise sind von der Gestaltung und der Farbauswahl abhängig. Zwischen € 200,– und 400,– liegt der gängige Kostenrahmen.
Die Schaltkosten sind in der Regel Verhandlungssache. Ab einmalig € 500,– bis zur kompletten Neuanschaffung eines Fluggerätes (€ 3.000,– bis 10.000,–) reicht die Spanne. Die übliche Belegungszeit ist die Lebensdauer des Fluggerätes, zwischen 2 und 7 Jahren.

Anbieter

– *Penzkofer Reklamewerkstatt (www.penzkofer.com)*
– *GH Werbebeschriftungen (www.gh-werbebeschriftungen.de)*
weitere Anbieter → siehe CD

Bild: Penzkofer

_____ Luftwerbung: **Bannerflug mit dem Flugzeug**

■ Bannerflüge stellen immer wieder eine Attraktion dar, da sie hoch über den Köpfen und hoch über all der restlichen Werbung in den Straßen stattfinden. Flugzeuge mit Schleppbanner sind auffällige Blickfänge und präsentieren die Werbebotschaft unübersehbar am Himmel, an mehreren Orten gleichzeitig auf „fliegenden" Plakaten.

Flüge mit Bannern im Schlepptau sind weniger wetterabhängig als eine Ballonfahrt. Einen kleinen Nachteil gegenüber den Ballons stellen die gesetzlich vorgeschriebenen Bannerflugzeiten dar. Montag bis Freitag von 8 bis 18 Uhr und am Samstag von 8 bis 12 Uhr dürfen die Flüge stattfinden. Je nach Bundesland können die Zeiten mit Ausnahmegenehmigungen auch verlängert werden. Der Einsatz ist bundesweit möglich. Die Banner werden über Land 300 m, über Großstädten 600 m über unseren Köpfen präsentiert. Der Tausendkontaktpreis (TKP) der Luftwerbung ist im Vergleich zur Plakatwerbung – ganz zu schweigen vom Vergleich mit TV- oder Radiowerbung – sehr viel niedriger. Nach einer Einschätzung der Firma Aerial Sign beträgt der TKP eines Luftwerbeplakates nur ungefähr € 0,90. (Vergleiche: TKP € 19,20 für einen 30-sekündigen TV-Spot nach 18 Uhr oder TKP € 8,90 für eine Seite in einer Wochenzeitschrift.)

TIPP _____

Bedacht werden sollte, dass zu den Flugkosten eventuell noch Anflugkosten zum Zielort hinzukommen. Um das zu umgehen, sollte man einen Anbieter in der Nähe des Zielortes ausfindig machen.

Bild: Aerial Sign

Luftwerbung: **Bannerflug mit dem Flugzeug**

Man unterscheidet grundsätzlich drei Arten von Bannern:

1. Buchstabenbanner

Das Buchstabenbanner wird auch "Letterbanner" genannt und ist der Klassiker unter den Bannern. Es ist schnell verfügbar und schon zu günstigen Preisen zu leihen. Oft sind die Buchstaben schon vorgefertigt und müssen nur noch montiert werden, was die Produktionszeit sehr kurz hält.

Format und Buchstabenmenge

Die einzelnen Buchstaben werden auf Nylonfäden aufgezogen, die ein Träger-Netz bilden. Bei unterschiedlichen Anbietern ist die Länge der Banner und die mögliche Buchstabenmenge unterschiedlich. Bei manchen können maximal 20 oder 30, bei anderen sogar bis zu 45 Buchstaben aneinander gereiht werden, wodurch die Banner eine Länge von bis zu 50 m erreichen. Die einzelnen Zeichen sind beim Buchstabenbanner etwa 2 bis 3 m hoch.

Bei 2 m Höhe werden 28 Zeichen vorgeschlagen, darunter fallen Buchstaben, Ziffern und Sonderzeichen, allerdings nicht die Leerzeichen. Bei 3 m Buchstabenhöhe wird zu maximal 20 Zeichen geraten.

Die Banner mit 2 m Höhe sind nur für eine Flughöhe bis 300 m zu empfehlen. Bei einer Flughöhe von 600 m, wie sie über Großstädten vorgeschrieben ist, sollten die Buchstaben 3 m hoch sein.

Schaltkosten

Der Verleih der Buchstabenbanner kostet € 180,– bis 320,–. Hinzu kommt der Preis für die Flugstunden, für die zwischen € 256,– und 550,– pro Stunde berechnet werden. Zuzüglich der Genehmigung und dem Service von ca. € 490,–.

2. Plakatbanner

Das Plakatbanner, auch "Screenbanner" oder "Skybanner" genannt, wird extra für den Kunden angefertigt und kann individuell nach dessen Wünschen mit eigenem Logo, mit einfachen Grafiken und in den gewünschten Farben gestaltet werden.

Gestaltung

Die Schrift sollte nicht kleiner als 2,5 m sein. Damit sie weithin lesbar ist, sind Schrifttypen wie Helvetica oder Futura in fetter oder halbfetter Ausführung besonders geeignet. Starke Farbkontraste, auch um vom blauen oder grauen Himmel abzuheben, erhöhen die Lesbarkeit und den Effekt. Grafiken sollten eine Strichstärke von mindestens 30 cm aufweisen um gut sichtbar zu sein und um die gewünschte Aufmerksamkeit zu erzielen.

Bilder: Musso Luftwerbung

Format

Plakatbanner gibt es in einer Höhe von bis zu 12 m. Sie können bis zu 40 m lang sein.

Produktionspreise

Die Herstellung der Plakatbanner kostet ca. € 20,– bis 43,– pro m².

Luftwerbung: **Bannerflug mit dem Flugzeug**

TIPP

Mit Hilfe der digitalen Drucktechnik sind auch Fotos druckbar. Somit kann man eine stationäre Plakatkampagne am Boden mit einer Kampagne in der Luft kombinieren oder erweitern. Zudem verfügen die Anbieter über eigene Designer, die bei der Gestaltung des Banners behilflich sind.

3. Buchstaben-Plakatbanner

Die Kombination aus den beiden obengenannten Bannerformen. Hier besteht die Möglichkeit, sein eigenes Logo mit wechselnden Werbetexten zu kombinieren.

Technik

Format

Das Buchstaben-Plakatbanner ist bis zu 120 m² groß bei einer Höhe von maximal 2,30 m. Die Firma Rikon bietet daneben auch Big-Screen Banner in einer Größe von bis zu 1.200 m² an.

Gestaltung

Alle Schriftzüge sollten mindestens 2 m hoch und gut lesbar sein. Fotos und Grafiken können bis an den Bannerrand reichen, Schriften sollten mindestens 20 cm Abstand zum Rand haben.

Man sollte beachten, dass starke Kontraste zur besseren Lesbarkeit beitragen. Geeignet sind besonders serifenlose Schriften wie z.B. Helvetica oder Arial, halbfette und fette Schriftschnitte, kontrastreiche Hintergrundfarben und dazu eine Mindeststrichstärke von 25 – 30 cm bei Linien. Grafiken und Logos werden am besten über die gesamte Plakathöhe gefertigt. Auch bei den Bannern ist kreative Zurückhaltung geboten. Siehe auch Kapitel Außenwerbegestaltung, Seite 10.

Vorlagen

Als analoge Vorlagen dienen Durchsichts- und Aufsichtsvorlagen. Als digitale Vorlagen dienen Dokumente aus den gängigen Programmen wie Photoshop, QuarkXPress, Illustrator oder Freehand.

DTP-TIPP

Gescannte Bilder müssen gut retuschiert sein, da kleinste Fehler auf dem späteren Banner deutlich sichtbar sind. Kleine Schriften, Logos und Grafiken sollten auf jeden Fall vektorisiert vorliegen, damit sie verlustfrei vergrößert werden können.

Material

Der Digitaldruck erfolgt auf speziellem Kunststoffgewebe, damit das Banner die Fluggeschwindigkeit von 100 km/h schadlos übersteht.

Abwicklung

Die Anbieter übernehmen die Produktion und auf Wunsch auch die Gestaltung der Banner. Luftrechtliche Genehmigungen werden ebenfalls durch die Anbieter eingeholt. Bannerflüge sind in der Regel nur an Wochentagen möglich, in Ausnahmefällen wird jedoch auch an Wochenenden geflogen. Zum Teil wird von den Anbietern der Service einer Fotoreihe des Bannerfluges angeboten.

Preise / Belegung

Die Hauptsaison für Werbeflüge ist April bis Oktober. Die Belegung erfolgt tageweise mit einer Mindestbuchung von drei Flugstunden. Robuste Banner überstehen bis zu 300 Flugstunden.

Kosten

Die anfallenden Kosten für die Anfertigung von Bannern betragen pro m² je nach Motiv zwischen € 25,– und 39,–. Bei der Bannermontage muss mit € 120,– gerech-

Luftwerbung: **Bannerflug mit dem Hubschrauber**

net werden. Flugstunden werden außerdem mit € 260,– bis 550,– berechnet.

TIPP

Zwischen den Einsätzen gewähren manche Anbieter kostenlos sachgerechte Lagerung der Banner. Es lohnt sich, darüber im voraus Erkundigungen einzuziehen. Es sollte auch nachgefragt werden, ob der Anbieter die Einholung behördlicher Genehmigungen übernimmt.

Anbieter

- *Aerial Sign (www.aerial-sign.de)*
- *Flug-Werbung GmbH (www.flug-werbung.de)*
- *ikarus Flugdienst GmbH (www.ikarus-flugdienst.de)*
- *Musso Luftwerbung (www.flugwerbung.de)*

weitere Anbieter → siehe CD

Bild: Move It Media

■ Sky-Poster oder Heliposter sind riesige Werbebanner, die von einem Hubschrauber gezogen werden. Helikopter können wesentlich größere Banner schleppen als Flugzeuge. Durch die niedrigere Fluggeschwindigkeit ist der Werbekontakt intensiver und von hohem Erinnerungswert. Das Sky-Poster entfaltet sich dank einer Spezialtechnik zu einem gut sichtbaren Rechteck. Die Helikopter fliegen über ein definiertes Einsatzgebiet, das vom Kunden ausgesucht wird. Bei Flügen über Stadtgebiet muss nach gesetzlichen Bestimmungen ein zweimotoriger Hubschrauber zum Einsatz kommen; außerhalb des Stadtgebietes (über Messegelän-den, Fußballstadien, Autobahnen usw.) werden einmotorige Hubschrauber eingesetzt. Natürlich sind die Flüge stark witterungsabhängig. Außerdem muss beachtet werden, dass am Wochenende samstags ab 14 Uhr und am Sonntag mit Hubschraubern nicht geworben werden darf.

Technik

Format

Die Hubschrauber können Banner bis zu einer Größe von 2.000 m^2 schleppen. Sinnvoll ist eine Mindestgröße ab 800 m^2. Das Seitenverhältnis sollte 3:4 betragen.

Luftwerbung: **Bannerflug mit dem Hubschrauber**

Bild: Move It Media

Material & Vorlagen

Die Banner werden im Digitaldruck einseitig 4-farbig bedruckt. Damit ein Banner beidseitig lesbar ist, werden zwei einseitig bedruckte Banner zusammengenäht. Die Produktion eines Banners dauert etwa 14 Tage. Als Vorlage dienen druckfertige digitale Daten aus den gängigen Grafik- und Layoutprogrammen.

Bild: Litomobil

Preise / Belegung

Mindestbelegung sind 4 Stunden oder ein 8-stündiger Flugtag (inklusive An- und Abflug). Die Hubschrauber können im gesamten Bundesgebiet oder europäischen Ausland eingesetzt werden.

Einsatzkosten

Je nach Einsatzart, Einsatzort, An- und Abflugstrecke und eventuellen Sonderauflagen variieren die Kosten für Sky-Poster stark. Der Einsatz eines einmotorigen Helikopters kostet ca. € 1.850,– pro Flugstunde, für einen zweimotorigen Hubschrauber werden etwa € 3.600,– pro Flugstunde zuzüglich Genehmigungskosten berechnet.

Produktionskosten

Die Kosten richten sich nach Größe und Einsatzart des Banners. Daher sind die genannten Preise als Richtgrößen zu verstehen.
Die Produktionskosten eines Schleppbanners liegen zwischen € 10.000,– und 62.000,–.

Preisbeispiele

Für ein Schleppbanner der Größe 800 m² ist mit ungefähr € 36.000,– zu rechnen und für ein Schleppbanner der Größe 1.200 m² mit € 54.000,–.

Anbieter

– *Litomobil Full-Service-Promotions GmbH (www.litomobil.de)*
– *Move It Media (www.moveitmedia.de)*

weitere Anbieter → siehe CD

…Sponsoring
…Fußball
…Eishockey
…Bergsport

Sportwerbung

Sportwerbung: **Sponsoring**

Es gibt keine Sportart bei der nicht geworben wird: Fußball, Handball, Basketball, Eishockey, Tennis, Golf, Autorennsport, Schwimmen, Bergsport, Leichtathletik... Bei jeder Sportart gibt es verschiedene Möglichkeiten, Werbung zu platzieren:
- auf Banden, Trikots, Startnummern, Anzeige- oder Videotafeln, auf Stand- oder Fesselballons, Transparenten...

■ Der Sponsor unterstützt mit finanziellen Mitteln die Arbeit von Sportlern, Künstlern oder auch das soziale Engagement eines Vereins. Der Sponsornehmer macht dafür aber keine *direkte* Werbung, sondern präsentiert den Sponsor auf *indirekte* Weise, z.B. durch das Logo am Hemdkragen oder auf dem Trikot.

Der Sponsor erhofft sich auf diese Weise eine positive Assoziation zu seinem Produkt, beispielsweise die Förderung eines besonders männlichen Image durch das gezielte sponsern von Action-Sportarten oder das Pflegen eines naturbewussten Image durch das sponsern einer Umweltschutzorganisation. Beim Sponsoring wird also eher auf den subtilen, *indirekten* Werbeerfolg gesetzt. Sponsoring spielt im Sport eine ganz entscheidende Rolle. Ob Trikots bei Spielen oder Kleidung bei Interviews und Fernsehauftritten, Sport-Stars tragen zu jedem Auftritt werbende Logos, werden mit Fahrzeugen bestimmter Marken transportiert, sind Schirmherren von Veranstaltungen und Aktionen.

Grundsätzlich gilt:
Sponsor und Sponsornehmer sollten in einem logischen oder emotionalen Zusammenhang stehen – wie Reifen zum Motorsport oder Luxusuhren zum Tennis, um nur zwei Beispiele zu nennen.
Dabei sollten sich die Zielgruppen überschneiden, beispielsweise Männersportart und Rasierklingen.

Und: Sponsoring ist immer Teil einer Gesamtmarketingkampagne und darf nicht als isolierte Einzelmaßnahme konzipiert werden. Synergieeffekte mit anderen klassischen Werbe- und Marketingmaßnahmen sollten gezielt genutzt werden.

Preise

Beim Sponsoring wird jedes Detail individuell verhandelt und preislich fixiert. Deshalb ist es nicht möglich, im Vorfeld exakte Kostenrahmen zu definieren.
Die Verhandlung der Details wird oft von Sponsoring-Agenturen übernommen. Interessenten können sich aber auch an die nationalen Verbände wie den Deutschen Fußballbund oder den Deutschen Skiverband wenden, die den Kontakt zu jedem Verein oder jedem einzelnen Sportler herstellen.
Die Verbände haben natürlich

Triathlon (AW3_601) Bild: upsolut GmbH

Sportwerbung: **Sponsoring**

Zieleinlauf beim Triathlon

Bild: upsolut GmbH

Sportwerbung: **Sponsoring**

Triathlon Bild: upsolut GmbH

auch Kontakte zu den Veranstaltungsorten und den Veranstaltern von Turnieren. Über die Veranstalter werden Sponsoring- und Werbemöglichkeiten veranstaltungsbezogen, zum Beispiel Werbung auf Startnummern, organisiert.

Wie schon beschrieben, können keine genauen Angaben über die Preise des Sponsoring gemacht werden. Die Verträge der Hauptsponsoren einer Mannschaft, zum Beispiel der deutschen Ski-Nationalmannschaft der Herren, werden über mehrere Jahre abgeschlossen und lassen kaum weitere Sponsoring-Möglichkeiten zu. Jeder Sportler der deutschen Ski-Herren hat aber die Möglichkeit, über seine Kopfbedeckung für einen *weiteren* Sponsor Werbung zu machen. Außerdem ist es möglich, die Personen des Trainer-Teams (insgesamt ca. 20 Personen) mit „Kopfsponsoring" auszustatten. Das heißt, das Logo des Sponsors kann auf der Mütze oder dem Stirnband des Sportlers angebracht werden. Für das „Kopfsponsoring" gibt es exakte Richtlinien die mit den Hauptsponsoren des Teams zusammenhängen. Diese Richtlinien sollten vorab beim Deutschen Skiverband erfragt werden (www.ski-online.de).

Auf der beigefügten CD sind die Adressen der Dachorganisationen vieler anderer Sportarten zu finden, zum Beispiel Basketball, Badminton, Boxen, Tennis, Schwimmen oder Leichtathletik.

Sportwerbung: **Fußball**

■ Bandenwerbung gibt es in den unterschiedlichsten Stadiensportarten. Je nach Popularität der Sportart, Anzahl der Sitzplätze oder der Sichtbarkeit im Schwenkbereich von TV-Kameras sind die Preise variabel.

Als praktikabler Einstieg ist die Werbung in Stadien auf den folgenden Seiten anhand einiger Beispiele für verschiedene Sportarten dargestellt.

AW3_602 Bild: Sportfive

Die Bandenwerbung in Fußballstadien wird grundsätzlich in zwei Varianten unterschieden:

1. Permanent-Werbung

Permanent-Bandenwerbung wird vor der Saison für die gesamte Spielzeit gebucht. Sie ist bei allen Bundesliga-Heimspielen präsent. Für Banden, die sich im Kameraschwenkbereich befinden, entsteht durch die ausschnittweise Übertragung im Fernsehen der eigentliche Nutzen. Sie sind daher 3-4 mal teurer als Banden, die sich im Off-Bereich befinden und sich ausschließlich an die Stadionzuschauer richten.

2. Sondervermarktung

Hier findet im Gegensatz zur Permanentwerbung eine veranstaltungsorientierte Belegung statt. Die statische Sondervermarktung (früher: Ad-hoc-Werbung) kommt zu aktuellen Anlässen, mit reichweitenstarken TV-Übertragungen zum Einsatz, zum Beispiel bei DFB-Pokalspielen. Hierbei wird die Permanentwerbung mittels PVC-Folie mit der aktuellen Werbung überdeckt, und der Mietpreis pro Tag dem Werbetreibenden der Permanentwerbung gutgeschrieben.

Daneben gibt es noch weitere Sonderwerbeformen im Fußballstadion:

Doppelpack

Beim Doppelpack wird der Zwischenraum zwischen dem Spielfeldrand und der Zuschauertribüne ausgenutzt.

Direkt am Spielfeldrand befindet sich eine Bande. Räumlich nach hinten versetzt an der Zuschauertribüne ist eine etwas höher angebrachte zweite Bande. Aus der Entfernung betrachtet sehen sie aus wie zwei übereinander stehende Banden.

Sportwerbung: **Fußball**

Oberrangwerbung

Am Geländer zwischen dem oberen und dem unteren Rang wird eine Bande angebracht.
Da diese Bande nicht so oft im Fernsehen erscheint, dafür aber den Stationbesuchern gut sichtbar ist, bietet sich diese Werbefläche für regionale / lokale Werbetreibende an.

Drehbandenwerbung

Die Drehbande hat eine Länge von 240 m, ist im TV-Schwenkbereich positioniert und wird bei Liveübertragungen von Länder- oder UEFA-Pokalspielen mit deutscher Beteiligung eingesetzt.
Die Werbefläche entspricht in etwa einer normalen Bande. Dabei teilen sich mehrere Kunden die Gesamtlänge. Durch maschinelle Drehung einer bedruckten Folie wird das Werbemotiv gewechselt.

Diese Werbeform hat durch die Rotation (Blickfang!) einen sehr hohen Aufmerksamkeitswert, zudem bietet die Drehbandenwerbung eine leistungsorientierte Abrechnung: das "On-Screen-Konzept".

Beim On-Screen-Konzept wird aus der tatsächlichen Einblendezeit, der durchschnittlichen Anzahl der erreichten Zuschauer und dem Preis für 30 Sekunden ein Gesamtpreis ermittelt. Der Kunde kann wählen, ob er eine Abrechnung nach der Einblendezeit oder nach der erreichten Zuschauermenge wünscht (zum Beispiel 5 Minuten Gesamteinblendezeit oder Einblendezeit bis 120 Mio. Zuschauer). Die Einblendezeit wird präzise per Computer gesteuert.

Synergieeffekte können durch Vernetzung der Drehwerbung mit Spots, Presentern und Trikotwerbung erzielt werden.

In einigen Stadien gibt es Drehbanden mit kleinerem Format. Diese stehen meist im Off-Bereich und sind somit nur von Stadionbesuchern zu sehen. Die Preise sind entprechend günstiger.

Technik

Format

Permanent-Werbung und statische Sondervermarktung auf Banden: Ca. 80 bis 100 cm hoch, 7 bis 8 m lang, je nach Stadion.

Einige Stadien bieten XXL-Banden an. Auf dieser statischen Bande wird rund ums Spielfeld nur ein Unternehmen präsentiert. XXL-Banden erreichen bis zu 120 m Länge und stehen in der zweiten Reihe, vor dem Zuschauerrang.

Beim Doppelpack werden zwei Banden mit dem gleichen Format gebucht. Durch die Anordnung erhöht sich das optische Format auf ca. 1,8 m bei 7 bis 8 m Länge.

Drehbande:
80 cm hoch, 240 m lang (aufgeteilt für mehrere Anbieter).

Preise / Belegung

Druck und Produktion

Permanent-Banden und statische Sondervermarktung sind meist digital bedruckte selbstklebende PVC-Folien. Hier muss mit € 70,– pro laufendem Meter gerechnet werden. Bei der Drehbandenwerbung geht man von einem 4-farbigen Siebdruck aus, der mit € 64,– pro laufendem Meter berechnet wird.

Sportwerbung: **Fußball**

AW3_603

Oberrangbande

Bilder: Sportfive

Sportwerbung: **Fußball**

Bild: Sportfive

Schaltkosten

Die Belegungsdauer von Permanent-Werbung beläuft sich auf mindestens eine Saison und kostet je nach Stadion und Standort der Bande, beispielsweise in der ersten Bundesliga im TV-Schwenkbereich, zwischen € 50.000,– und 240.000,– pro Werbefläche, oder rund € 20.000,– im Off. In der zweiten Bundesliga liegen die Saisonpreise zwischen € 6.500,– und 85.000,–. Bei Sondervermarktungen werden die Banden für einzelne Spiele oder Veranstaltungen belegt und der Preis dafür, je nach Event, individuell verhandelt. Die Berechnung der Drehbanden-Werbung basiert auf dem "On-Screen-Konzept". Das heißt, auf Grundlage der tatsächlichen TV-Einblendezeit und der durchschnittlichen Einschaltquote wird der leistungsorientierte Mediapreis ermittelt.

30 Sekunden eingeblendete Werbung kosten pro 1000 Fernsehzuschauer (ab 14 Jahren) ca. € 1,10.

Anbieter

– *DS Medien* (www.dsmedien.de)
– *Move Sportpromotion* (www.move-sportpromotion.de)
– *Sportfive GmbH* (www.sportfive.de)

_____ Sportwerbung: **Fußball**

■ GetUps

Sogenannte „Cam Carpets" werden direkt neben den Toren auf dem Rasen des Spielfeldes platziert und wirken wie dreidimensionale Aufsteller. Sie lösen als „GetUps" beim Fernsehzuschauer große Aufmerksamkeit aus.

Technik

Die Idee der GetUps beruht auf einem technischen Trick, der eine optische Täuschung beim Betrachter bewirkt.

So funktionieren GetUps
Neben den Torpfosten werden ca. 7 x 5 m große Teppiche ausgelegt. Diese erwecken durch eine computerberechnete Verzerrung den Eindruck „aufzustehen" (engl. to get up) und ergeben ein dreidimensionales Bild z.B. das einer Bande. Die Berechnung erfolgt über die Berücksichtigung des Kamerawinkels der Hauptführungskamera, weshalb der Effekt auch nur über dieses Medium zu sehen ist.

Doch nicht nur eine „Bande" lässt sich durch dieses Verfahren erstellen, der Fantasie sind keine Grenzen gesetzt, sei es die Erstellung dreidimensionaler Schriftzüge, Bilder oder Logos. Die GetUps erreichen dabei eine optische Höhe von ca. 1 m.

Preise / Belegung

Es stehen pro Stadion insgesamt vier GetUps zur Verfügung, zwei auf jeder Torseite des Spielfeldes. Mindestabnahme sind zwei Teppiche je Tor für die Dauer einer Saison. Die Preise für zwei GetUps liegen zwischen € 185.000,– und 350.000,–.

Produktion
Die Produktionskosten für vier „Teppiche" belaufen sich auf ca. € 17.000,–.

Anbieter

– *DS Medien (www.dsmedien.de)*
– *Sportfive GmbH (www.sportfive.de)*

Bild: Sportfive

Sportwerbung: **Fußball**

■ Anzeigetafeln

Die Anzeigetafeln in Fußballstadien sind als Informationsmedien während der Spiele wichtige Werbeträger. Die Werbung wird hier direkt mit dem sportlichen Event in Verbindung gebracht und der Zuschauer im Stadion wendet seinen Blick ganz bewusst vom Spielfeld zur Anzeigetafel, um zu erfahren, wer als nächstes eingewechselt wird oder sich die Wiederholung des gefallenen Tores anzusehen.

Oft sind die Stadien mit mehreren Tafeln ausgestattet, auf denen vor dem Spiel und in der Halbzeitpause Werbespots geschaltet werden können.

Außerdem besteht häufig die Möglichkeit des „Presentings"

Bild: 3M

■ Presenting

Die Übernahme einer sportlichen Partnerschaft auf der Anzeigetafel nennt man Presenting. Dabei wird das Logo oder die Werbebotschaft des Werbetreibenden zusammen mit der Anzeige des Spielstandes, des Spielerwechsels, der Mannschaftsaufstellung oder des gefallenen Tores präsentiert.

Technik

Viele Stadien verfügen über eigene oder angeschlossene Studios und sind bei der Produktion behilflich. Die verwendeten Bild- und Videoformate müssen beim jeweiligen Stadion erfragt werden.

Preise

Die Werbespotpreise werden nach Spieltagen und Nicht-Spieltagen unterschieden und liegen zum Beispiel bei Bayer 04 wie folgt:
An Spieltagen gilt ein Sekundenpreis von € 50,–. Der Spot wird vor dem Spiel und in der Halbzeitpause auf drei Anzeigetafeln (zwei innerhalb und eine außerhalb des Stadions) gezeigt.
An Nicht-Spieltagen gilt eine Mindestbelegung von einem Monat. Ein 30-Sekunden-Spot wird täglich 12 mal auf der Tafel außerhalb des Stadions gezeigt und kostet € 1.850,– pro Monat.
Die Präsentation der Tore von Bayer 04 kostet € 250,– pro Tor, die Präsentation der Mannschaftsaufstellung € 1.200,– je Spiel, die Präsentation der Eckbälle € 700,– pro Spiel.

Anbieter

– *Bayer 04 Leverkusen Fußball GmbH – BayArena (www.bayer04.de)*

■ Stadioncards

Stadioncards sind Werbepostkarten, die mit Hilfe eines Saugnapfes oder eines Klebepunktes (Gluedot) auf der Rückenlehne der Sitze in Fußballstadien befestigt werden. Der Besucher kommt an dieser Werbeform nicht vorbei. Will er sich hinsetzten, muss er die Karte ablösen und sich zwangsläufig mit Ihr Beschäftigen. Dadurch erreichen Stadioncards einen sehr hohen Aufmerksamkeitswert.
Die Karten haben ein Standardformat von 148 x 105 mm, was DIN A6 entspricht.

_____ Sportwerbung: **Fußball**

AW3_605

Bilder: Supercards

Stadioncards

Verein	Stadion	Auflage	Preis/Karte	Preis gesamt
Hertha BSC Berlin	Olympiastadion	25.000	0,36	9.000,–
1. FC Kaiserslautern	Fritz-Walter-Stadion	28.000	0,36	10.080,–
Hamburger SV	AOL Arena	45.500	0,34	15.470,–
Borussia Dortmund	Westfalenstadion	68.000	0,34	23.120,–

Die Preise setzen sich zusammen aus: Produktion (Postkarte, 4/4c, DIN A6, 300 g/m²), Saugnapf/Gluedot, Verteilung

Auflagen in weiteren Stadien

Verein, Stadion	Kartenauflage	Verein, Stadion	Kartenauflage
Armenia Bielefeld, Schüco Arena	14.000	Borussia Mönchengladbach, Stadion am Borussiapark	40.000
Werder Bremen, Weserstadion	30.000	1. FC Nurnberg, Frankenstadion	36.000
VfL Bochum, Ruhrstadion	16.400	FC Schalke 04, Arena auf Schalke	45.000
SC Freiburg, Dreisamstadion	14.000	VfB Stuttgart Gottlieb-Daimler-Stadion	48.000
Hannover 96, AWD-Arena	18.000		
Bayer 04 Leverkusen, BayArena	22.500	VfL Wolfsburg, Volkswagen Arena	20.000

Sonderformate sind möglich, wie Doppelkarten, Leporellos, spezielle Falztechniken oder Formstanzungen. Ebenso sind drucktechnisch alle Möglichkeiten vorhanden: Sonderfarben, Leuchtfarben, Glanzfolien, Aufkleber, oder partiell in Rubbelfarbe. Der Fantasie sind keine Grenzen gesetzt, selbst CD-Taschen sind möglich.

Buchbar sind alle Stadien der Erstliga-Clubs. Geschaltet werden kann bundesweit, regional oder in Kombinationen.

Anbieter

– *supercards ambient media GmbH (www.supercards.de)*

Sportwerbung: **Eishockey**

AW3_606   Bild: Kölnarena

Format

Laut Verbandsvorschriften muss eine Bande zwischen 1,17 m und 1,22 m hoch sein, abzüglich der Kickleiste mit einer Höhe von 15 bis 20 cm. Somit bleibt eine Werbefläche von circa 1 m Höhe. Die Bandenlänge ist variabel und liegt bei 5-6 m. Auch beim Eishockey wird unterschieden zwischen einer Bande im TV-Schwenkbereich (TV-Bande) und außerhalb des Schwenkbereichs. (Regionalbande). Die Regionalbande ist bei gleicher Höhe etwas kürzer und liegt bei 4-5 m Länge.

Plexiglasbande und Fangnetze

Eishockeywerbung bietet ähnliche Möglichkeiten wie die Fußballwerbung: Bandenwerbung, Werbung im und am Stadion oder Werbung am Spieler. Darüber hinaus bietet Eishockeywerbung einige Besonderheiten, wie die Untereiswerbung oder den Videowürfel, die es eben nur im Eishockey gibt.

■ Bandenwerbung

Die Bandenwerbung in Eishockey-Arenen liegt normalerweise in der Verantwortung des Vereins und nicht bei der Arena-Verwaltung. Das bedeutet, die Werbung ist nur bei Eishockey-Spielen zu sehen und wird bei anderen Veranstaltungen überdeckt. Zudem muss die Werbung (wie bei fast allen Sportarten) vom Verband genehmigt werden.

Da die Bandenwerbung über den Verein gebucht wird, kann diese Werbeform in Eishockey-Arenen über die Deutsche Eishockey Betriebsgesellschaft mbH – DEL organisiert werden (www.del.org).

Die Plexiglasbande dient als Schutz der Zuschauer vor dem Puck und läuft, mit Unterbrechung im Bereich der Spielerbänke, um die gesamte Spielfläche herum. Entlang der Querbanden in den Endzonen (hinter dem Tor) muss die Plexiglasbande 1,60 bis 2 m hoch sein. An den Seiten 0,80 bis 1,20 m. Hinter dem Tor muss über der Plexiglasbande ein Fangnetz angebracht werden.
Sowohl auf der Plexiglasbande als auch auf den Fangnetzen kann Werbung angebracht werden. Die Sicht auf das Spielfeld darf dabei nicht behindert werden.

_____ Sportwerbung: **Eishockey**

Die Plexiglasbande kann zusätzlich am unteren Rand auf der gesamten Länge mit einer 25 cm hohen Werbebande versehen werden.

Drehbandenwerbung

Nicht jedes Stadion verfügt über eine Drehbande. In der Kölnarena, in der die Heimspiele der Kölner Haie stattfinden, stehen 13 Rollbanden nebeneinander zur Verfügung.

Technik / Preise

Jede Drehbande hat ein Format von 291 x 60 cm und die Banden sind so im Innenraum platziert, dass sie im Blickfeld von fast allen Zuschauern liegen. Bei der Produktion ist die jeweilige Arena behilflich.

Belegungsdauer ist in der Regel ein Jahr und kostet für diesen Zeitraum € 47.000,– pro 13 Rollbanden. Die Belegung ist nur für die Zeit der Eishockey-Saison möglich und kostet € 15.500,–.

■ Untereiswerbung

Bei der Untereiswerbung wird eine bedruckte Gewebefolie unter das Eis gelegt. Um die Eisfläche kompakter zu machen, werden mehrere Schichten Wasser nacheinander aufgebracht und gefroren. Insgesamt ergibt sich eine Schichthöhe von 3 cm. Innerhalb dieser Schichten wird die Untereiswerbung platziert und eingefroren. Für bessere Sichtbarkeit wird entmineralisiertes Wasser verwendet.

Die Untereiswerbung ist möglich im Bereich der Bullykreise und im Mittelkreis mit einer Sichtfläche von 9 x 9 m, im Hintertorbereich im Format von 15 x 4 m.

■ Innenraumbanner

Innenraumbanner sind großformatige Werbeflächen, die sich über dem Spielfeld oder über den Zuschauerrängen befinden. Sie werden teilweise von der Kamera erfasst.
Formate, Preise und Standorte sind je nach Stadion verschieden.

Technik / Preise

Beispiel Kölnarena

Innenraumbanner je 2 mal im Süden und 2 mal im Norden. Jedes Banner hat ein Format von 3 x 2 m. Werden alle 4 Flächen belegt, erreicht man nahezu das gesamte Veranstaltungspublikum. Bei der Produktion ist der Anbieter behilflich, beziehungsweise können die technischen Voraussetzungen für eine Eigenproduktion erfragt werden. Es sind Einzel- oder Jahresbuchungen möglich. Bei Einzelbuchungen ist mit € 400,– pro Veranstaltung zu rechnen, für Jahresbuchungen gibt es besondere Konditionen die individuell erfragt werden.

■ Videowürfel / Monitore

Eines der aufmerksamkeitsstärksten Medien im Eishockey ist der Videowürfel direkt über der Eisfläche, den es in vielen Arenen der Eishockeyliga gibt.

Im Beispiel der Kölnarena hat er eine Größe von 4 x 18,6 m². Die Bilder des Videowürfels sind mit 180 Monitoren verknüpft, die sich auf allen Ebenen der Arena befinden. Der Würfel und die anderen Moni-

Sportwerbung: **Eishockey**

Bild: Penzkofer

tore strahlen zeitgleich zweimal vor dem Spiel und jeweils einmal in den Drittelpausen Werbung im kompletten Besucherbereich aus.

Technik / Preise

Es werden die gängigen TV-Spotformate angenommen und verarbeitet.
Einzel- oder Paketbuchungen sind möglich und liegen pro Veranstaltung bei € 150,– fix, plus € 18,– pro Sekunde. Eine Paketbuchung wäre zum Beispiel die KEC-Saison mit 30 garantieren Heimspielen für € 14.100,–.

■ Werbung am Spieler

Für Werbung am Spieler kann nahezu die gesamte Schutzausrüstung herangezogen werden. Angefangen vom Helm, über Trikot, Hose, Schuhe, Schienbeinschutz und Handschuhe können Werbeflächen in verschiedenen Formaten gebucht werden. Laut Regelwerk dürfen jedoch maximal 50 % der Fläche mit Werbung bedruckt werden. Häufig sind die Plätze im Rahmen von Sponsoringpaketen längerfristig vergeben.

■ Werbung auf der Eismaschine

Die Eismaschine fährt unmittelbar vor Spielbeginn und jeweils in den Drittelpausen auf das Spielfeld, um die Eisfläche zu glätten. Da sie sich bei diesem Vorgang allein auf dem Eis befindet, wird ihr eine entsprechend große Aufmerksamkeit zuteil.
Allerdings beschränkt sich diese Aufmerksamkeit auf die noch anwesenden Zuschauer. Das Format der möglichen Werbeanbringung richtet sich nach der Größe der Maschine.

■ Sponsoring-Pakete

Häufig werden mehrere der genannten Werbemaßnahmen in Sponsoring-Paketen zusammengefasst und innerhalb eines Komplettpreises angeboten. Für seine Werbeinvestitionen erhält der Sponsor diverse Vergünstigungen wie kostenfreie Logenplätze, zusätzliche Freikarten und anderes mehr.
Hier Beispiele für Sponsoring-Pakete des Deutschen Eishockey Bundes, beziehungsweise für Spiele der Deutschen Eishockey Nationalmannschaft:

– Sponsoringpaket "S"
 € 70.000,– bis 90.000,–
 pro Jahr, Bandenwerbung
 im TV-Bereich, 4 Banden zu
 je 5 m Länge plus zusätzliche
 Vergünstigungen.

– Sponsorpaket "M"
 € 90.000,– bis 140.000,–
 pro Jahr, Teamwerbung auf
 dem Ärmel, unterer Trikotbereich, Helm oder Hose plus
 zusätzl. Vergünstigungen.

– Sponsorenpaket "XL"
 € 200.000,– bis 250.000,–
 pro Jahr, Bandenwerbung
 im TV-Bereich, 4 Banden zu
 je 5 m Länge, Teamwerbung
 auf dem Ärmel, unterer
 Trikotbereich, Helm oder
 Hose, Untereiswerbung im
 Mittelkreis plus zusätzliche
 Vergünstigungen.

Sportwerbung: **Eishockey**

AW3_607

Bild: Kölnarena

Für alle genannten Sponsoringpakete gelten folgende zusätzliche Vergünstigungen:

- Jeder Sponsor erhält den Titel "Offizieller Sponsor / Partner des Deutschen Eishockey-Bundes / der Eishockey-Nationalmannschaft"
- VIP-Karten für einzelne Spiele
- Rabattierung von 30 % bei Zukauf von weiteren Karten
- Logo auf allen Drucksachen des DEB (Plakate, Briefpapier, Anzeigen, Pressemitteilungen)
- Logo auf Sponsorenpylonen des DEB
- Logo bei allen Pressekonferenzen und sonstigen offiziellen Terminen
- Branchenexklusivität

Alle Sponsoringpakete der deutschen Eishockeynationalmannschaft sind, soweit verfügbar, über S.E.M. buchbar.
(www.sem-marketing.de)

Außer den beschriebenen Werbeformen innerhalb der Arena existieren noch diverse Möglichkeiten, *außerhalb* der Arena den Kontakt zur Zielgruppe herzustellen.
Die Möglichkeiten sind von Arena zu Arena unterschiedlich. Um Anhaltspunkte zu geben, werden auf der nächsten Seite Beispiele aus der Kölnarena herangezogen.

Sportwerbung: **Eishockey**

■ Megaprint am Beispiel Parkhaus „Kölnarena"

Hier steht eine beleuchtete kontaktstarke Großwerbefläche zur Verfügung, mit einem Format von 15,0 x 16,5 m (247,50 m²). Die Fläche steht an einer ganztägig stark frequentierten Durchgangsstraße und ist frontal von vier Fahrspuren, die auf die Werbefläche zuführen, einsehbar. Eine ICE-Trasse führt direkt an der Fläche vorbei. Die Produktionskosten belaufen sich auf € 3.500,– inklusive Montage. Mindestbelegung sind 14 Tage, dafür beträgt der Preis € 19.000,–. Pro Monat kostet die Fläche € 24.900,–

■ Spannsegel über den Eingängen der Arena

Insgesamt stehen 4 beleuchtete Flächen mit je 10 x 7 m zur Verfügung, die aufgrund ihrer Größe von weitem sichtbar sind. Die Segel sind zwischen die Trägersäulen der Arena gespannt. Sie sind ebenfalls monatlich oder 14-täglich buchbar. Für die Produktion ist pro Segel mit € 1.500,– zu rechnen. Die Schaltkosten liegen pro Monat und Segel bei € 17.500,– und bei 14 Tage Schaltung bei € 9.800,– pro Segel.

XXL-Spannsegel

Eine Werbefläche im Format 12 x 16 m (192 m²). Die Fläche ist vom Autobahnzubringer zu sehen und bietet frontale Einsehbarkeit von fünf auf die Fläche zuführende Fahrspuren.
Für die Produktion ist pro Segel mit € 3.500,– zu rechnen. Die Schaltkosten liegen pro Monat bei € 23.900,– und bei 14 Tage Schaltung bei € 18.000,– pro Segel.

■ Fahnen

Es können Fahnenplätze im Umfeld der Arena gebucht werden, bei der Kölnarena insgesamt 60 Stück, allein am Haupteingang 9 Stück. Es handelt sich um Hissfahnen in einem Format von 1,2 x 3 m, welche für € 40,– tageweise buchbar sind. Die Produktionskosten liegen bei € 150,– bis 250,– je Fahne und je nach Menge und Anzahl der Farben.

■ Promotions

Promotions und Produkt-Präsentationen sind sinnvoll im Hauptfoyer anzusetzen. In der Umgebung von Bars, Bistros und Merchandisingständen ist die Verweildauer hoch und diese Ebene wird gern als Treffpunkt genutzt.

Bild: Kölnarena

Hier ein Ausschnitt der Möglichkeiten und der Preise:

– Streuartikel-Verteilung im Foyer (inkl. kleinem Stand): € 600,– pro Veranstaltung und Tag

– Streuartikel-Verteilung im Außenbereich der Kölnarena: € 400,– pro Veranstaltung und Tag

– Zeltaufbauten im Außenbereich der Kölnarena bis 50 m²: € 1.300,– pro Veranstaltung und Tag

– Fahrzeugpräsentation innen oder außen: € 450,– pro PKW und Tag

Sportwerbung: **Bergsport**

AW3_608 Bild: Sitour

■ In Bergregionen gibt es verschiedene spezielle Werbeträger, die geeignet sind, sportlich-aktive Zielgruppen zu erreichen, zum Beispiel Skiläufer und Wanderer.

Alle Werbemedien können in Netzen gebucht werden. Die Auswahl der Standorte und die Zusammenstellung der Netze erfolgt individuell auf Anfrage. Die Mindestlaufzeiten betragen zwischen einer Saison und drei Jahren.

Abwicklung

Die Produktion sowie das Anbringen und Entfernen der Werbetafeln werden von den Anbietern übernommen. Es werden lediglich druckfähige Vorlagen benötigt. Auf Wunsch kann der Auftraggeber die Produktion selbst übernehmen.

■ **Panoramatafeln**

Diese Tafeln stehen an Startplätzen in Ski- und Wandergebieten oder in den Zentren der Fremdenverkehrsorte.
Sie dienen der Orientierung und sind Informationsquelle für Wanderer und Skifahrer. Die Tafeln enthalten wichtige Informationen über Wanderwege, Pistenverläufe, Pistenverhältnisse oder Liftverbindungen.

Technik

Die Panoramatafeln sind 250 cm breit und 165 cm hoch. Davon steht eine Fläche von 250 cm in der Breite und 40 cm in der Höhe für Werbung zur Verfügung.

Die Tafeln sind aus Polystyrol oder Hart-PVC und werden im Siebdruck im 18er Raster bedruckt. Sie werden nicht geklebt, sondern in spezielle Klapprahmen aus Aluminium eingeklemmt. Die Plakate sind UV- und witterungsbeständig.

Sportwerbung: **Bergsport**

AW3_609

Bilder: Sitour

Preise

Der Mietpreis beträgt € 1.390,– bis 1.550,– pro Fläche und Jahr. Die Kosten für die Herstellung der Werbetafeln betragen ab € 2.000,– je nach Motiv, Größe und Auflage (zuzüglich Filmkosten).

Anbieter

– sitour-werbe gmbh
  (www.sitour.de)

■ Spezialwerbeflächen, 2/1- und 4/1-Bogen

Die Spezialwerbeflächen im 2/1- und 4/1-Bogen-Format sind an optisch exponierten Standorten an Bergbahnen, Skiliften und in Fremdenverkehrszentren angebracht. An diesen Plätzen kommt es häufig zu Wartezeiten. Dies gewährleistet einen intensiven Kontakt der Zielgruppe mit der Werbebotschaft.

Technik

Die Werbefläche der 2/1-Bogen entspricht dem DIN A0-Hochformat (84 x 119 cm). Die 4/1-Bogen-Fläche ist 168 cm breit und 119 cm hoch.

Es ist empfehlenswert, die Produktion vom Anbieter ausführen zu lassen. Falls eine Eigenproduktion geplant ist, erfragen Sie bitte die genauen Spezifikationen beim Anbieter.

_____ Sportwerbung: **Bergsport**

AW3_610 Bild: Sitour

Preise

Der Mietpreis beträgt bei den 2/1-Bogen € 890,– bis 900,–, bei den 4/1-Bogen € 1.390,– bis 1.550,– pro Fläche und Jahr.

Anbieter

– *sitour-werbe gmbh (www.sitour.de)*

■ Uhren- und Betriebszeitentafeln

Diese Tafeln stehen an besonders wichtigen und stark frequentierten Plätzen, im Kassen- und Informationsbereich von Bergbahnen und Skiliften.
Rechts und links von der Werbefläche befindet sich jeweils ein Feld für die Uhr und für Angaben zu den Betriebszeiten.

Die Größe beträgt 200 x 50 cm, davon stehen 100 x 50 cm für Werbung zur Verfügung.

Preise

Der Mietpreis liegt zwischen € 945,– und 1.050,– pro Fläche und Jahr.

Anbieter

– *sitour-werbe gmbh (www.sitour.de)*

■ Pistenmarkierungstafeln

Diese Tafeln kennzeichnen die Ski-Abfahrtsstrecken. Die Farbe der Tafeln gibt den Schwierigkeitsgrad der Pisten an. *Die Pistenmarkierungstafeln werden ausschließlich in Österreich als komplettes Netz von ca. 40.000 Tafeln angeboten.*

Die Tafeln sind kreisrunde Flächen mit einem Durchmesser von 40 cm. Die Werbefläche beträgt 35 x 10 cm. Die Pistenmarkierungstafeln sind aus Kunststoff, die Werbung wird im Siebdruck aufgedruckt.

Sportwerbung: **Bergsport**

AW3_611

Bilder: Sitour

Preise

Das komplette Netz kostet rund € 511.000,– pro Jahr.

Anbieter

– sitour-werbe gmbh
 (www.sitour.de)

■ Ski- und Snowboard-Ständer / Bänke

Die Ski- und Snowboard-Ständer sind Punkte, die stark frequentiert sind. Sie sind im Kassen-, Informations- und Gastronomiebereich der Bergbahnen zu finden und dienen als Aufbewahrungsorte der Skier oder Snowboards.

Neben den Ski- und Snowboard-Ständern sind Bänke aufgestellt, damit die Skier oder Snowboards besser angeschnallt werden können. Die Plakate werden in Profilrahmen (Spezialklapprahmen aus Aluminium) eingeklemmt. Für Größe und Technik der Werbeflächen siehe Uhren- und Betriebszeitentafeln auf Seite 217. Eine unproblematische Netzkombination ist möglich.
Gesamtgröße der Tafel: 104 x 135 cm, davon Werbefläche: 100 x 50 cm.
Schaltkosten: € 945,– bis 1.050,– pro Fläche und Jahr.

Anbieter

– sitour-werbe gmbh
 (www.sitour.de)

Sportwerbung: **Bergsport**

Bild: Sitour

AW3_612   Bild: Alp Media

■ Sonderpanoramen

Diese Spezialwerbeflächen stehen an Knotenpunkten und belebten Sammelpunkten in den Skigebieten. Sie sind an Orientierungspunkten angebracht. Durch den hohen Informationsgehalt sind Mehrfachkontakte erreichbar.

Auch hier entsprechen Größe, Technik und Preise den Werbeflächen der Uhren- und Betriebszeitentafeln (siehe Seite 217), sowie der Ski- und Snowboard-Ständer.

Anbieter

– sitour-werbe gmbh (www.sitour.de)

■ „Alp Media Poster"

An den Drehkreuzen bei Liftzugängen sind Kartenleseflächen montiert, die den berührungslosen Zutritt zur Liftanlage ermöglichen. Der Wintersportler hält seinen Skipass an diese Lesefläche damit sich das Drehkreuz zum Lift öffnet. Die Lesefläche ist gleichzeitig die Werbefläche. Die Zielgruppe hält also die Liftkarte direkt an die Werbung. Die Flächen sind aus entspiegeltem, kratzfestem HPVC und messen 61,5 x 46 cm.

Preise

Die Mindestlaufzeit beträgt einen Monat und kostet ab € 120,–. Die Standorte sind entweder komplett oder mit jeder zweiten Fläche belegbar.

Anbieter

– Alp Media (www.alpmedia.at)

Sportwerbung: **Bergsport**

■ Sessel- und Schlepplift-Bügel

Sehr gute Werbewirkungen erzielen die Werbeflächen in Schlepp- und Sesselliften. Die Zielpersonen verweilen lange in den Transportmitteln und nutzen Sie mehrmals.

Technik

Die transparenten Kunststoffbehälter für die gedruckten Papiereinlagen sind an den Überkopfbügeln von Sesselliften oder an der Schleppstange bei Schleppliften befestigt. Das Format der Werbeflächen ist 48 x 174 mm, quer in Sesselliften, hoch in Schleppliften.

Preise

Werbeflächen an den Liften können ab einer Saison gebucht werden und kosten bei Vollbelegung pro Saison € 1.090,– bei Schleppliften und € 1.817,– pro Saison bei Sesselliften. Laut Anbieter wird eine Kontaktzahl von ca. 1,3 Mio. Personen je Lift und Saison erreicht.

Anbieter

– *Alp Media*
 (www.alpmedia.at)

Bilder: Alp Media

Sportwerbung: **Bergsport**

AW3_613

■ Sessellifthauben

Auf den Wetterschutzhauben von Sesselliften wird außen eine wetterfeste Folie angebracht. Verlässt der Sessel die Bergstation, klappen die Hauben automatisch nach unten, so dass die Werbung den bergaufwärts fahrenden Personen unübersehbar entgegenkommt. Das Format der Folie beträgt 28 x 60 cm, kann je nach Haube aber variieren.

Preise

Für die Vollbelegung einer Bahn betragen die Schaltkosten pro Saison € 5.900,–, zuzüglich Produktionskosten.

Anbieter

– Alp Media
  (www.alpmedia.at)

■ Gondelwerbung – außen

Seilbahnkabinen oder Standseilbahnen werden mit Window-Graphics Folie beklebt. Die Folie kann entweder Teile oder die komplette Kabine bedecken.

AW3_614   Bilder: Alp Media

Sportwerbung: **Bergsport**

Bild: Alp Media

Preise

Es müssen mindestens 5 Kabinen pro Bahn für 1 Jahr belegt werden, was einer Schaltkostensumme von € 23.620,– entspricht. Günstiger sind Paketbuchungen, wie 10 Kabinen für 2 Jahre zu € 50.000,– zuzüglich der Folien-Herstellungskosten.

Anbieter

– Alp Media (www.alpmedia.at)

■ Gondelwerbung – innen

Zur werblichen Ansprache der Gondelinsassen können Klebeplakate an einem Fenster der Gondelkabine angebracht werden. Die Selbstklebefolien werden von außen, meist im Format 28 x 60 cm, an der Unterkante eines Fensters angebracht.

Preise

Für die Belegung aller Kabinen einer Bahn für eine Saison ist mit € 3.750,– zu rechnen, zuzüglich Herstellungskosten. Mindestlaufzeit ist eine Saison.

Anbieter

– Alp Media (www.alpmedia.at)

Sportwerbung: **Bergsport**

AW3_616 — Bild: Alp Media

■ Stützenwerbung

Hier handelt es sich um Wechselrahmen im Format A2, die an den Stützen von Sesselliften angebracht sind. In die Rahmen werden kratzfeste, entspiegelte HPVC-Platten eingeschoben.

Preise

Mindestlaufzeit ist 1 Jahr. Die Schaltkosten betragen ab € 109,– pro Tafel und Jahr bei Vollbelegung einer Bahn.

Anbieter

– *Alp Media*
 (www.alpmedia.at)

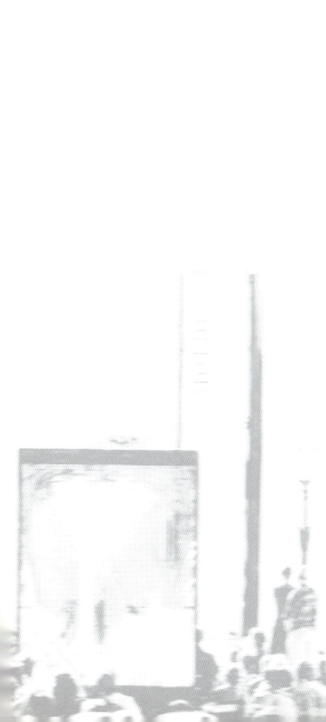

Events

…Fesselballons & Luftschiffe
(siehe auch Kapitel „Luftwerbung")

…Kaltluftdisplays

…Massenstarts

…Laser Show

…Ice Carving

…Wasser & Licht

…Pyrotechnik/Feuerwerk

…Werbung im Weltraum

Events: **Fesselballons & Luftschiffe**

AW3_701 Bild: Air-Media

Bild: Luftwerbung Hochhinaus

Wer das Besondere sucht, etwas Spezielles bieten und überraschen möchte, hat unter freiem Himmel außergewöhnliche Möglichkeiten. Die folgenden Werbeformen sind aufwendiger und kostenintensiver als beispielsweise einfache Plakatierungen, allerdings sind die verschiedenen Werbeformen so außergewöhnlich, dass sie dem Beobachter jahrelang in Erinnerung bleiben und damit auch der Anlass der Veranstaltung.

■ Fesselballons und heliumgefüllte Luftschiffe, letztere werden auch Blimps genannt, sind unbemannte Luftfahrzeuge, die in einer Höhe von 30 bis 50 m schweben und mit Hilfe eines Seils am Boden befestigt sind. Werbebanner oder Werbefahnen werden am Ballon angebracht. Die Ballons werden beispielsweise bei POS-Aktionen, Sport- oder Werbeveranstaltungen als wirkungsvolle Eyecatcher eingesetzt.

Wenn man sich für Luftwerbung entschieden hat, freies Fliegen am Standort aber nicht zugelassen ist, sind Fesselballons die ideale Lösung. Auch hier gibt es originelle Sonderformen, zum Beispiel ferngesteuerte Produktnachbildungen, wie Flaschen oder Getränkedosen, die beim Anbieter erfragt werden können. Deren Einsatzbereich liegt hauptsächlich in Innenräumen. Fesselballons haben eine Lebensdauer von 4 bis 5 Jahren.

Achtung! Auf öffentlichem Grund sind Fesselballons genehmigungspflichtig. Bei der Betreibung dieser Werbeträger werden bestimmten Sicherheitsgarantien verlangt, wie zum Beispiel die ausreichende Verankerung des Ballons oder die Sicherung des Geländes vor dem Zutritt Unbefugter. Wegen der luftrechtlichen Auflagen und der Betreuungsbedürftigkeit durch geschultes Personal empfiehlt sich eher die Anmietung als der Kauf.

Events: **Fesselballons & Luftschiffe**

AW3_702 Bild: Air-Media

AW3_703 Bild: air-promotion

Wie erwähnt sind auch die kleineren, ferngesteuerten Ballons und Luftschiffe interessante werbeträger, die sowohl im Innen- als auch im Außenbereich eingesetzt werden können. Sie erfreuen sich immer größerer Beliebtheit.

Durch ihre Farbenpracht und Verspieltheit sind Ballons Publikumsmagnete wie es nur wenige Werbeträger sind. Ballonwerbung kann durchaus mit Werbung am Boden konkurrieren.

Unbemannte ferngesteuerte Luftschiffe haben eine Länge von 2,5 bis 7 m. Die Miete für den Einsatz beläuft sich auf € 500,– bis 1.500,–. In diesem Preis sind Bereitstellungskosten, Personal und Helium enthalten.

Für die Werbebeschriftung mit einem Banner ist mit weiteren € 150,– bis 400,– zu rechnen.

Die ferngesteuerten Luftschiffe können vielfältig eingesetzt werden, auch ist es möglich, Körbe mit Give-Aways daran zu befestigen und so auf Kunden zuzufliegen. Auch hochauflösende Video- oder Foto-Kameras können daran befestigt werden, die beispielsweise die Filme oder Bilder live auf Leinwände übertragen. Die Kosten für eine mitfliegende Kamera die und technische Ausstattung bis zum Empfangsgerät am Boden variieren je nach Kamera von € 150,– bis 700,– pro Tag.
(Anbieter: Air-Media, www.air-media.de)

Ein optimaler Effekt wird erzielt, wenn man Promotionaktionen und Werbestände mit dem Luftwerbeträger kombiniert.

Technik

Material

Fesselballons und -zeppeline werden hauptsächlich aus PVC oder Nylongewebe hergestellt. PVC ist bedeutend preiswerter als Nylon, allerdings ist es auch weniger reißfest und zudem nicht UV-beständig. PVC ist eher für die nicht-permanente Nutzung geeignet. Nylon hingegen ist nach Luftfahrtnorm PU-beschichtet, sehr hochwertig in Bezug auf Gasdichte, dabei langlebig und formbeständig und somit über Jahre hinweg einsetzbar.

Sie werden mit unbrennbarem, ungiftigem Helium gefüllt und an einem Fixpunkt im Boden verankert. Natürlich können sie auch mit Luft gefüllt werden und als *Kaltluftdisplays* von der Decke hängend präsentiert werden.

Die Ballons können auch mit Drehmotor und Innenbeleuchtung für nächtliche Einsätze ausgerüstet werden. Die Innenbeleuchtung hat eine hohe Leuchtkraft von 1.000 bis 3.000 Watt.

Events: **Fesselballons & Luftschiffe**

Eine Sonderform sind in diesem Bereich die „Leuchtballone" mit einer Leuchtkraft von 4000 bis 8000 Watt. Ein Ballon mit 2 m Durchmesser kann eine Fläche von mehreren tausend Quadratmetern ausleuchten, so dass Veranstaltungen bei Nacht unter guten Lichtbedingungen möglich sind. (Anbieter: Luftwerbung Hochhinaus, www.hochhinaus.de)

Vorlagen

Üblicherweise genügen Reinzeichnungen als Vorlagen. Man muss allerdings besonders darauf achten, dass die verschiedenen Radien in der Folienerstellung berücksichtigt werden.
Bei der Gestaltung eines Ballons ist zu beachten, dass von einem Punkt aus zwar die Hälfte des Ballons sichtbar ist, aber Schriftzüge nur auf einem Drittel des Ballons lesbar sind.

Abwicklung

Die gesamte Abwicklung, inklusive dem Einholen von Genehmigungen, übernimmt der Anbieter.

Formate

Fesselballons sind in verschiedensten Größen und Formaten erhältlich. Die „Zeppeline" haben einen Durchmesser von 4 bis 10 m, die Fesselballons von 1,5 bis 6 m. Die Werbefläche misst 1 bis 9 m². Die Werbebotschaft wird entweder direkt auf den Ballon aufgedruckt oder auf ein Banner, das dann am Ballon angebracht wird. Die Beschriftungsfläche kann je nach Logodesign unterschiedlich groß ausfallen, denn großflächige Logos sind ausschließlich in Bereichen geringer Wölbung sinnvoll möglich. Grundsätzlich können Logos aus mehreren kleinen Elementen großflächiger aufgebracht werden, gerade bei individuellen Formen sollte man sich aber mit dem Anbieter abstimmen. Banner, die unter einem Zeppelin hängend montiert werden, haben bei einem 6 m-Zeppelin ein Format von 3 x 1,5 m.

Preise / Belegung

Die Mietpreise pro Tag für einen Ballon mit 3 m Durchmesser liegen bei € 600,– zuzüglich Werbebanner € 100,– bis 150,–. Als Kaufpreis für einen Fesselballon mit einem Durchmesser von 3,10 m sind rund € 1.000,– anzusetzen inklusive einfacher Beschriftung, für einen „Zeppelin" mit ca. 7 m Länge rund € 2.600,–. Ein beleuchteter Fesselballon kostet mit 4-farbiger Bedruckung etwa € 4.000,–.

TIPP

Luftschiffe und Ballons können so ausgestattet werden, dass sie von innen heraus leuchten. So verliert die Werbung auch bei Dämmerung oder bei Nacht ihre Wirkung nicht.

Anbieter

– *Air-Media*
  (www.air-media.de)
– *Blue Sky Promotion*
  (www.blueskypromotion.de)
– *Ikarus Flugdienst*
  (www.ikarus-flugdienst.de)
– *Luftwerbung Hochhinaus*
  (www.hochhinaus.de)

  weitere Anbieter → siehe CD

Bild: Luftwerbung Hochhinaus

Events: **Fesselballons & Luftschiffe**

AW3_704 Bild: 2high ballooning

■ Bemannte Fesselballons

Der bemannte Fesselballon ist, im Gegensatz zum unbemannten, ein Luftfahrtgerät. Dieser mit umweltfreundlichem Helium gefüllte Ballon trägt weithin sichtbar die Werbebotschaft und ist zusätzlich ein Event-Highlight auf Messen, Sportveranstaltungen oder Festivals.

Unterhalb großer Ballons mit 9 m Durchmesser können maximal 2 Personen in Gleitschirm-Sitztaschen auf bis zu 75 m Höhe aufsteigen, abends in Scheinwerferbeleuchtung immerhin noch bis auf 40 m. Da die Füße keinen festen Stand finden, erfährt man ein bemerkenswertes Erlebnis des freien Schwebens. In der mobilen Plattform (3 x 3 m, Höhe 1,5 m) befinden sich die elektrischen Winden, die den Ballon mit 18 m pro Minute auf- und wieder absteigen lassen.

Bei Großveranstaltungen kann die Werbefläche durch bloßes Anbringen von Werbebannern genutzt werden, die es in unterschiedlichen Größen gibt. Auf Wunsch wird das Präsentieren der Werbebotschaft im Rahmen einer Gesamtdienstleistung mit einem Event verknüpft.

Außer der Anbringung des Werbebanners auf eine fertige Ballonhülle kann der Werbetreibende auch die gesamte Hülle individuell bedrucken lassen. Der Ballonbetreiber führt die vereinbarten Werbeeinsätze im Auftrag durch. Hierbei hängen die Kosten von Auftragsvolumen, Einsatzart und Aufwand ab.

Technik

Formate

Die Maximalfläche für Werbung auf einem bemannten Fesselballon ist 254 m^2. Zusätzlich bestehen Anbringungsmöglichkeiten für Werbebanner ringsum an der Startplattform.

Auf einem Heliumballon mit 9 m Durchmesser kann mit Bannern auf einer Fläche von 65 m^2 geworben werden. Die Größe der Banner ist maximal 27 x 2,50 m. Bei Anschaffung einer eigenen Ballonhülle steht die Gestaltung dem Werbetreibenden völlig frei.

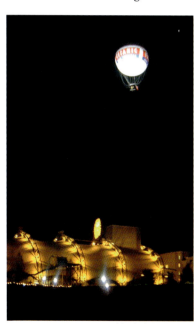

Bild: 2high ballooning

Events: Fesselballons & Luftschiffe

Vorlagen

Als Vorlagen für die Gestaltung der Ballonhülle dienen Reinzeichnungen oder digitale Dokumente auf gängigen Datenträgern.

Abwicklung

Der Anbieter übernimmt nach Vereinbarung die komplette Realisation. Darunter fallen die Startplatzbegutachtung, das Einholen von Genehmigungen, umfangreiche Beratung des Kunden in Konzeption und Strategie, die Versicherung für Passagiere, die Heliumlogistik, die Produktion der Werbemittel, die Beschaffung der Hülle (Herstellungszeit beträgt ungefähr 3 Monate) sowie die Durchführung des Werbeeinsatzes.

Bild: 2high ballooning

Preise / Belegung

Um die vielfältigen Einsatzmöglichkeiten optimal ausnutzen zu können, sind Details mit dem Anbieter individuell abzusprechen.

Schaltkosten

Der Mietpreis im Full-Service mit kostenloser Passagierbeförderung liegt zwischen € 2.000,- und 7.500,- pro Tag. Bei Anschaffung einer eigenen Hülle oder bei Nutzung der Werbefläche ohne Passagierbeförderung wird je nach Auftragsvolumen, Einsatzart und Aufwand ein gesondertes Angebot erstellt.

Produktionskosten

Die Produktionskosten für eine Ballonhülle mit Gestaltung liegen bei € 38.000,-. Für eine Heliumfüllung kommen € 2.500,- dazu. Für Werbebanner aus Ballonseide ist pro m² mit € 35,- bis 70,- zu rechnen – abhängig von Farben und Layout.

Anbieter

- *2high ballooning*
  (www.2high-ballooning.de)

Events: **Kaltluftdisplays**

Bild: Schroeder fire balloons

■ **Standballons**

Diese können individuell figürlich und farblich gestaltet werden. Es gibt von innen beleuchtete Varianten, die die Werbung auch in den Abendstunden oder bei Nacht wirkungsvoll präsentieren.

Die Ballons sind sehr robust und ihre Wetterfestigkeit erlaubt Einsätze bei nahezu jeder Witterung. Die Lebensdauer beträgt etwa 4 bis 5 Jahre. Standballons sind einfach aufzustellen und bedürfen keiner Genehmigung. Man kann sie mieten oder individuell herstellen lassen.

Bei den gemieteten Ballons werden Banner, versehen mit der Werbebotschaft, am Ballon befestigt. Standballons gibt es in sehr unterschiedlichen Größen und Formen. Informationen hierzu müssen bei den Anbietern erfragt werden.

Kaltluftdisplays (die es auch in der Form von „Zeppelinen" oder in Sonderformen wie zum Beispiel überdimensionalen Litfasssäulen gibt) sind mit normaler Luft statt mit Helium gefüllt und können daher nicht fliegen, sondern stehen am Boden verankert und werden auch als *Inflatables* bezeichnet. Es ist möglich, das luftgefüllte Display von einer Hallendecke abzuhängen. Aufgrund ihres geringen Gewichts sind sie für Dachmontagen und mobile Einsätze besonders geeignet.

Technik

Die gesamte Abwicklung übernimmt der Anbieter. Hierfür wird lediglich eine Vorlage (Reinzeichnung) benötigt.

Events: **Kaltluftdisplays**

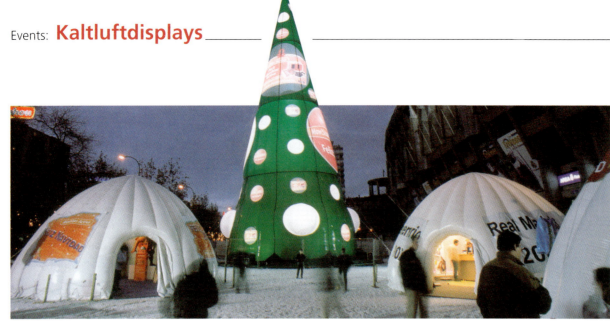

AW3_705　　　　　　　　　　　　　　　　　　　　　　　　　　　　　　　　　　　　　　Bild: Move It Media

DTP-TIPP

Für Standballons oder –displays die mit einem Bildmotiv bedruckt werden sollen, wird eine Auflösung von 300 dpi bei Originalgröße (!) benötigt. Es bietet sich an, die Gestaltung mit Vektorgrafiken umzusetzen – sowohl Texte als auch Grafiken sollten in Pfaden angelegt werden. Nutzen Sie das große, kreative Vektorgrafik-Sammelwerk der creativ collection, denn dort finden Sie perfekt vektorisierte Motive zu jedem Thema. (www.ccvision.de).

Preise / Belegung

Belegung

Die Standballons werden pro Einsatz gemietet. Wegen der relativ hohen Mietkosten empfiehlt sich bei häufigeren Einsätzen ein Kauf statt einer Anmietung.

Schaltkosten

Der Mietpreis für einen Standballon mit 4,3 m Höhe inklusive Werbebanner liegt bei € 200,– pro Tag. Ein beleuchtbarer Ballon mit 7,5 m Höhe und die aufblasbare Litfasssäule mit 12 m Höhe und 3,5 m Durchmesser kosten pro Tag € 600,– zuzüglich Bannerproduktion (ca. 66 m^2, € 1.950,–) Das Promotion-Tor, das vor allem für Sportevents geeignet ist und insgesamt 36 m^2 Platz für Werbebanner bietet, kostet pro Tag ebenfalls € 600,–. Alle Preise zuzüglich An- und Abfahrt.

Anschaffungskosten

Inklusive Werbebeschriftung ca. € 2.500,– bis 5.500,–.

Anbieter

- *Ikarus Flugdienst (www.ikarus-flugdienst.de)*
- *Luftwerbung Hochhinaus (www.hochhinaus.de)*
- *Mayer Luftwerbung (www.luftwerbung.de)*
- *Move It Media (www.moveitmedia.de)*
- *Schröder fire balloons GmbH (www.schroederballon.de)*

weitere Anbieter → siehe CD

Events: **Kaltluftdisplays**

AW3_706   Bild: SkyDancer

AW3_707   Bild: SkyDancer

■ SkyGuys

SkyGuys sind Kaltluftdisplays mit hohen, bewegten Luftsäulen und einer außerordentlich dynamischen Form. Durch ihr schlauchartiges, längliches Design flattern und bewegen sie sich ständig mit dem von unten erzeugten Luftstrom eines Gebläses.

Dies und die Tatsache, dass sie ihre "Arme" in die Luft werfen, hat ihnen auch die Namen "Zappelmänner" oder "SkyDancer" eingebracht. Die beste Wirkung wird erzielt, wenn sie in der Form eines Männchens oder eines länglich darzustellenden Produktes präsentiert werden.

SkyGuys werden über ein geräuscharmes Luftgebläse mit zwei Ventilatoren in Form gehalten. Zusätzlich können die "Luftmänner" mit Beleuchtungseffekten versehen, und damit noch interessanter gemacht werden.

Technik

Format

SkyGuys haben eine Höhe von 1,20 bis 15 m. Der Durchmesser beträgt 30 bis 80 cm. Zum Betrieb wird ein 220 Volt Stromanschluss benötigt.

Material

Die "Luftmänner" werden aus Ballonseide gefertigt, die in verschiedenen Farben erhältlich ist.

Preise

Meist werden die SkyGuys gemietet, und kosten pro Tag zwischen € 150,– und 200,–. Der Preis pro Tag reduziert sich, wenn man sie mehrere Tage hintereinander mietet. Der Kauf eines 11 m hohen SkyGuys liegt inklusive Gebläse bei ca. € 3.000,–.

Anbieter

- *Mayer Luftwerbung*
  (www.luftwerbung.de)
- *SkyDancer! Europe*
  (www.skydancer-europe.de)

weitere Anbieter → siehe CD

Events: **Kaltluftdisplays**

AW3_708   Bild: Move It Media

■ Mega-Air-Poster

Der Vorteil dieser plakattragenden Kaltluftdisplays ist, dass sie auch an eher ungewöhnlichen Standorten wie zum Beispiel auf Dächern aufstellbar und in wenigen Minuten einsatzbereit sind.

Der Plakatträger eignet sich besonders vor Messen, vor Outlets oder zu sonstigen Events. Je nach Standort sollte geklärt werden, ob eine Genehmigung eingeholt werden muss.

Technik

In die aufblasbaren Rahmen können beidseitig vierfarbig bedruckte Planen eingespannt werden.

Format

Es werden verschiedene Standardgrößen angeboten. Das kleinste Mega-Air-Poster hat ein Format von 1,9 x 2,5 m, in das eine Plane mit 1,20 x 1,80 m eingespannt wird. Maximales Format ist 12 x 8 m mit einem Posterformat von ca. 10,2 x 6,3 m.

Preise / Belegung

Die Belegung erfolgt tageweise acht Stunden. Es muß zusätzlich mit Genehmigungsgebühren und eventuellen Standortgebühren gerechnet werden. Beispielsweise kostet die Miete pro Tag zwischen € 480,– und 1.600,– und die Produktion des einzuspannenden Werbeplakates zwischen € 95,– und 2.400,– pro Plakat.
Auch eine beidseitige Belegung des Luftrahmens ist möglich. Dabei verdoppeln sich die Produktionskosten, weil dann zwei Planen eingespannt werden.

Anbieter

- *ikarus Flugdienst GmbH (www.ikarus-flugdienst.de)*
- *Litomobil (www.litomobil.de)*
- *Mayer Luftwerbung (www.luftwerbung.de)*
- *Move It Media (www.moveitmedia.de)*

Events: **Massenstarts**

Bilder: Luftwerbung Hochhinaus

■ Gerade bei der Eröffnung eines Events sind Aktionen gefragt, die bei allen Zuschauern Aufmerksamkeit erregen. Dies wird durch den gleichzeitigen Start von Tausenden, mit Helium gefüllten Luftballons erreicht.

Technik

Der gleichzeitige Start wird durch Netze gewährleistet, unter denen die befüllten Ballons gesammelt und im entscheidenden Moment gelöst werden. Besonders eindrucksvoll ist der Start von Ballons in gleichen Farben z.B. in den CI-Farben – wie hier abgebildet, in den Farben des TSV 1860 München, Blau und Weiß. Für dieses Event im Olympiastadion München wurden rund 36.000 Ballons eingesetzt. Das Befüllen und Sammeln dieser Menge dauerte ca. 5 Stunden mit mehreren Gasflaschen.

Preise

Selbstverständlich ist ein Ballonstart auch in kleineren Mengen faszinierend. Eine Aktion mit 1.000 Ballons kostet beispielsweise € 600,–. Große Veranstaltungen, wie oben beschrieben kosten zwischen € 12.000,– und 14.000,–, abhängig von den Aufbaubedingungen und der verfügbaren Vorlaufzeit.

Anbieter

– *Luftwerbung Hochhinaus (www.hochhinaus.de)*

TIPP

Obwohl die direkte Werbebotschaft nicht sofort ersichtlich ist wie bei anderen Formen der Luftwerbung, sind auch Paraglider eine spektakuläre Art, potenziellen Kunden auf ein Produkt aufmerksam zu machen. Die Zielgruppe wird direkt durch einen Absprung an einen bestimmten Ort erreicht, wie in ein Stadion oder einem ähnlichen Ort, an dem viele Menschen zusammen gekommen sind. Möglichkeiten, Umsetzung und Preise entnehmen Sie bitte dem Kapitel Luftwerbung Seite 192.

Events: **Laser Show**

■ Laserprojektionen gleichen von der Anmutung am ehesten der klassischen Neonreklame. Der entscheidende Unterschied ist jedoch, dass der Laser die sonst statischen Liniengrafiken zum Leben erwecken kann.

Vor allem die hohe Lichtintensität und die gigantischen Projektionsformate bis hin zur Größe mehrerer Fußballfelder machen Laser zu einer besonders interessanten Alternative gegenüber konventionellen Werbemitteln.

Da ein Laser keine Fokussierung benötigt, ist es problemlos möglich, auch auf unebene oder gekrümmte Flächen zu projizieren. Die Projektion auf spezielle Water Screens vermittelt den Eindruck, als schwebe eine Lasergrafik frei in der Luft. Es ist – entgegen aller Gerüchte – nur im Ausnahmefall möglich, Lasergrafiken in den Himmel zu projizieren. Dies geht nur dann, wenn das entsprechende Lasersystem über ausreichend Leistung verfügt und auf eine dicht geschlossene Wolkendecke projizieren kann.

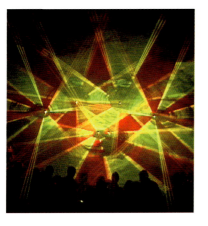

Bilder: Freitag Technologies

Technik

Lasersysteme für den Außeneinsatz werden je nach Bildgröße in Leistungsklassen zwischen 5 bis 50 Watt angeboten. Zur Steuerung der Projektoren stehen auf dem Markt kostengünstige Abspielsysteme (Economy Line-Klasse) oder teurere Echtzeitanimationssysteme (Lacon-Klasse) zur Verfügung. Letztere erlauben neben dem Abspielen vorgefertigter Laseranimationen auch die schnelle und leichte Modifikation der dargestellten Inhalte, sowie die Einbindung stetig aktualisierter Informationen (Temperatur, Datum, Uhrzeit, etc.).

Kann man auf die Darstellung von Inhalten gänzlich verzichten, bietet sich ein in den Nachthimmel gerichteter Laserstrahl als eindrucksvoller Blickfang an, der schon von großer Distanz auf seinen Ursprung hinweist.

Die Anforderungen an Showlasersysteme differieren stark je nach Einsatzort. Am besten lässt man sich von einem Anbieter beraten. Man sollte bei einer Festinstallation unbedingt darauf achten, ein wartungs- und justagefreies System zu erwerben. Zwar kosten diese Systeme mehr, jedoch lässt sich nur so gewährleisten, dass sie zuverlässig und ohne tägliche, personalintensive Rejustage funktioniert.

Eingebaute, mehrfach übergreifende Sicherheitssysteme sollten im Fehlerfall die gesamte Anlage selbsttätig ausschalten, so dass Personen durch unkontrolliert austretende Laserstrahlung nicht zu Schaden kommen können.

Events: **Laser Show**

Bei Dauerinstallationen sind Genehmigungen von der Gemeindeverwaltung einzuholen. Eine Laseranlage muss vor Inbetriebnahme von einem unabhängigen Gutachter auf Strahlensicherheit überprüft werden.

Laserwerbung ist im Preis-Leistungsverhältnis höchst interes-

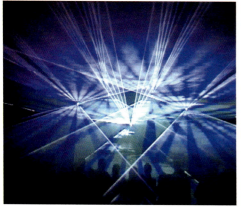

AW3_709 Bild: Freitag Technologies

sant, wenn vom Projektor eine große Fläche bestrahlt werden kann. Dabei spielt es prinzipiell keine Rolle, ob der Untergrund rauh oder glatt, dunkel oder hell, eben oder gekrümmt ist.
Ebenso ist es technisch unerheblich, ob der Einsatz indoor oder outdoor stattfindet. Eine Ausnahme bilden stark spiegelnde Oberflächen. Sie sind zur Laserprojektion ungeeignet.

Format

In Format und Größe stoßen Laserprojektionen kaum an Grenzen. Grafiken und Schriftzüge bis zu einer Ausdehnung von 1.000 m sind bei optimalen Bedingungen und entsprechend leistungsfähigen Lasersystemen problemlos zu erreichen. Moderne Lasersysteme können Grafiken in allen Farben projizieren.

Aufgrund der vektoriellen Bildausgabe ist die Komplexität der darstellbaren Grafiken allerdings begrenzt. Wird ein zu komplexes Bild ausgegeben, äußert sich dies in einem deutlich wahrnehmbaren Flackern der Lasergrafik. Abhilfe schafft hier der Einsatz eines weiteren Laserprojektors.

Für eine optimale Darstellung sollte beachtet werden, dass der Abstand zwischen Laserprojektor und Bild nicht kleiner als die maximale Bildausdehnung ist und die fünffache Bildbreite nicht überschreitet.

Laserstrahlen im Nachthimmel sind bis zu 50 km weit sichtbar. Bezüglich der Wirkung ist dieser Effekt unvergleichlich stärker als die konventionellen Scheinwerfer, die man nachts oft vor Diskotheken oder Hotels sieht.
Prinzipiell ist die Farbe auch hier frei wählbar, allerdings variiert je nach Farbe die Sichtbarkeit des Strahls sehr stark. Am besten sichtbar sind grüne Strahlen, da die Farbrezeptoren der Netzhaut auf Grün am empfindlichsten reagieren.

Preise

Nachfolgend aufgeführte Preise sollen eine grobe Kostenvorstellung vermitteln. Aufgrund der Vielzahl von verschiedenen Einsatzmöglichkeiten und projektbedingten Aufbauvariationen können genaue Preise für Mietservice und Dienstleistungen vom Anbieter nur individuell kalkuliert werden.

Die nötige Hard- und Software und die dazugehörigen Dienstleistungen (Konzepterstellung, Umsetzung, Transport, Auf- und Abbau, Bedienung, Versicherung, Einholen von Genehmigungen) können eventbezogen gemietet werden.

Events: **Laser Show**

Anhaltspunkte für Lasershow-Varianten und -Kosten		
Variante	Aufwand	ca.-Preise
Eye-Catcher (z.B. zur Schaufensterdekoration)	2 Versandtage, 5 Showtage	1.550,–
Beam-Show (z.B. für Techno-Veranstaltungen)	2 Leihtage	6.650,–
Outdoor-Beam (z.B. als weit sichtbarer Anziehungspunkt)	1 Tag Transport, Aufbau, Abbau, 1 Showtag	6.900,–
Display System (z.B. für Werbung auf Messeständen)	7 Leihtage	7.700,–
Lasershow (z.B. zu Firmenjubiläen)	1 Aufbautag, 1 Showtag, 1 Abbautag	20.450,–
Laser-Truck (z.B. für Open-Air-Show)	1 Transport-/Aufbautag, 2 Showtage, 1 Abbau-/Transporttag	42.500,–
Laser-Truck mit Glasfaser ins Gebäudeinnere (z.B. für Eröffnungsveranstaltungen)	1 Transport-/Aufbautag, 2 Showtage, 1 Abbau-/Transporttag	51.000,–
Multimediashow (z.B. zur Produktpräsentation)	2 Aufbautage, 3 Showtage, 1 Abbautag	61.350,–
Multimediaspektakel (z.B. für einen Messestand)	4 Aufbautage, 6 Showtage, 1 Abbautag	202.000,–
Mega Event (z.B. als Großveranstaltung in einem Stadion)	6 Transport-/Aufbautage, 1 Showtag, 4 Abbau-/Transporttage	690.250,–

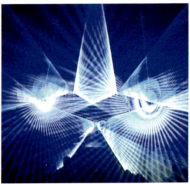

Gestaltung

Da Lasergrafiken nicht flächig sind, sondern aus Linienzügen bestehen, kann Schwarz nicht dargestellt werden – weiterhin richtet sich der Farbraum des Lasers an der additiven Farbmischung (RGB) aus. Als Vorlage zur Erstellung eines Laserclips sollten Outlinezeichnungen von Logos und Grafiken dienen, die zur optimalen Darstellung grafisch auf ein Minimum reduziert worden sind. Da man bei Schrift schnell an die Grenzen der Darstellbarkeit stößt, sollte man sich überlegen, Text in weiten Teilen durch aussagekräftige Grafiken zu ersetzen oder zumindest zu ergänzen.

Es ist in jedem Fall empfehlenswert, sich schon vor der Projektierung eines Vorhabens mit einem ausgewählten Fachunternehmen in Verbindung zu setzen.

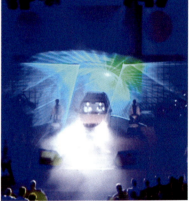

Anbieter

– *Flash Art (www.flashart.com)*
– *Freitag Technologies (www.Showlaser.de)*
– *LOBO electronic GmbH (www.lobo.de)*

weitere Anbieter → siehe CD

AW3_710   Bilder: Freitag Technologies

Events: **Ice Carving**

AW3_711 Bild: Atelier Odermatt

■ Ob es eine zehn Meter hohe Nachbildung des Empire State Buildings, ein Triumphbogen zum Empfang Ihrer Gäste, eine monumentale Eisbar, eine mehr als 20 Tonnen schwere Pyramide, eine überdimensionale Nachbildung Ihres Firmenlogos oder ein progressiv-modern gestaltetes Objekt sein soll – mit Ice Carving ist sehr viel möglich.

Messestandgestaltungen, Objekteinfrierungen, Nachbildung von Produkten oder Objekten aller Art, Logos, Schriftzüge, Gebäude und Personen, Dekorationen auf Großveranstaltungen, Tierskulpturen für gastronomische Zwecke oder Live-Vorführungen der Herstellung von Skulpturen sind beeindruckende Ereignisse. Und: gerade in der Vergänglichkeit des Materials liegt die Unvergesslichkeit.

Preise

Verständlicherweise sind hier keine genauen Preisangaben möglich, da die Kosten für eine individuelle Auftragsdurchführung von vielen Faktoren wie Aufbauort, Größe der Skulptur, usw. abhängen.

Skulpturen innerhalb des Formates 100 x 50 x 25 cm wiegen etwa 80 kg, sind 5 bis 8 Stunden haltbar und kosten je nach Motiv ca. € 260,–. Die Einfrierung eines Gegenstandes liegt bei € 200,–, eine Kombination von Skulptur und Einfrierung ist möglich, muss aber individuell angefragt werden.

Größere Figuren werden zum Teil aus mehreren Eisblöcken gefertigt und kosten beispielsweise im Format 200 x 300 x 50 cm ab € 4.200,–. Entsprechend große Objekte können schnell € 50.000,– kosten – mit einer Vorbestellfrist von 2 bis 3 Monaten.

Hinzu kommen Kosten für Hotel- und Reisekosten der Aufbaumannschaft. Man sollte für solch ein Event sehr früh mit der Planung beginnen und sich vom Anbieter beraten lassen.

Events: **Ice Carving**

Technik

Haltbarkeit

Der Abtauprozess von Eis wird in erster Linie von Temperatur, Luftbewegung und Strahlung (Tageslicht, Kunstlicht) beeinflusst. Für jede Aufgabenstellung wird nach vorhergehender Begutachtung des Aufbauplatzes ein sicheres Konzept erarbeitet, das gewährleistet, dass das Objekt für die gewünschte Zeitspanne perfekt aussieht. Dies geschieht durch Austauschen des Objekts in Zeitintervallen oder durch den Aufbau einer Eisplastik, die die notwendige Lebensdauer durch eine entsprechende Größe garantiert. Masse ist für Eis gleich Lebensdauer.
Alle notwendigen Unterkonstruktionsbauten (Schmelzwasserablauf, Stabilisatoren, etc.) werden vom Anbieter gestellt und mitgeliefert.

Statik / Beleuchtung

Große Eisbaupläne werden durch ein Statikbüro geprüft und mit den notwendigen Sicherheitsdokumenten ausgestattet. Die Beleuchtung von Eisobjekten jeder Art sollte im Optimalfall immer durch Unterwasserstrahler, die in die Unterkonstruktion integriert werden können, erfolgen. Licht, das von außen auf das Eis gebracht

AW3_712 Bild: Atelier Odermatt

wird, hat je nach Intensität, eine zersetzende Wirkung auf Klareisbauwerke.

Voraussetzungen

Bei Außentemperaturen von von über null Grad muss, je nach Bauhöhe, ein genügend großer Sicherheitsabstand um die Figuren gewährleistet sein. Das Gewicht der Skulpturen kann mehrere Tonnen betragen, das heißt, die Aufbaustelle muss dafür geeignet und für den Transport auf Paletten zugänglich sein. Die Umgebung sollte nicht wasserempfindlich sein und es sollte die Möglichkeit bestehen, das Wasser abfließen zu lassen (je nach Figur fließen nach und nach mehr als 1.000 l Wasser ab).

Anbieter

– *Atelier Odermatt (www.eisskulpturen.ch)*
– *Funk International Ice Carving GmbH (www.ice-art.com)*
– *ICEART Gert J. Hödl (www.ice-and-art.com)*

Bild: Move It Media

Events: **Wasser & Licht**

AW3_713   Bild: Flash Art

■ Feuer und Wasser, imposante Fontänen und Feuerwerke, kombiniert mit Bildern auf Wasserschildern, perfekt in Szene gesetzt mit passender Musik. Dazu werden Spezialisten gebraucht die eine spektakuläre Inszenierung bis in Detail planen und durchführen. Die Kosten solch großer Aktionen sind leider nicht an Beispielen darzustellen, jedes Event muss nach den jeweiligen Anforderungen und Voraussetzungen geplant werden. Hier einige Möglichkeiten, die sowohl einzeln als auch zusammen mit anderen Techniken eingesetzt werden können:

■ **Waterscreens**

Eine Projektionsfläche mit besonderem Effekt lässt sich mit Wasser erzeugen.
Die sogenannten Waterscreens oder Wasservorhänge sind eine Möglichkeit, jedes beliebige Bild auf eine „unbegreifliche" Oberfläche zu projizieren, indoor und outdoor.

Bilder: Freitag Technologies

Events: **Wasser & Licht**

Technik

Ein Wasservorhang besteht aus einem Pumpen- und Schlauchsystem, einem Wasserverteiler und einem Auffangbecken. Standardbreite der Verteiler sind 3 oder 6 m, die in maximal 20 m Abstand über dem Auffangbecken montiert werden können. Das Wasser wird in den Verteiler gepumpt und bildet durch den freien Fall einen gleichmäßigen, rechteckigen Wasservorhang.

Durch aneinanderreihen mehrerer Verteiler sind nahezu beliebig breite Waterscreens möglich. Mit Projektoren, Laseranlagen oder Beamern werden dann die Bilder auf die Wasserwand geworfen.

Preise

Die Mietkosten der 3 m breiten Variante liegen für 5 Show-Tage bei € 12.900,–, inklusive Transport, Auf- und Abbau. Ein 6 m breiter Wasservorhang kostet für einen Tag ca. € 6.700,–

Anbieter

– *Freitag Technologies (www.Showlaser.de)*
– *Flash Art (www.flashart.com)*

■ Watershields

Ein Wasserschild ist hauptsächlich für den Außeneinsatz gedacht, da es ein recht großes Wasserbecken wie einen Teich, See oder Fluß benötigt. Die Örtlichkeiten sollten in jedem Fall mit dem Anbieter abgestimmt werden.

Bilder: Freitag Technologies

Im Gegensatz zum Wasservorhang braucht man jedoch keine Hängepunkte oberhalb der Wasserfläche.

Technik

Das Watershield besteht nur aus dem Pumpensystem und dem eigentlichen Schild. Es erzeugt einen halbkreisförmigen Wasserschwall, der aus dem Wasser empor steigt. Erzeugbare Formate reichen von 20 x 10 m bis zu 90 x 40 m.

Preise

Ein exaktes Kostenangebot kann erst durch eine konkrete Anfrage erstellt werden. Als Anhaltspunkt kann € 9.600,– für ein 20 x 10 m Schild und € 23.800,– für ein 60 x 25 m Watershield für einen Show-Tag, inklusive Transport, Auf- und Abbau genannt werden.

Anbieter

– *Freitag Technologies (www.Showlaser.de)*
– *Flash Art (www.flashart.com)*

Events: **Pyrotechnik / Feuerwerk**

Bild: Flash Art

■ Pyrotechnik kann zu den verschiedensten Anlässen und in unterschiedlichen Ausprägungen zum Einsatz kommen. Firmenjubiläen, Promotion oder werbebegleitende Maßnahmen, saisonale Feierlichkeiten oder Events. Schon bei Indoorfeuerwerken gibt es zahllose Möglichkeiten, eine Veranstaltung zum unvergesslichen Erlebnis zu machen, mit brennenden Kronleuchtern, waagerecht fliegenden Raketen, Feuerpendeln, laufenden Flammen, Wasserfällen, Flammensäulen und vielem mehr. Unter freiem Himmel werden stilistisch verschiedene Varianten angeboten die auch kombiniert werden können:

Bodenfeuerwerke verzichten zwar auf "fliegende" Effekte, machen aber ein fast hautnahes Erleben möglich.

Barockfeuerwerke und Illuminationen historischer Gebäude können fast lautlos ablaufen und sind somit sehr gut als Hintergrund für musikalische Veranstaltungen geeignet (Sonnenräder, brennende Springbrunnen, Fontänen, Vulkane...).

Brillant-/Höhenfeuerwerke sind kilometerweit sichtbar und die wohl bekannteste Form der Pyrotechnik.

Absolute Perfektion lässt sich mit einem **Musikfeuerwerk** darstellen. Hier wird das Feuerwerk taktgenau nach Musik abgeschossen und die Musikstimmung mit verschiedensten Feuerbildern verstärkt.

Auch Produktpräsentationen lassen sich durch Pyrotechnik zum Event machen, in dem sie Produkte spektakulär in Szene setzt, zum Beispiel durch **brennende Logos oder Schriftzüge** im Rahmen einer Gala.

Bild: Flash Art

Events: **Pyrotechnik / Feuerwerk**

Technik

Feuerwerke und andere Pyrotechniken sollten grundsätzlich nur von spezialisierten Firmen durchgeführt werden. Diese stellen das ausgebildete Fachpersonal und das Equipment bereit, kümmern sich um den Abschluss notwendiger Versicherungen, die Einholung aller Genehmigungen und sorgen für einen reibungslosen Ablauf (Installation und Abschuss). Sie stehen schon bei der Planung beratend zur Seite oder bieten bereits „fertige" Lösungsvorschläge/Feuerwerke an.

Preise

Folgende Preise sind Beispiele, je nach Aufwand können die tatsächlichen Kosten sehr davon abweichen. Ein individuelles Angebot ist, vor allem bei Indoor-Events, in jedem Fall empfehlenswert. Höhenfeuerwerke werden ab € 980,– angeboten, Barockfeuerwerke ab € 695,–. Eine größere Feuershow kostet um € 1.200,–, nach oben gibt es nahezu keine Grenzen.

Anbieter

- *Flash Art
  (www.flashart.com)*
- *Millennium VisionsGmbH
  (www.millennium-visions.de)*
- *Ostsee-Pyrotechnik
  (www.ostsee-pyrotechnik.de)*
- *PYRO-ART Feuerwerke GmbH
  (www.pyroart.de)*

Adressen → siehe CD

AW3_714

AW3_715

Bilder: Flash Art

Events: **Werbung im Weltraum**

■ Einen Werbefilm im Weltraum, zum Beispiel in der Internationalen Raumstation ISS drehen? Neben staatlichen Forschungszentren und kommerziellen Nutzern für industrielle Forschung sind Raumfahrtsysteme auch der Werbe- und Kommunikationsbranche zugänglich. Vom Product-Placement in einer Raumstation bis zum Raketen-Branding sind viele Raumfahrtprojekte möglich. Die unterschiedlichsten Gegenstände und Werbematerialien können auf bemannten und unbemannten europäischen und russischen Weltraummissionen mitfliegen. Unbemannte Flüge zur Raumstation durch Versorgungskapseln finden alle 2 bis 3 Monate statt, bemannte Flüge alle 6 Monate.

Artikel, die auf die Internationale Raumstation gebracht werden sollen, müssen zunächst eine Zertifizierung in einem harten Qualitätstest erreichen. Im Anschluss an einen Flug wird diesen Produkten dann die Auszeichnung „spaceproofed" durch die europäische oder russische Raumfahrtagentur verliehen.

Die Internationale Raumstation ISS ist für vielfältige Werbemaßnahmen geeignet. Das Spektrum umfasst beispielsweise auch das Sponsoring von Grundlagenforschung und Schulprojekten. Für Produkte die von der Crew an Bord im Rahmen ihrer täglichen Arbeit verwendet werden, bietet sich das Product-Placement an. Auch die Produktion von Werbespots auf der Raumstation unter Demonstration der Schwerelosigkeit oder eine Live-Übertragung von der Raumstation direkt auf die Erde zum Beispiel in Fernsehsendungen, können durchgeführt werden.

Sinnvoll sind derartige Aktionen nur in Verbindung mit anderen Werbeformen. Erst umfassende PR-Aktivitäten und die Integration des Space-Marketing in weitere Kommunikationsformen schöpft die volle Aufmerksamkeit der Zielgruppen aus.

Bei Interesse ist eine rechtzeitige Kontaktaufnahme mit den Anbietern ist zu empfehlen. Bei einem Kostenrahmen von über 1 Mio. Euro, beispielsweise beim Raketen-Branding, ist exakte Vorplanung unerlässlich.

Anbieter

– *Z New Media*
  (www.z-newmedia.de)

  Adresse → siehe CD

Bild: Z New Media

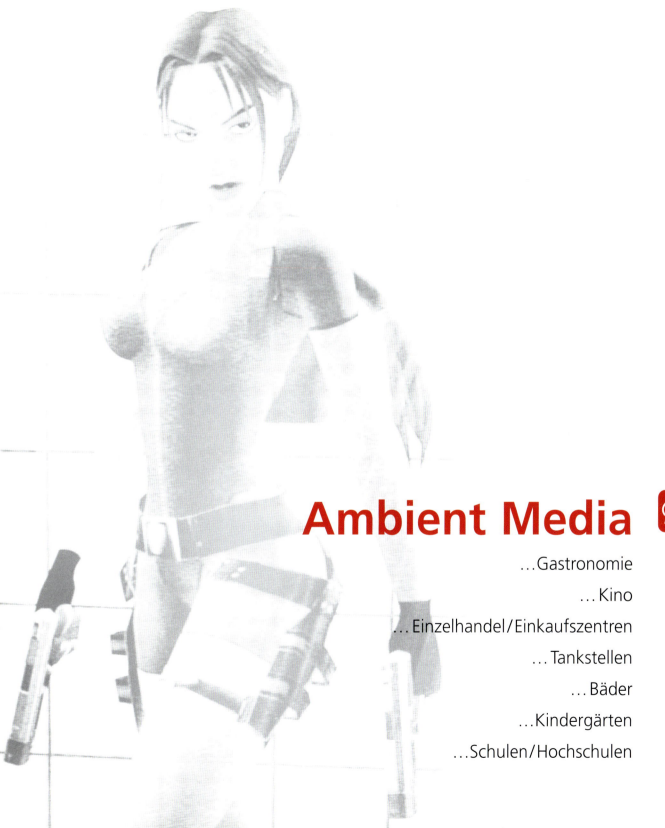

Ambient Media

…Gastronomie
…Kino
…Einzelhandel/Einkaufszentren
…Tankstellen
…Bäder
…Kindergärten
…Schulen/Hochschulen

Ambient Media: **Gastronomie**

■ Sie sind außergewöhnlich, frequenzstark und fangen dort an, wo die klassische Werbung aufhört. Gemeint sind sogenannte Ambient Medien, eine innovative Werbeform, die die Zielgruppe in ihrem natürlichen „Ambiente" zu erreichen versucht. Einige Anbieter haben sich auf bestimmte Zielgruppen wie zum Beispiel Jugendliche spezialisiert, andere auf spezielle Örtlichkeiten (Gastronomie, Kino), wieder andere auf besondere Werbeträger. Oft ist eine genaue Zielgruppenselektion möglich, wodurch wesentlich effizienter geworben werden kann, als es bei klassischen Medien möglich ist.

Bild: Novum

TIPP

Bei der Produktion der Karten sind auch Sonderformen mit Stanzungen, Prägungen, flureszierenden Bestandteilen, Duft- und Rubbelkarten möglich.

Anbieter

– *Novum*
  (www.novum4u.de)
– *Edgar Medien*
  (www.edgar.de)
– *Blanda Promotions, München*
  (www.blanda-promotions.de)

■ FreeCards

Kostenlose DIN A6 Postkarten mit Werbung oder Motiven aus Kunst und Kultur sind ein sehr beliebtes Mitnahmeobjekt in Restaurants, Bars, Cafés, Clubs und Diskotheken. Je nach Anbieter stehen bis zu 6.000 Outlets in über 100 Städten zur Verfügung. In jedem Outlet ist meist ein Display mit je 10 bis 20 Sorten Postkarten aufgestellt. Die Anbieter übernehmen den Druck und die wöchentliche bzw. 14-tägliche Verteilung der Karten.

Preise / Belegung

Mindestbelegung sind 1 bzw. 2 Wochen bei 6.000 Karten pro Motiv, je nach Anbieter. Die Anzahl der Outlets ist frei selektierbar, aber auch regionale, nationale oder Belegungen nach Nielsen-Gebieten sind möglich. Inklusive Produktion und Verteilung kostet eine nationale Kampagne über eine Woche bei Belegung aller 6.000 Outlets (das entspricht ca. 300.000 Karten) € 27.000,–. Eine Kampagne mit nur 25.000 Karten kostet beispielsweise € 2.900,–.

Bild: Blanda Promotions

Ambient Media: **Gastronomie**

■ TrendLights

TrendLights sind hinterleuchtete DIN A0 Konvex-Rahmen mit einer mattschwarzen Bildbegrenzung, die an exponierten Stellen in der Gastronomie hängen. Die Buchung erfolgt Netzweise mindestens 14 Tage. Insgesamt sind 800 Vitrinen bundesweit buchbar.

Die Plakate für die Vitrinen sollten ein Papiergewicht von 115 bis 200 g/m^2 haben und technisch den Druckfarben und Druckvorgaben den CityLight-Plakaten entsprechen (siehe Seite 40).

Der Preis pro Fläche beträgt € 4,90 zuzüglich Produktionskosten.

Anbieter

- *Sit & Watch (www.sit-watch.de)*
- *Moplak Medienservice (www.moplak.de)*
- *Lokus Pokus (www.lokuspokus.de)*

TIPP

Plakate in Diskotheken: Bei diesem Medium handelt es sich um 4/1 Bogen, die in Wechselrahmen aus Aluminium gehängt werden. Wenn man sich auf die Zielgruppe der 18 bis 30-Jährigen konzentriert, ist die Diskothekenwerbung eine gute Möglichkeit, auf sich aufmerksam zu machen. In insgesamt 24 Städten kann diese Werbung in den verschiedensten Locations platziert werden. Der Preis beträgt für eine Buchung pro Dekade € 84,50 pro Fläche.

AW3_801　　　　　　　　　　　　　　　　　　　　　　　　　　Bild: Sit & Watch

Ambient Media: **Gastronomie**

Bild: Look!

_____ Ambient Media: **Gastronomie**

■ Bierdeckel-Sampling

Getränkeuntersetzer sind je nach Produktionsart in den unterschiedlichsten Formen und Farben herstellbar. Die Verteilung erfolgt auf Wunsch regional oder bundesweit in Gastronomien oder Fitnessstudios. Die Bierdeckel erreichen eine sehr hohe Kontaktzahl und können in Verbindung mit Gewinnspielen oder Promotionaktionen effektiv eingesetzt werden.

Bierdeckel-Sampling Preisbeispiel	Auflage je Stadt	
	2 Wochen	4 Wochen
Stückpreis	€ 0,141	€ 0,102
Berlin, Hamburg, oder München	60.000	120.000
Düsseldorf, Frankfurt/Main, oder Köln	25.000	50.000
Dresden	15.000	30.000

Die Firma Amber Media bietet beispielsweise Bierdeckel mit dem Namen „amber STAR" an. Diese können in bis zu 1.495 Outlets in 52 Städten deutschlandweit verteilt werden. Die Outlets werden durch wöchentliche Besuche und umfassende Dokumentationen kontrolliert.

Preise

Eine bundesweite Belegung des Gesamtnetzes für 2 Wochen ist ab € 74.000,– möglich. Das Berlin Special ist in 250 Outlets im Berliner Kerngebiet mit einer Auflage von 250.000 Untersetzern für € 28.900,– zu buchen.
Die Online-Druckerei „Printshop24.de" bietet den Druck der Bierdeckel ab einer Auflage von 300 Stück für € 79,– an.

Anbieter

– *amber media GmbH*
  (www.ambermedia.de)
– *AWK Aussenwerbung*
  (www.awk.com)
– *Look!*
  (www.lookads.de)

Druckerei für Bierdeckel:

– *AMDRE*
  Visuelle Werbe-Handels-GmbH
  (www.printshop24.de)

■ Zigarettenautomaten

Zigarettenautomaten können mit DIN A3 Plakatträgern bestückt werden. Es handelt sich dabei um ein Alu-Rahmen-System, in das die Plakate gesteckt werden. Die Automaten befinden sich nur im Innenbereich, hauptsächlich in Schank- und Eingangsbereichen. Zur Zeit stehen ca. 100.000 Flächen im Format DIN A3 zur Verfügung.

Preise / Belegung

Die Mindestbelegung liegt bei 14 Tagen und mindestens 100 Flächen je Stadt. Buchungsschluss ist 30 Tage vor Belegungsbeginn. Der Preis beträgt € 2,60 pro Fläche und Tag, pro Dekade € 36,40. Der Preis beinhaltet die Anbringung und Entfernung der Plakate.

Anbieter

– *Z New Media*
  (www.z-newmedia.de)

Ambient Media: **Gastronomie**

AW3_802 Bild: Novum 4 U

■ Sampling

Es gibt sehr viele verschiedene Möglichkeiten für Sampling-Aktivitäten: Warenmuster, Bonbons, Kondome, Bierdeckel, Streichholzschachteln oder Leseproben lassen sich gut sichtbar zum Beispiel auf Theken stellen. Optimal präsentiert man seine Samples (kostenlose Verteilgüter) in einem individuell gestalteten Thekendispenser. Die Distribution der Samples erfolgt in ausgewählten Cafés, Bars, Restaurants, Pubs und Szenecafés. Die Dispenser werden in den Outlets hauptsächlich auf Tischen, Theken oder Zigarettenautomaten werbewirksam präsentiert.

Anbieter

– Novum
  (www.novum4u.de)

Sampling	
Outlets	Preise je Outlet
ab 250	10,25
ab 500	9,45
ab 1.000	8,45
ab 2.000	7,40
ab 3.000	6,90
ab 4.000	6,15

■ Servietten

Werbeservietten können zum Beispiel in Gastronomien, Hotels, Betriebscasinos, Krankenhäusern, Mensen an Fachschulen und Universitäten, Cafés, Restaurants, Bars, auf Volksfesten, Weihnachtsmärkten, und anderen Locations ausgelegt werden.

Das Standard-Format einer Serviette beträgt 33 x 33 cm, es können jedoch auch andere Formate wie 25 x 25 cm oder 40 x 40 cm oder Sonderformate angeboten werden.

Werbeservietten eignen sich gut zur Kombination mit anderen Gastro-Medien.

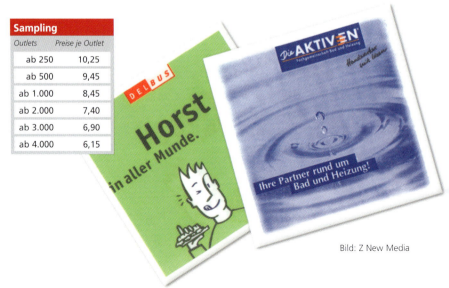

Bild: Z New Media

Ambient Media: **Gastronomie**

Belegung

Die Buchungen sind einzeln, regional, nach Nielsen, bundesweit und bereits ab einer Auflage von 500 Stück möglich. Die Termine für die Lieferzeiten sind je nach Art und Umfang sowie Auflagenhöhe unterschiedlich, deshalb sollten die Unterlagen mindestens 6 Wochen ab Druckfreigabe angeliefert werden.

Preise

Die Preise liegen bei 100.000 Stück ab € 23,10 per tausend und bei 500.000 ab ca. € 18,–. Die Kosten beinhalten Verpackung und Verteilung. Die Druckvorkosten und Klischeekosten sind nicht enthalten.

Anbieter

– *Ambient Media*
  (www.ambient-media.de)
– *Z New Media*
  (www.z-newmedia.de)

■ Sanitärwerbung

Auf den stillen Örtchen der Gastronomie werden direkt in Augenhöhe Aluminium-Wechselrahmen platziert, bei Damen in Augenhöhe an der Kabinentür gegenüber den Toilettensitzen. Teilweise kann auch der Waschbeckenbereich ausgestattet werden.

Die Werbung ist in den Toiletten konkurrenzlos. In einer durchschnittlichen Betrachtungszeit von 54 ungestörten Sekunden hat die Werbung die Möglichkeit zu wirken. Bundesweit gibt es zur Zeit bereits ca. 11.000 Stellen in Cafés, Kneipen, Kinos, Diskotheken, Schwimmbädern, Fitnesscentern, Kinos, Flughäfen und Hochschulen.
Durch spezifische Belegung in ganz bestimmten Lokalitäten lassen sich Zielgruppen direkt und fast ohne Streuverlust erreichen – bei durchschnittlich 100 Kontakten täglich.

Zu den Zielgruppen gehört in der Regel ein konsumfreudiges Publikum im Alter von 18 bis 40 Jahren. Die mögliche Trennung nach Geschlechtern ist ideal für Werbetreibende, die nur eine der beiden Zielgruppen erreichen wollen.

AW3_803   Bild: Look!

Ambient Media: **Gastronomie**

Die Wechselrahmen haben das Format DIN A3 (29,7 x 42 cm), das Sichtmaß beträgt 28,4 x 41 cm. Für die Poster sollte 135 bis 200 g/m² schweres Papier verwendet werden.

Preise / Belegung

Schaltkosten

Die Werbeflächen werden in festgelegten Perioden à 14 Tage gebucht oder dekadenweise in Form von Netzen belegt. Die Mindestschaltdauer beträgt somit 14 Tage; bei Netzen kann es eine Mindestmenge von 50 Flächen pro Stadt geben. Standorte können nach „Damen" und „Herren" selektiert werden. Es können einmalige Anbringungs- und Entfernungskosten von € 1,53 pro Werbefläche anfallen. Die Plakate sollten 14 Tage vor Aushang beim Anbieter angeliefert werden.

Der Durchschnittspreis der aufgeführten Anbieter beträgt € 1,10 pro Tag und Fläche zuzüglich Produktionskosten.

Die Firma Look! bietet auch Werbung in mobilen Toilettenboxen an.

Anbieter

- *Ambient Media Marketing* (www.ambient-media.de)
- *Acquiro* (www.acquiro.de)
- *Cassidy Laib* (www.indoor-medien.com)
- *Lokus Pokus* (www.lokuspokus.de)
- *Look!* (www.lookads.de)
- *Sit & Watch* (www.sit-watch.de)
- *THT* (www.tht-werbeflaechen.de)

Bild: Sit&Watch

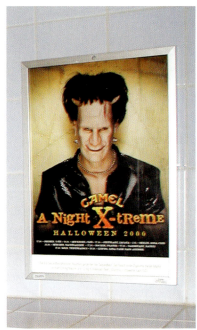

Bild: Look!

Ambient Media: **Gastronomie**

■ Food-Verpackungen

Geworben wird auf den Deckeln von Essensverpackungen von italienischen Feinschmeckerläden, chinesischen, griechischen und amerikanischen Restaurants, sowie der gesamten Palette der Fast-Food-Restaurationsbetriebe. In Deutschland stehen ungefähr 50.000 Restaurants als Abnehmer der Verpackungen zur Verfügung.

Format
Die Verpackungen haben ein Format von 20,5 x 14 cm und bestehen aus Hartpappe mit Folienüberzug (ca. 300 g/m^2). Sie werden vierfarbig bedruckt.

Buchung
Die Buchung ist ab 6 Wochen möglich und erfolgt jeweils im 2-Monatsrhythmus, Buchungsschluss ist sechs bis acht Wochen vor der Veröffentlichung. Die Mindestbelegung der Verpackungen beträgt 100.000 Stück, ein bundesweiter Auftritt ist ab einer Auflage von 500.000 Exemplaren möglich.

Preis
Bei einer Auflage von 100.000 Stück und einer 6 wöchigen Belegung beinhaltet der Preis von € 11.800,– den Druck und die Distribution.

Anbieter

– Z New Media
  (www.z-newmedia.de)
– AWK Aussenwerbung
  (www.awk.com)

Bild: Z New Media

■ Pizzakartons

Pizzakartons werden im Offsetverfahren mit Werbung bedruckt und kostenlos an Pizzerien im gesamten Bundesgebiet verteilt. Dort werden sie direkt an den Konsumenten gebracht. Der Pizzakarton wird aus hochwertiger E-Welle hergestellt, 4-farbig bedruckt und mit einer schützenden Lackschicht versehen. Neben dem Pizzakartondeckel kann die gesamte Außenfläche einschließ-

Ambient Media: **Gastronomie**

AW3_805   Bilder: Z New Media

Fruit-Advertising

Äpfel – als Naturprodukte – sind ein besonders aufmerksamkeitsstarker Werbeträger für Events, Promotions und Mailingaktionen. Da die Äpfel schon im Sommer, wenn sie noch grün sind, als Werbeträger vorbereitet werden, sollte die Bestellung bis spätestens Mitte/Ende Juni beim Anbieter eingehen. Frühzeitige Bestellung sichert die besten Äpfel.

lich der Unterseite bedruckt werden. Die Pizzakartons sind quadratisch und in vier Größen erhältlich: 26 x 26 x 3,5 cm, 28 x 28 x 4 cm, 30 x 30 x 4 cm und 32 x 32 x 4 cm.

Pizzakartons Preisbeispiel	
Auflage lokal	Stückpreise inkl. Produktion/Distribution
ab 50.000	0,42
ab 100.000	0,39
Auflage regional/national	
ab 250.000	0,37
ab 500.000	0,35
ab 1.000.000	0,33
ab 5.000.000	0,30

Preise / Belegung

Die Mindestbuchung liegt bei 2 Wochen und 25.000 Pizzakartons. Es ist eine Belegung bis zu einer Stückzahl von 2 Mio. in 4 Wochen möglich. Der Termin für die Abgabe der Druckunterlagen sollte vier Wochen vor Belegungsbeginn erfolgen, kürzere Produktionszeiten auf Anfrage beim Anbieter.

Anbieter

– *Z New Media*
  (www.z-newmedia.de)
– *Pizzboxx GmbH*
  (www.pizzboxx.de)

Format / Technik

Mittels einer Schablone, die auf den Apfel aufgebracht wird wenn er noch grün ist, wächst die Werbung auf natürliche Weise. Was durch die Schablone bedeckt war bleibt grün, alles andere wird rot. Das Logo auf dem Apfel sollte nicht größer als 6 x 3 cm sein. Die Äpfel halten bei kühler Lagerung von 3 bis 7°C ca. 2-3 Wochen. Die Ware sollte stets frostfrei gelagert werden. Bei Aktionen über mehrere Wochen empfiehlt sich, wegen der Frische Teillieferungen mit dem Anbieter zu vereinbaren. Bei rechtzeitiger Absprache ist eine Lagerung bis zum nächsten Frühjahr in Speziallagerräumen kostenlos.

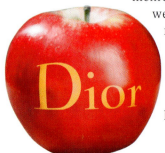

Bild: Novum

Ambient Media: **Gastronomie** ───────────────── Ambient Media: **Kino**

Apfelwerbung	
Abnahme	ca. Stückpreise
500	1,50 bis 2,50
10.000	0,74 bis 1,25
100.000	0,66 bis 0,74

Preise

Die Vorkosten für die Schablonenherstellung sind im Preis enthalten. Da es sich um eine „natürliche Maßanfertigung" handelt, berechnen die Anbieter Anzahlungen auf die Auftragssumme. Der Preis versteht sich zuzüglich Transport und die Mindestauflage beträgt 500 Stück. Auch der sachgerechte Versand an die Einsatzorte kann von den Anbietern übernommen werden.

Es gibt verschiedenes Zubehör, das bei der Apfelwerbung eingesetzt werden kann. Zum Beispiel Papier-Blätter, die am Stiel des Apfels befestigt werden, bieten eine zusätzliche Möglichkeit für Werbeaussagen. Gedruckt werden diese Blätter in Euroskala. Bei einem 1-farbigen Druck und einer Auflage von 5.000 Blättern kostet ein Blatt € 0,40. Für jede weitere Farbe werden nochmals € 0,05 berechnet. In diesem Preisbeispiel ist die Anbringung der Blätter inklusive.

TIPP

Hat man den Endtermin zur Apfelbestellung verpasst, so kann der Anbieter die Apfelschale nach der Ernte noch „erröten" lassen und das gewünschte Logo abbilden. Lieferzeit ca. 4 Wochen. Für kurzfristige Aktionen bieten die Anbieter auch alternativ Äpfel mit „Standardmotiven" wie Herzen oder Smily-Gesichtern an, die das ganze Jahr über zu bestellen sind.

Eine neue Lasertechnik ermöglicht es, die Äpfel mit sehr filigranen Motiven zu verzieren. Bei diesem Verfahren werden die Farbstoffe in der Schale berührungsfrei ausgeblichen. Die Färbung ist grau bis braun je nach Frucht. Der Preis dafür beträgt ca. € 1,– pro Stück und die Lieferzeit ungefähr 1 Woche.

Anbieter

– *Ambient Media Marketing (www.ambient-media.de)*
– *AWK Aussenwerbung (www.awk.com)*
– *Novum (www.novum4u.de)*
– *Herzapfelhof Lühs (www.herzapfelhof.de)*
– *Robert Strobl, Österreich (www.apfelwerbung.at)*

■ Kinos bieten für Werbeaktivitäten eine positive Umgebung, in der die Zielgruppe außerordentlich empfangsbereit ist. Über 85 % der Kinobesucher sind zwischen 14 und 39 Jahre alt und zu über 60 % aufgeschlossen gegenüber Werbung.

Bereits bei der Anfahrt fallen dem Besucher die Großflächen an den Fassaden der Kinos auf.
Der Kinobesuch selbst startet mit dem Kauf der Eintrittskarte (mit Gewinnspiel und Gutschein auf der Rückseite), im aktuellen Faltblatt des Kinos informiert man sich über kommende Filme und Startzeiten (dabei springen die Anzeigen ins Auge). Auf dem Weg zur Popcorn-Theke steckt man noch ein paar witzige Cinema-Cards ein und holt sich eine Tüte Popcorn mit attraktiven Werbemotiven.

Vorbei an auffälligen Cinema-Lights macht man sich auf in den Kinosaal und genießt als „Vorspann" den Werbeblock auf großer Leinwand.

Auf den folgenden Seiten sind die einzelnen Medien im Detail aufgeführt.

Ambient Media: **Kino**

■ Plakate an Kinofassaden

Werbung kann an der Außenseite von Kinos in verschiedenen deutschen Städten präsentiert werden.

Format

Es stehen Webeflächen für Digitaldruck auf Netz-PVC in Formaten zwischen 320 x 452 cm und 500 x 700 cm zur Verfügung.

Preise / Belegung

Buchbare Flächen gibt es in Berlin, Hagen, Iserlohn, Saarbrücken und Siegen. Üblich ist eine Buchungszeit ab einem Monat.

Beispiel:

Plakate an Kinos		
Kinostandort	Formate in cm	Preis pro Monat
Berlin Tegel	320 x 452	1.860,–
Hagen	500 x 700	3.290,–
Iserlohn	350 x 494	1.460,–
Saarbrücken	450 x 630	2.380,–
Siegen	330 x 500	1.750,–

Anbieter

– *Z New Media*
 (www.z-newmedia.de)

AW3_806   Bild: Z New Media

Ambient Media: **Kino**

■ Kino-Eintrittskarten

Auf der Vorder- und Rückseite einer Karte können jeweils zwei verschiedene Anzeigenmotive im Wechsel gedruckt werden. Die Motivauswahl kann pro Kino und regional unterschiedlich selektiert werden. Außerdem kann interaktive Werbung wie zum Beispiel Coupons oder Gewinnspiele aufgesetzt werden. In über 1820 Kinocentern und Multiplexen in Deutschland kann man auf den Kino-Eintrittskarten werben.

Formate

Es gibt verschiedene Formate bei Eintrittskarten, beispielsweise 141 x 43,8 mm, 145 x 35 mm und 100 x 35 oder 43,8 mm.

Preis / Belegung

Der Mindestbuchungszeitraum beträgt 4 Wochen und die Buchung für die Eintrittskarten sind einzeln, regional, nach Nielsen, bundesweit und sogar europaweit möglich. Die Vorlaufzeit beträgt je nach Kinobetreiber ca. 4 bis 8 Wochen nach Druckunterlagenfreigabe. Der Preis pro tausend Eintrittskarten im Format 100 x 35 oder 43,8 mm beläuft sich auf € 31,– (diese Preisangabe bezieht sich auf die Cinestar-Kinos). Der Preis beinhaltet je nach Kino den zwei oder vierfarbigen Druck, Klischee-Kosten sind nicht enthalten.

Anbieter

– *Z New Media (www.z-newmedia.de)*

■ Kinofaltblatt-Anzeigen

In Kinofaltblättern und -programmen können Anzeigen veröffentlicht werden. Die Programme enthalten Informationen zu Filmen, das aktuelle Kinoprogramm, Aktionen und Eintrittspreise.
Sie werden in Kinos und an speziellen Orten in der Region verteilt, auch in Cafés und Kneipen. Damit erreicht man genau seine Zielgruppe im Umfeld des positiven Kinoimages.

Preise / Belegung

Die Schaltkosten richten sich nach der Stadtgröße und Frequentierung der Kinos. Die Belegung ist in verschiedenen Kinos möglich, unter anderem im Cinemaxx, Kinopolis, Village Cinemas, UFA und Cinestar. Im Cinestar-Magazin beispielsweise können Anzeigen zwischen € 40,– und 1.045,– gebucht werden.

Anbieter

– *Z New Media (www.z-newmedia.de)*

■ CinemaCards

Kostenlose Postkarten mit oft witzigen Motiven werden im Kino ebenso gerne mitgenommen, wie in der Gastronomie. Der Kinobesucher läuft automatisch an den freistehend im Foyer platzierten Dispensern vorbei.

Format / Technik

Die Karten im DIN A6 Format (105 x 148 mm) werden im Offset auf 215 g/m² Karton gedruckt, die Vorderseite vierfarbig, die Rückseite schwarz-weiß.

Ambient Media: **Kino**

Bild: Novum

Preise/Belegung

Mindestbelegung sind 14 Tage und 75.000 Karten bei einem Schaltpreis von € 0,08 pro Karte zuzüglich Produktion. Insgesamt stehen 190 Displays in 140 Kinos in 90 Städten zur Verfügung. Eine bundesweite Belegung mit 500.000 Karten Gesamtauflage kostet bei 14 Tagen € 40.000,– zuzüglich Produktionskosten. Selektionen nach Nielsengebieten oder Städten sind möglich.

Anbieter

- *Boomerang (www.boomerang.de)*
- *Novum (www.novum4u.de)*

■ Popcorntüten

Die Popcorntüten können rundum mit Werbung bedruckt werden. Popcorn ist der meistverkaufte und beliebteste Snack der Kinobesucher. Mehr als die Hälfte aller Kinobesucher verzehren Popcorn.
Hochentwickelte Drucktechniken bringen selbst die ausgefallensten Motive auf die Tüte. Die Popcorntüten können auch mit phosphoreszierenden Claims bedruckt werden, so dass die Werbebotschaft selbst im abgedunkelten Kinosaal noch zu sehen ist.

Format

Es stehen drei verschiedene Größen zur Auswahl. Die kleine Tüte hat die Maße 10,5 x 6,5 x 21 cm, die mittlere 14 x 8,4 x 21,5 cm und die große Tüte 19 x 9 x 24,5 cm.

Preise

Die Mindestauflage pro Tütengröße liegt bei 50.000 Stück in einem Zeitraum von 4 Wochen. Die Lieferzeit beträgt 6 bis 8 Wochen.

Kostenbeispiel:

Popkorntüten			
Preis per tausend			
Tütengröße:	Klein	Mittel	Groß
Produktionskosten	51,50	72,–	94,–
Mediakosten	77,–	77,–	77,–
Vorbereitungskosten einmalig	1.300,–	1.650,–	2.100,–

Der Preis beinhaltet Produktion, Schaltung, Transport und Auslieferung an die Kinos. Ebenso sind die Kosten für die Verwendung des grünen Punktes in diesen Preisen enthalten.

Anbieter

- *Z New Media (www.z-newmedia.de)*

Ambient Media: **Kino**

AW3_807

Bild: Boomerang

Ambient Media: **Kino**

Bild: Boomerang

■ CinemaLights

Ähnlich attraktiv wie CityLight-Plakate, sind auch die Cinema-Lights im gleichen Format, die es sogar mit ständig wechselnden Motiven gibt. Sie sind in Foyers von Multiplex-Kinos platziert.

Format

Wie bei den CityLight-Plakaten wird ein Teil des Motives durch den Vitrinenrand verdeckt (vgl. CityLight-Plakate Seite 40). Das Format der Plakate für die Motion-Displays ist 118,5 x 175 cm, sichtbare Bildfläche ist 117 x 171 cm.

Preise / Belegung

Bundesweit sind 189 Displays in 111 Städten buchbar. Die Schaltung kann bundesweit, nach Stadt, Nielsengebiet oder einzelnen Kinos erfolgen. Die Kosten sind von den jeweiligen Kinos abhängig. Eine bundesweite Belegung in allen 152 Kinos kostet für die Mindestdauer von 14 Tagen € 31.750,– zuzüglich Produktionskosten.

Anbieter

– *Boomerang (www.boomerang.de)*

■ Kinospots und Werbefilme

Kalkulationen und Preisbeispiele zu Kinospots enthält (2x jährlich aktuell) der „Etat-Kalkulator" der creativ collection Verlag GmbH (www.ccvision.de).

Ambient Media: **Einzelhandel / Einkaufszentren**

■ Plakate in Kinotoiletten

Im gesamten Bundesgebiet stehen Werbeflächen in Toilettenräumen von Kinos zur Verfügung. Die Werbebotschaft wird in hochwertigen Aluminium-Rahmen im DIN A3-Format an der Tür-Innenseite der Toilettenkabinen, in den Waschräumen und direkt über den Pissoirs angebracht. Der Vorteil dieser Werbung ist, dass man nach Geschlechtern trennen kann und somit seine Zielgruppe genau erreicht. Es stehen ca. 4.500 Werbeflächen zur Verfügung.

Format

DIN A3 (297 x 420 mm) Hochformat. Bis zu 2 mm an jeder Seite werden vom Rahmen überdeckt. Die Mindestbelegung beträgt ca. 4 Wochen, eine Stadt und mindestens 50 % der Flächen. Die fertigen Aushangplakate sollten bis 14 Tage vor Aushangtermin angeliefert werden.

Preise

Pro Fläche und Tag werden € 1,85 Schaltkosten berechnet, inklusive Montage, Demontage sowie regelmäßige Kontrolle der Anschlagstellen. Die Produktionskosten kommen noch dazu. (Vergleiche Toilettenwerbung Seiten 253 und 254)

Anbieter

- Z New Media
  (www.z-newmedia.de)

■ Floor-Graphics

Die etwa ein Quadratmeter großen Floor-Graphics sind aufmerksamkeitsstarke Bodenfolien, die an den unterschiedlichsten Stellen am Point of Sales (POS) verklebt werden können – zum Beispiel direkt vor dem Regal, an Drehkreuzen oder im Eingangsbereich der Einkaufszentren. Die Darstellung eines Produkts wird als Aufkleber auf dem Boden direkt im Blickfeld des Kunden platziert. Diese Bodenwerbung kann sogar eine dreidimensionale Wirkung haben (Siehe Bild).
Sie bestehen aus einer rutsch- und abriebfesten Folie, die sich individuell gestalten lässt. Eine kreative Art, die Kunden so zu dem gewünschten Produkt zu führen.

Preise

Einige Kostenbeispiele, Preis pro Fläche und Zyklus in Euro, siehe Tabelle Seite 264.

Bild: 3M

Ambient Media: **Einzelhandel / Einkaufszentren**

Bild: 3M

FloorGraphics

Lebensmitteleinzelhandel	Regal-platzierung	Drehkreuz platzierung
Supermärkte bis 800 m²	100,–	126,–
Einzelhandelstyp 800 bis 1.499 m²	116,–	–
gr. Verbrauchermärkte 1.500 bis 4.999 m²	150,–	182,–

Drogeriemarktketten	Regal-platzierung	Platzierung im Eingangsbereich
Müller	135,–	169,–
Kaiser's Drugstore	108,–	135,–

Produktionspreise

Der Preis für einen Bodenkleber mit 1 m², 4-farbig auf weißer Folie bedruckt, beträgt ca. € 15,–. Transparente Folie, Sonderfarben oder Sonderformate sind auf Anfrage möglich.

TIPP

Diese Werbeform kann nicht nur in Einkaufszentren gebucht werden, sondern auch in anderen Locations wie in Schulen, Bahnhöfen oder Flughäfen.

Anbieter

– The Instore Media AG (www.instoremedia.de)
– AWK Aussenwerbung (www.awk.com)

■ Mobilplakate an Einkaufswagen

In über 10.000 Verbrauchermärkten in ganz Deutschland kann auf Einkaufswagen geworben werden. Durch die Anbringung der Mobilplakate innen und außen an der Stirnseite von Einkaufswagen begleitet die Werbebotschaft den Kunden während des gesamten Einkaufs. Die Innen-Plakate sind im Blickfeld des Kunden, der den Wagen schiebt, die Außen-Plakate werden von entgegenkommenden Kunden gesehen.

Format

Das Format für die Plakate in den Wechselrahmen beträgt ca. 28 x 20 cm. Sie werden 4-farbig auf ca. 150 g/m² Papier gedruckt, sind wasserfest, UV-beständig und beidseitig mit Folie laminiert.

Preise / Belegung

Die Belegungsmenge hängt von der Größe des Standorts ab. Es gibt festgelegte Perioden à 4 Wochen. Man kann die Märkte national, nach Nielsengebieten, Nielsen-Ballungsräumen, Stadtkategorien, Bundesländern, nach Handelsformen oder einzeln nach Leistungsgrad buchen.

Ambient Media: **Einzelhandel / Einkaufszentren**

Bild: Z New Media

Belegbar sind verschiedene Netze, beispielsweise Lebensmittel-Ketten wie Real, Edeka, Kaufland / Kaufmarkt, Eurospar, Wal-Mart und Toom. Vorlaufzeit ist zwischen 3 Werktagen und 6 Wochen vor Kampagnenstart.

Preisbeispiel der Firma „INAS"
Bei Märkten ab 5.000 m² und bis zu 4.500 Einkaufswagen beträgt der Preis € 1.060,– bis 1.680,– pro Markt. Die Herstellungskosten betragen bei einer Auflage von 25.000 Plakaten und 4-farbigem Druck € 0,33 pro Stück.

Der Gesamtpreis für das Komplett-Paket der Firma Z New Media beträgt € 150.416,– pro Monat, bei einer Belegung von 119 Märkten. Inklusive sind Anmietung der Wagen, Gestaltung, Satz, Druck, Anbringung der Plakate, tägliche Kontrolle und Entfernung nach Kampagnenende.

Anbieter

– *Ambient Media Marketing (www.ambient-media.de)*
– *INAS (www.inas-media.de)*
– *The Instore Media AG (www.instoremedia.de)*
– *Z New Media (www.z-newmedia.de)*

Ambient Media: **Einzelhandel / Einkaufszentren**

■ Kassenbon

Die Rückseite des Kassenbons wird für Werbezwecke – vorzugsweise in Form von Gutscheinen, Gewinnspielen und Sonderangeboten – zweifarbig (bis vierfarbig möglich) vorgedruckt. Die bedruckten Bons werden in die Outlets, wie Lebensmittelketten, Bekleidungsgeschäfte oder Tankstellen geliefert und dort in den Kassen eingesetzt, das heißt, die Werbebotschaft wird dem Kunden direkt in die Hand gelegt.

Format

Bei einer Buchung mit mehreren Werbetreibenden gelten die Formate 5,3 x 4,5 cm und 6,5 x 4,5 cm. Maximal sechs Kunden erscheinen auf einer Kassenrolle.
Bei einer Alleinstellung auf dem Kassenbon kann die Höhe des Anzeigenformats variabel bis maximal 30 cm bestimmt werden. Die bedruckbare Fläche auf einer 5,8 cm breiten Rolle beträgt nur 5,3 x 30 cm, bei einer 7,0 cm breiten Rolle 6,5 x 30 cm.

Preise

Es gibt verschiedene Kombinationsmöglichkeiten, die bei der Firma „DTC Media" gebucht werden können. Hier zwei Beispiele mit einer Aktionszeit von je 4 Wochen:

Hauptstadt-Kombi

Wie der Name schon sagt, lässt sich in der Hauptstadt Berlin (und Umgebung) auf Kassenbons werben, entweder mit mehreren Werbetreibenden auf einem Kassenbon oder exklusiv als Einzelauftritt. Bei einem 4-farbigen Druck, 116 Standorten und 2.500.000 Coupons beläuft sich der Preis pro Kampagne auf € 4.780,– als einer von 6 Werbenden, als einzelner Werbetreibender auf € 18.150,–.

Discount-Kombi

Das umfasst bundesweit die 2.200 Filialen der Discount-Lebensmittelkette Lidl. Diese Kombi ist ausschließlich von einem Werbetreibenden je Kampagne buchbar. Dieses Alleinstellungsmerkmal garantiert der Werbebotschaft ein hohes Maß an Aufmerksamkeit. Bei nationaler Belegung mit 2-farbigem Druck und allen 2.200 Standorten kostet die eine Kampagne € 43.880,–.

Anbieter

- DTC Media
 (www.Q-pong.de)
- Z New Media
 (www.z-newmedia.de)
- AWK Aussenwerbung
 (www.awk.com)

Bild: DTC, Bild oben: Z New Media

Ambient Media: **Einzelhandel / Einkaufszentren**

■ CityLight-Plakate in Parkhäusern

Die Umgebung eines Parkhauses bietet die Möglichkeit, einen letzten Kaufimpuls an einkaufende Personen zu geben.

Preise / Belegung

Die Schaltkosten für die Plakate in Parkhäusern betragen € 10,50 pro Tag und Fläche. Die Belegung erfolgt wochen- oder dekadenweise (siehe Dekadenplan auf CD).

AW3_810

AW3_811   Bilder: DSM Zeit und Werbung

Die Plakate werden quer zur Fahrt- oder Laufrichtung im Ein- und Ausfahrtsbereich, im Kassenraum, oder im Zugangsbereich zum Warenhaus angebracht. Das Format der Vitrinen ist dasselbe, wie das der CityLight-Poster auf Seite 40 im Kapitel „Klassische Plakatwerbung".

Anbieter

- APCOA Autoparking GmbH
  (www.apcoa.de)
- AWK Aussenwerbung
  (www.awk.com)
- DSM Zeit und Werbung
  (www.zuw.de)
- PLP Aussenwerbung
  (www.plp.de)

Ambient Media: **Einzelhandel / Einkaufszentren**

AW3_812 Bild: AsphaltArt

■ Asphaltwerbung

Es besteht bereits ein bundesweites Netz mit buchbaren Asphaltflächen in Parkhäusern. Meist befinden sich die Stellen in der Umgebung der Kassenautomaten, so dass eine hohe Kontaktrate erreicht wird.

Preise / Belegung

Die maximale Größe der Bodenkleber beträgt 1,20 x 1,20 m. Die Stellen sind zwischen 4 Wochen und 3 Monaten belegbar und kosten ab € 169,– pro Fläche.

Anbieter

- *AsphaltArt*
  (www.asphalt-art.de)

■ Bäckertüten

Bäckertüten sind 2-seitig bedruckte Papiertüten. Eine Seite wird vom jeweiligen Bäckereibetrieb gestaltet, die andere Seite kann vom Werbetreibenden frei genutzt werden. Der Vertrieb der Bäckertüten erfolgt bundesweit in Zusammenarbeit mit den Bäckereibetrieben der jeweiligen Anbieter über das Distributionsnetz. Lokal und regional kann der Werbeauftritt zusätzlich noch durch eine Shop-Promotion oder eine Sampling-Aktion am POS verstärkt werden.

Preise

Bei einer Auflage von 2,5 Mio. Stück in 125 Bäckereien (Laufzeit 2 Monate) betragen die Schaltkosten € 60.800,– zuzüglich Produktion.

Anbieter

- *Ambient Media Marketing*
  (www.ambient-media.de)
- *awk Aussenwerbung*
  (www.awk.com)
- *Z New Media*
  (www.z-newmedia.de)

■ Flaschenwerbung

Die Werbebotschaft wird rückseitig auf den Etiketten von Mineralwasser-, Limonaden-, Saft- und Bierflaschen angebracht. Die Botschaft auf dem „Hinterteil" der Flasche gewinnt beim Trinken, beim Sport, in Kantinenpausen oder zu Hause gute Aufmerksamkeit. Die Bedruckung ist beispielsweise mit einer klassischen Werbeanzeige, einem Gewinnspiel oder mit Hinweise auf Events möglich.

Formate

Die Formate sind je nach Region unterschiedlich:

- Nord- und Westdeutschland:
  76 x 81 mm
- in Ostdeutschland:
  70 x 80 mm
- in Süddeutschland:
  87 x 80 mm

Die bedruckbare Fläche ist an allen Seiten circa 1,5 mm kleiner als das Format.

Preise / Belegung

Durch die gezielte Auswahl der Getränkeindustrie beziehungs-

Ambient Media: **Tankstellen**

AW3_813

AW3_814   Bilder: Alvern Media

weise der Abfüllbetriebe, kann eine Flasche mit Werbung regional und bundesweit genau platziert werden. Die Kampagnen sind zunächst monatlich zu buchen, später sind Dekadenbuchungen möglich. Die Mindestauflage bei einer nationalen Buchung sind 10 Mio. Etiketten, bei einer regionalen 2 Mio.

Die Vorlaufzeit beträgt 4 Wochen nach Freigabe des Proofs. Die Kosten pro 1.000 Stück inklusive Druck und Etikettierung betragen etwa € 9,–.

Anbieter

– *Ambient Media*
  (www.ambient-media.de)

■ Werbung auf Zapfpistolen

Die Werbeflächen befinden sich direkt im Blickfeld des Tankkunden, auf der Zapfpistole über dem Griff (siehe Bilder).

Technik

Das Format für die Zapfpistolenwerbung beträgt ungefähr 8 x 12 cm.

Standorte

– Über 9.000 Tankstellen
– ca. 200.000 Zapfpistolen

Preise / Belegung

Zapfpistolenwerbung wird monatlich gebucht. Verschiedene Tankstellen-Netze werden angeboten. Alternativ kann der Werbetreibende nach Nielsengebieten, Mineralölgesellschaften oder Einzelstadt-Belegungen selektieren lassen.

Schaltkosten

Eine Netzbelegung kostet je Tankstelle und Monat ab € 71,–. Für die Produktion der Inlays kann ab € 1,45 pro Tankstelle kalkuliert werden.

TIPP

Werbung auf Zapfpistolen eignet sich auch zur Kombination mit anderen Tankstellen-Medien wie beispielsweise der Kassenbon-Werbung. Näheres dazu siehe Seite 266 zum Thema „Werbung in Einkaufszentren".

Anbieter

– *Alvern Media GmbH*
  (www.alvern.de)

Ambient Media: **Tankstellen**

■ United Screens

Auf hochauflösenden Plasma-Großbildschirmen im Wartebereich von Tankstellen wird eine Programmschleife ausgestrahlt, in der Infotainment-Bausteine, Stau- und Wetternachrichten, News-Ticker oder Programmhinweise die Umgebung für Werbespots bilden.

An insgesamt über 600 Standorten in Tankstellenshops der Shell, Dea, Jet, Total, Fina, Elf und Agip können sowohl Video- oder animierte Spots als auch Standbilder gesendet werden. Außerdem besteht die Möglichkeit des Programm-Sponsorings im redaktionellen Umfeld.

Per Satellitenübertragung können Werbebotschaften zusätzlich zeitlich und räumlich differenziert werden. Nationale Kampagnen können im Splitscreen um regionale Botschaften ergänzt werden. Hier wird der Bildschirm „geteilt". Auf ca. 2/3 des Bildschirmes läuft der Werbespot, auf dem verbleibenden Teil wird die regionale Botschaft, z.B. Adresse des nächsten Händlers eingeblendet.

Technik

Format

Das Bildschirmformat beträgt 93 x 53 cm mit einer Bildschirmdiagonale von 42 Zoll (105 cm), Bildformat 4:3 oder 16:9 mit einer Auflösung von 856 x 480 Pixel im Fullscreen, 640 x 480 und 216 x 480 Pixel im Spitscreen. 428 x 480 Pixel beim Programm-Sponsoring.

Vorlagen

TV- oder Kinospotformate auf DVC Pro, Betacam SP oder Betacam Digital oder Flash-Animationen. Standbilder z.B. von Print, Plakat oder Markenlogos als GIF, JPEG oder Bitmap. Die Firma United Screens ist bei der Erstellung der Spots auch behilflich.

Preise / Belegung

Die Mindestspotlänge liegt bei 10 Sekunden, die Mindestschaltdauer beträgt 10 Tage. Die Auswahl von Standorten kann nach Bundesländern, Nielsengebieten oder Ballungsräumen erfolgen.

Schaltkosten

Der Sekundenpreis liegt bei € 0,33 pro Station. Hier zwei Beispiele für einen Video-Fullscreen-Spot, Schaltdauer 10 Tage bundesweit, 609 Standorte:

- 10 sec. € 20.097,–
- 20 sec. € 40.194,–

Im Ballungsraum Rhein-Ruhr geschaltet (121 Standorte):

- 10 sec. € 3.993 ,–
- 20 sec. € 7.986,–

Anbieter

– *UnitedScreens Media AG (www.unitedscreens.de)*

Bild: UnitedScreens

Ambient Media: **Tankstellen**

Bild: UnitedScreens

Ambient Media: **Tankstellen**

AW3_815 — Bild: Z New Media

■ Tankstellen-Dialights / Leuchtkästen

Dialights sind hinterleuchtete Werbeträger, die in Tankstellenshops im Kassenbereich oder direkt über den Verkaufsregalen angebracht sind. Man erreicht den Käufer direkt vor dem Kaufentscheid. Außerdem werden Tankstellenshops zu immer beliebteren Shopping-Möglichkeiten, da sie flexible Öffnungszeiten haben.

Formate

Je nach Netz und Anbieter unterscheiden sich die Dialights und es sind verschiedene Formate wählbar. Die gängigsten Formate sind 48,8 x 28,4 cm, 60,8 x 43,5 cm, 86 x 42 cm, DIN A2 und DIN A3.

Preise / Belegung

Die Mindestbelegung beträgt drei Monate. Es kann auch nach Bundesländern und Mineralölgesellschaften selektiert und gebucht werden. Als Austauschtermine der Dialights sind jeweils der 1. Januar, 1. April, 1. Juli oder 1. Oktober möglich.

Dialights	
	Preis pro Dialight
3 Monate Laufzeit	62,–
6 Monate Laufzeit	103,–
9 Monate Laufzeit	144,–
12 Monate Laufzeit	185,–

Sonderform

Bei manchen Anbietern darf nur für eigene Shop-Produkte geworben werden.

Anbieter

– *Z New Media (www.z-newmedia.de)*

Ambient Media: **Tankstellen**

Ambient Media: **Tankstellen**

■ Doormedia / Werbeflächen an den Türen

Oft haben die Türen an Tankstellen eine zweiteilige Automatik und sind vollflächig beklebbar. Die Folien, die an die Türen angebracht werden, haben ein Format von 0,9 x 1,9 m. Der Anbieter übernimmt die Produktion der Folien, die Verteilung auf die Tankstellen, die Anbringung, die Qualitätskontrolle, bis hin zur Entfernung und Entsorgung der einzelnen Folien.

Preise / Belegung

Inklusive Produktion, Anbringen und Entfernen der Folien kostet beispielsweise die Belegung von 500 Shell-Stationen € 200.000,– pro Monat. Es sind auch einzelne Belegungen möglich.

Anbieter

– *Alvern Media GmbH (www.alvern.de)*

■ Floor-Graphics

Auf den Fußböden der Tankstellenshops können Klebeflächen gebucht werden, die den Kunden zu dem beworbenen Produkt führen oder auf spezielle Aktionen aufmerksam machen.

Preise / Belegung

Floorgraphics in Tankstellen können einzeln oder in Netzen gebucht werden. Pro Tag und Tankstelle belaufen sich die Schaltkosten auf € 12,50 zuzüglich Produktion, Aufkleben und Entfernen.

Anbieter

– *Alvern Media GmbH (www.alvern.de)*

■ Asphaltwerbung

Nicht nur in den Tankstellenshops sondern auch direkt auf dem Asphalt vor den Zapfsäulen ist Werbung am Boden möglich. Neuartige Folien und Drucktechniken machen die Flächen als Werbegrund nutzbar. Durch die hohe Rutsch- und Verschleißfestigkeit

Bild: Asphalt Art

können die Selbstklebefolien auch längere Zeit eingesetzt werden. Die Folien werden im Siebdruck oder digital bedruckt.

Preise / Belegung

Die Produktionskosten der Folien liegen, je nach Auflage, bei € 79,– pro m² im Digitaldruck und ab € 34,– im Siebdruck.

Anbieter

– *Asphalt Art (www.asphalt-art.de)*

Ambient Media: **Bäder**

AW3_817

Bild: amecon

■ Bäder sind Orte der Entspannung und der Kommunikation – ein ideales Umfeld zur Aufnahme von Werbebotschaften mit nachweisbaren Kontakten über die verkauften Eintrittskarten. Die Bäderauswahl kann nach den Kategorien Erlebnis-/Spaßbäder, Wellness- und SPA-Anlagen, Sportbäder, Kur- und Heilbäder getroffen werden. Je nach anzusprechender Zielgruppe werden geeignete Bäder nach Region, Besucherstruktur und Ausstattungsmerkmalen individuell für eine Werbekampagne selektiert. Nachfolgend werden einige Werbemedien genannt. Weitere mögliche Werbeformen sind Promotionaktionen und Verkaufsförderung, Events und Sonderveranstaltungen, Sponsoring und Branding, die jeweils individuell geplant und angefragt werden müssen.

Ambient Media: **Bäder**

■ **Duschwerbung**

In Duschräumen lassen sich Werbemotive durch selbstklebende, wasserabweisende Spezialfolien aufmerksamkeitsstark positionieren.
Ob als normale Plakatform oder als gestanztes Firmenlogo, ob mit vielen kleinen Motive oder einem übergroßen Motiv.

Das Format ist frei wählbar und wird lediglich durch die Maße der Duschen begrenzt. Die Herstellung und die Anlieferung erfolgt durch den Kunden, kann jedoch auch vom Anbieter übernommen werden. Die Anbringung erfolgt durch den Anbieter und ist im Preis inbegriffen.

Preise / Belegung

Der Preis pro Tag und Fläche beträgt € 2,50 zuzüglich einmaliger Montage und Demontage von € 2,50 pro Stück. Die Mindestbelegung ist eine Anlage mit mindestens 10 Flächen und 4 Wochen Laufzeit.

Bild: Look!

Ambient Media: **Bäder**

Bild: Look!

Es gibt keine festen Termine für Start und Dauer der Aktionen.

DTP-TIPP

Für die Duschwerbung werden Klebefolien produziert, die weiß oder transparent sind. Bei einem Motiv auf einer transparenten Folie muss eine weitere Farbe für einen weißen Haftgrund angelegt werden. Diese muss 3/10 mm unterfüllt werden. Druckunterlagenabgabe bis spätestens 3 Wochen vor Werbebeginn.

Anbieter

– *amecon GmbH*
 (www.amecon.de)
– *DIN A12*
 (www.din-a12.de)
– *Look!*
 (www.lookads.de)

Ambient Media: **Bäder**

AW3_818   Bild: Look!

Preise / Belegung

Der Preis pro Tag und Fläche beträgt € 0,20 zuzüglich € 0,30 für Montage und Demontage. Mindestbelegung ist 1 Anlage mit mindestens 150 Spinden und 4 Wochen Laufzeit. Beginn und Dauer der Aktionen sind flexibel buchbar.

Anbieter

- *amecon GmbH (www.amecon.de)*
- *DIN A12 (www.din-a12.de)*
- *Look! (www.lookads.de)*

■ Werbebanner

Bei den Großflächen handelt es sich um einseitig oder beidseitig bedruckte PVC-Werbebanner, die freihängend an Wänden oder Balustraden befestigt werden.
Das Format des Banners ist frei wählbar und ab 4 m² möglich. Die Montage und Demontage erfolgt durch den Anbieter und ist im Preis inbegriffen.
Mindestbelegung ist eine Anlage mit einer Laufzeit von 4 Wochen. Outdoor-Werbemaßnahmen sind nur saisonweise buchbar. Der

■ Spindwerbung

In den Türinnenseiten der Umkleidespinde werden Werbemotive in frei wählbarem Format angebracht. Als Plakat im DIN A4 Rahmen oder als Spezialklebefolie werden sie gut sichtbar befestigt. Die Spezialklebefolie, die erst seit kurzem auf dem Markt ist, bietet die Möglichkeit der individuellen Gestaltung. Hierbei sind der Fantasie keine Grenzen gesetzt. Es kann auch mit kleineren gestanzten Sonderformen gearbeitet werden. Die Herstellung und die Anlieferung erfolgt durch den Kunden selbst, kann jedoch auch vom Anbieter übernommen werden. Die Anbringung erfolgt durch den Anbieter und ist im Preis inbegriffen.

Ambient Media: **Bäder**

AW3_819 Bild: amecon

Werbebanner in Bädern			
Jahresbesucherzahl min. 300.000			
Größe	Buchungszeitraum		
	4 Wochen	8 Wochen	26 Wochen
bis 4 m²	1.173,–	2.101,–	5.237,–
bis 6 m²	1.366,–	2.448,–	6.099,–
bis 8 m²	1.560,–	2.794,–	6.961,–
bis 10 m²	1.754,–	3.141,–	7.823,–

Aktionsstart ist nicht an feste Termine gebunden. Die Preise hängen von den Besucherzahlen ab.

Anbieter

– *amecon GmbH (www.amecon.de)*

AW3_819 Bild: amecon

■ Großdisplays

Eine weitere Werbemöglichkeit in Bädern sind Großdisplays. Hierbei handelt es sich um Aufsteller, die an stark besuchten Stellen im Foyer oder im Bad aufgestellt werden. Sie lassen sich beispielsweise mit Prospektständern oder Gewinnspielboxen kombinieren. Das Format des Displays ist frei wählbar und ab 2 m² Motivfläche

Ambient Media: **Bäder**

Diese Sonderform von Bannerwerbung in Freibädern ist nur saisonweise buchbar.

Bild: amecon

_____ Ambient Media: **Bäder**

Bilder: Repeat

möglich. Herstellung und Anlieferung erfolgt durch den Kunden, kann auf Wunsch aber auch vom Anbieter übernommen werden. Der Anbieter übernimmt ohne Mehrpreis die Aufstellung und regelmäßige Nachbestückung während des Kampagnenzeitraumes.

Preise / Belegung

Die Mindestbelegung beträgt 1 Anlage und 4 Wochen. Aktionsstart und Dauer sind nicht an feste Termine gebunden.

Großdisplays in Bädern			
Jahresbesucherzahl min. 300.000			
		Buchungszeitraum	
Größe	4 Wochen	8 Wochen	26 Wochen
bis 2 m²	979,–	1.754,–	4.375,–
bis 3 m²	1.076,–	1.927,–	4.806,–
bis 4 m²	1.173,–	2.101,–	5.237,–
bis 5 m²	1.269,–	2.346,–	5.668,–
bis 6 m²	1.366,–	2.448,–	6.099,–

Anbieter

– *amecon GmbH (www.amecon.de)*

Sonderform – Towel Bags

Eine schöne Idee für Promotion in Schwimmbädern sind die „Towel Bags". Das sind Handtücher im Format 75 x 150 cm mit integrierter Tasche, das heißt, das Tuch lässt sich in der Tasche verstauen und auf ein kompaktes Paket mit Tragegurt bringen. Die Tücher gibt es in verschiedenen Qualitäten und sie sind ein- oder zweiseitig individuell gestaltbar.

Anbieter

– *Repeat Sales Promotions (www.repeat.nl)*

Ambient Media: **Kindergärten**

Bilder: Spread Blue

■ Bereits in Kindergärten ist es möglich, Werbebotschaften kindgerecht zu präsentieren. Die Zielgruppe von Kindern im Alter von 3 bis 6 Jahren wird mit durchschnittlich 150 Kontakten pro Tag je Kindergarten erreicht. Bundesweit kann in einer Auflage von knapp 59.000 Stück geworben werden. Hier eine Medienauswahl aus dem Programm des Anbieters Spread Blue (www.spread-blue.de):

■ Sampling

Die Verteilung von kindgerechten Warenproben und Prospekten erfolgt in Baumwoll- oder Kunststoffsäckchen in verschiedenen DIN-Formaten, mit einem maximalen Inhalt von 500 g. Die Proben oder Giveaways stammen von unterschiedlichen Herstellern (Werbetreibenden). Die Baumwollbeutel können von den Empfängern mehrfach eingesetzt werden (beispielsweise als Schuhbeutel) und erreichen damit auch junge Familien. Eine Belegung ist nicht nur nach Regionen und Bundesländern, sondern auch nach Altersstufen möglich.

Preise / Belegung

Die Verteilung der Beutel erfolgt zwei mal pro Jahr einmal im Mai und einmal im September/Oktober und findet bundesweit oder regional statt. Mindestbelegung sind 100 Kindergärten mit je 150 Beuteln. Beilagen sind von 10 bis 500 g möglich und kosten zwischen € 72,– und 430,– pro Tausend.

Auch Sonderaktionen zwischen den Terminen sind möglich. Der Werbetreibende kann damit den kompletten Beutelinhalt und auch den bedruckten Baumwollbeutel buchen. Die Schaltkosten hierfür betragen bei der Verteilung in 1.000 Kindergärten € 158,– pro kg zuzüglich Produktion.

■ Malhefte

Auch Mal- und Lernhefte in verschiedenen Formaten für Kindergärten können mit Anzeigen belegt oder komplett konzipiert werden. Erscheinungstermine sind März und Oktober. Die Verteilung kann bundesweit oder regional stattfinden.

Preise / Belegung

Anzeigen in der Standardausgabe können auf dem kompletten Heftumschlag geschaltet werden.

Ambient Media: **Schulen**

Bilder: Spread Blue

Die Gesamtauflage von 500.000 Stück wird in 3.500 Kindergärten verteilt. Die Umschlaginnenseite kostet € 24.000,–, die Titelseite 44.000,–.
Sonderhefte zwischen den Terminen im A5- oder A6-Format können ebenfalls Werbung auf den Umschlagseiten enthalten. Der Preis für ein Sonderheft im A5-Format beträgt bei einer Auflage ab 100.000 Stück € 285,– pro Tausend.

■ Malplakate

Eine günstige Alternative zu den Malheften sind DIN A3 Malplakate für die Gruppenbeschäftigung der Kinder. In der Mitte oder am Rand des Plakates wird das Werbemotiv platziert, nahe bei den Motiven zum Malen oder Ausmalen.

Preise / Belegung

Die Plakate können bereits ab 100 Kindergärten mit je 150 Stück belegt werden. Der Preis hierfür liegt bei € 87,– pro Kindergarten.

■ An Grund- oder weiterführenden Schulen kann durch verschiedene Medien die Zielgruppe der 6 bis 10 Jährigen oder 10 bis 19 Jährigen beworben werden. Insgesamt stehen 35.000 Schulen (13 Mio. Schüler) zur Verfügung.

■ Plakate

Insgesamt stehen an 2.140 Grundschulen und an 2.770 weiterführenden Schulen sogenannte „Schoolboards" zur Verfügung. Das sind Wechselrahmen, die Plakate im Format DIN A0 (841 x 1189 mm) aufnehmen können. Durch den Rahmen beträgt die sichtbare Fläche 800 x 1.120 mm.

Preise/Belegung

Die Belegung erfolgt bundesweit oder regional, mindestens eine Woche ab 50 Plakaten mit mindestens 2 Plakaten pro Schule. Bei einer Buchung beispielsweise von 1.000 Plakaten für 4 Wochen Aushangzeit belaufen sich die

AW3_820
Bilder: Spread Blue

Ambient Media: **Schulen**

Kosten auf € 150,– pro Stück, bei 3.000 Plakaten auf € 85,– pro Stück zuzüglich Produktionskosten. Als Ergänzung zu den Plakaten können Dispenser mit Gratis-Postkarten für einen Mindestzeitraum von 14 Tagen belegt werden. Das Format der 4/1-farbigen Karten ist DIN A6 (105 x 148 mm, hoch oder quer). Eine Belegung von 1.000 Schulen für 4 Wochen kostet inklusive Produktion € 99,– pro Plakat.

AW3_821 Bild: Spread Blue

■ Bodenwerbung

In 2.050 Schulen ist Werbung auf den Fußböden möglich. Durch Platzierung in den Eingangs- oder Pausenbereichen können damit alle Schüler erreicht werden. Das Format der Klebefolien ist individuell gestaltbar, auch gestanzte Formen sind möglich.

Preise / Belegung

Die Fußbodenkleber können regional oder bundesweit bei einem Mindestzeitraum von einer Woche gebucht werden. Die Belegung kann mit bis zu 3 m² Fläche an mindestens 50 Schulen erfolgen. Bei 1.000 Schulen für 4 Wochen sind € 175,– pro Schule anzusetzen. Produktionskosten von circa € 40,– pro m² kommen hinzu.

■ Malbücher / Verkehrserziehung

Die Bücher werden vom Verlag Deutsche Polizeiliteratur herausgegeben, um auf spielerische Weise Kinder im Straßenverkehr sicherer zu machen. Kindgerecht werden hier die prekären Situationen im Verkehr dargestellt. Die Verbreitung erfolgt in der Regel durch Polizeibeamte vor Ort, die das Verkehrserziehungsheft als Lehr- und Anschauungsmaterial nutzen.

Preise / Belegung

Über den Zeitraum eines Kalenderjahres erfolgen 80 bis 100 Ausgaben, so dass eine bundesweite Auflage von 400.000 bis 500.000 Exemplaren erreicht wird. Neben bundesweiten Belegungen sind auch regionale Kombinationen möglich. Die Schaltkosten sind von der Anzahl der Belegungen abhängig und liegen zwischen € 1.250,– und 40.900,– pro Schaltung.

Anbieter

– *VD Polizeiliteratur (www.vdpolizei.de)*

Ambient Media: **Hochschulen**

Bild: Spread Blue

■ Schulhefte

Auf Schulheften für die Grundschulen (Format DIN A5) und für weiterführende Schulen (Format DIN A4) können Anzeigen auf dem Umschlag gebucht werden. Die Hefte in üblichen Linierungen werden in einer Auflage von 300.000 Stück (ca. 4-5 mal pro Jahr) an Grundschulen verteilt. Die Auflage der A4-Hefte bestimmt der Werbetreibende, es sind Auflagen zwischen 30.000 und 1,5 Mio. möglich.

Preise / Belegung

Anzeigen in den DIN A5 Heften für Grundschulen kosten auf der Titelseite € 36.000,– und auf den Umschlaginnenseiten € 19.500,–. Die Buchung der Titelseite der DIN A4-Hefte für weiterführende Schulen werden pro tausend Stück mit € 390,– ab Auflagen von 100.000 Stück berechnet. Auch Beilagen sind möglich, die € 0,35 pro Gramm und 1.000 Hefte kosten.

Anbieter

Kindergärten / Schulen:
– *Blanda*
  (www.blanda-promotions.de)
– *Boomerang*
  (www.boomerang.de)
– *Spread Blue*
  (www.spread-blue.de)
– *VD Polizeiliteratur*
  (www.vdpolizei.de)

■ Werbung an Hochschulen kann bundesweit an über 23 Orten betrieben werden. In Deutschland, Österreich und der Schweiz stehen in über 360 Hochschulen Werbeflächen zur Verfügung. Bei Komplettbelegungen können in Deutschland als Zielgruppe über 535.000 Studierende und Hochschulmitarbeiter angesprochen werden. Folgend einige Medien der Deutschen Hochschulwerbung. (www.hochschulwerbung.de)

Bild: Spread Blue

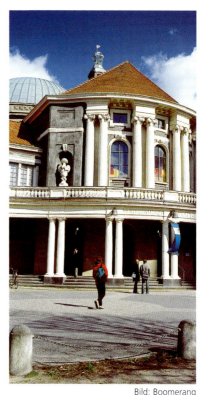
Bild: Boomerang

Ambient Media: **Hochschulen**

■ Plakate

Die Werbeplakate hängen in fest installierten Rahmen an hochfrequentierten Orten und werden regelmäßig kontrolliert. Die Motive sind durch eine Schutzfolie dauerhaft geschützt. Ein Motiv-

AW3_822 Bild: Spread Blue

wechsel ist alle zwei Wochen möglich und auf Wunsch kann an jedem Rahmen ein Dispenser oder Körbchen mit Informationsmaterial angebracht werden.

Preise / Belegung

Plakataushänge sind in den Formaten DIN A3, DIN A2 oder DIN A0 möglich. Achtung bei der Motivgestaltung: rundum werden ca. 1,5 cm des Motivs durch den Rahmen verdeckt. Die Belegung kann bundesweit, nach verschiedenen Netzen oder nach Hochschulstandorten mit einer Mindestschaltdauer von 2 Wochen erfolgen. Netze sind jeweils bundesweit mit einer Anzahl von 250, 500, 750 oder 1.000 Plakaten buchbar.

Innerhalb einer Hochschule kann außerdem nach Fachbereichen, Lehrstühlen und Hörsälen selektiert werden. Pro Plakataushang muss mit Schaltkosten von € 39,10 bei DIN A3, € 52,90 bei DIN A2 und € 133,28 bei DIN A0 gerechnet werden.

Ein angehängter Dispenser kostet weitere € 14,95 und ein Körbchen für A4 Infomaterial € 17,25 pro Stück. Die Stückpreise reduzieren sich schnell bei der Buchung von Netzen, wie folgende Tabelle zeigt:

A0-Plakatnetze an Hochschulen	
bundesweites Netz mit:	Schaltkosten
250 Plakaten	16.962,–
500 Plakaten	31.625,–
750 Plakaten	43.987,–
1.000 Plakaten	54.050,–

■ Postkarten, Flyer und Prospekte

Durch ein bundesweites Netz von so genannten campus-info-towers können an über 50 Hochschulen über 850.000 Studenten mit kostenlosem Infomaterial bedient werden.

Preise / Belegung

Es stehen Fächer für DIN A6, DIN A5 und DIN A4 Prospekte/Flyer zur Verfügung, die in einer Mindestauflage von 500 (DIN A6 und DIN A5) oder 1.000 (DIN A4) pro Standort vom Anbieter bestückt werden.

Die Schaltkosten für Auslagen bis 20 g betragen bei DIN A6 € 0,06, bei DIN A5 € 0,07 und bei DIN A4 € 0,10 pro Stück. Bei höherem Gewicht wird ein Aufschlag von € 0,005 pro Gramm berechnet.

Weitere Werbeflächen auf den Displays sind die Kopfleisten und zwei Plakatrahmen im unteren Bereich. Die Buchung der Kopfleiste kostet € 720,– pro Standort und Semester, die Plakatflächen im Format DIN A2 € 118,– pro Fläche und Monat.

Ambient Media: **Hochschulen**

Der sogenannte „campus-info-tower" (AW3_823)   Bild: Deutsche Hochschulwerbung

Ambient Media: **Hochschulen**

Bilder: Deutsche Hochschulwerbung

■ WelcomeBag

Eine eigene Art der „Promotion" wird mit der Begrüßung der Erstsemester angeboten. In hochwertigen Ruck- oder Matchsäcken aus strapazierfähigem Nylon finden Give-aways, Warenproben, Gutscheine und Infomaterial reißenden Absatz bei der Zielgruppe, die noch aufnahmefähig ist und vielleicht gerade den ersten Haushalt gründet oder sich in einer fremden Stadt einleben muss.

Die Rucksäcke werden meist bei den offiziellen Veranstaltungen zum Semesterbeginn an insgesamt 60 Hochschulen verteilt. Zusätzlich zur Buchung einer Beilage in den WelcomeBags kann auch der Rucksack selbst mit dem Logo des Werbetreibenden bedruckt oder bestickt werden. Die Auflage liegt bei ca. 200.000 Stück zu Beginn des Wintersemesters und 50.000 bis 100.000 Stück zu Beginn des Sommersemesters.

Preise

Die Schaltkosten für eine Beilage in der Gesamtauflage betragen € 0,14 pro Stück, bei Selektion eines Bundeslandes € 0,25 pro Stück und bei Belegung eines einzelnen Hochschulstandortes € 0,30 pro Stück. Das Branding des Rucksackes kostet € 1,50 pro Stück. Produktionskosten kommen in jedem Fall noch dazu.

Außer den genannten Medien können Anzeigen in Publikationen der Fachbereiche, in Mensa-Speiseplänen, Vorlesungsverzeichnissen und Hochschulmagazinen geschaltet werden. Auch die Belegung von Sonderwerbeträgern wie Außen-Bannern an Schulgebäuden, Bodenklebern, Deckenhängern, Mousepads oder Servietten sind möglich.

Anbieter

Hochschulwerbung:
– Deutsche Hochschulwerbung (www.hochschulwerbung.de)

▪▎Deutsche Hochschulwerbung

Türöffner zu 2 Millionen Studenten

Die Deutsche Hochschulwerbung erschließt Kunden den Zugang zu einer der einflussreichsten Zielgruppen Deutschlands: Studenten. Das Unternehmen besitzt exklusive Werberechte an Top-Hochschulstandorten, die beste Kontaktwerte und eine konkurrenzlos hohe Zielgruppen-Reichweite garantieren. Werbemöglichkeiten u. a.:

- Anzeigen in Hochschulpublikationen
- Aushänge
- Auslagen
- Online-Marketing
- Plakatwerbung
- Produkt-Sampling bei Erstsemester-Begrüßungen und Kinder-Uni-Tagen
- Promotion
- Sponsoring von Hochschul-Events
- Viele Sonderformate

Kontakt

Deutsche Hochschulwerbung
Athanasios Roussidis e. K.
Neuer Zollhof 3
40221 Düsseldorf
Tel.: (02 11) 38 54 89-0
Fax: (02 11) 38 54 89-29
info@hochschulwerbung.de
www.hochschulwerbung.de

Adressen: **Werbeverbände / Full Service**

■ Werbeverbände

Fachverband Ambient Media e.V.
Heimweg 7
20148 Hamburg
Tel.: 040 / 414604-44
Fax: 040 / 414604-71
www.f-a-m.net
kontakt@f-a-m.net

Fachverband Außenwerbung e.V.
Ginnheimer Landstr. 11
60487 Frankfurt/Main
Tel.: 069 / 7191670
Fax: 069 / 71916760
www.faw-ev.de
info@faw-ev.de

Fachverband Medienproduktion e.V.
Waldbornstr. 50
56856 Zell / Mosel
Tel.: 06542 / 5452
Fax: 06542 / 5422
www.f-mp.de
info@f-mp.de

ZAW Zentralverband der deutschen Werbewirtschaft e.V.
Am Weidendamm 1A
10117 Berlin
Tel.: 030 / 590099-700
Fax: 030 / 590099-722
www.zaw.de
zaw@zaw.de

■ Full Service Anbieter

Außenwerbung GmbH & Co. KG
Heider Weg 13
40699 Erkrath
Tel.: 0211 / 241997
Fax: 0211 / 246684
bpa_erkrath@t-online.de

Außenwerbung Hochhäuser GmbH
Sankt-Peter-Str. 15
41470 Neuss
Tel.: 02137 / 5409
Fax: 02137 / 77234

Außenwerbung Osswald
Winzerer Str. 180
80797 München
Tel.: 089 / 3008090
Fax: 089 / 3008090
Plakatwerbung

Außenwerbung Schober
Weseler Str. 226
47495 Rheinberg
Tel.: 02803 / 8401
Fax: 02803 / 1655
www.aussenwerbung-schober.de
info@aussenwerbung-schober.de
Plakatwerbung

awk Außenwerbung GmbH
August-Horch-Str. 10 a
56070 Koblenz
Tel.: 0261 / 8092-176
Fax: 0261 / 8092-108
www.awk.de
medass@awk.com
Allgemeinstellen, Großflächen, Zapfsäulen, Leuchtsäulen, Mega Lights

CAW Media GmbH
Alter Postweg 60-62
32257 Bünde
Tel.: 05223 / 1778-10
Fax: 05223 / 1778-40
www.caw-media.de
info@caw-media.de
Großfläche, Megalight, Videoboard, LED-Tafeln, Großfläche, City-Light-Poster, Riesenposter, Trafficboard, Superposter, Ganzsäule, Litomobil, Plakatwerbung

ComExpo
Kaiserplatz. 17
51113 Bonn
Tel.: 0228 / 221177
Fax: 0228 / 221178
www.comexpo.de
info@comexpo.de
Messen, Austellungen

DeMedici GmbH
Marie-Curie-Str. 5
59423 Unna
Tel.: 02303 / 94220-0
Fax: 02303 / 94220-99
www.demedici.de
info@demedici.de
Bandenwerbung, Fahnen und Banner, Leuchtwerbung, Fahrzeugbeschriftung, Leitsysteme

Deutsche Eisenbahn-Reklame GmbH
Bürgermeister-Brunner-Str. 2
34117 Kassel
Tel.: 0561 / 7002-0
Fax: 0561 / 7002-230
www.derg.de
info@derg.de
City-Light-Plakate, Prismenwender, Diaprojektion, Sonderwerbeformen in und an Bahnhöfen, Prismavisionsanlagen, Nah- und Fernverkehrszüge, Busse und Bahnen, Brückenwerbung, Vitrinen, Tunnnelwerbung

Adressen: **Fullservice**

Deutsche Städte-Medien GmbH
Eschenheimer Anlage 33-34
60318 Frankfurt/Main
Tel.: 069 / 1543-0
Fax: 069 / 1543-200
www.dsmedien.de
info@dsmedien.de
Bandenwerbung Fußball, Eishockey, Busse und Bahnen

Friedrich Räker Außenwerbung
Braker Weg 62
32657 Lemgo
Tel.: 05261 / 71594
Fax: 05261 / 7377

Fubac Media Solutions AG
Helmholtzstr. 2-9
10587 Berlin
Tel.: 030-7261010-0
Fax: 030-7261010-99
www.fubac.ag
info@fubac.ag
Gebäudeverhüllungen, Ballons, Plakate, Druck

Gisela Eichner Werben & Vermitteln
Friedrichstr. 2
56068 Koblenz
Tel.: 0261 / 33328
Fax: 0261 / 33323

Helmut Riem Außenwerbung GmbH
Industriestr. 41
50389 Wesseling
Tel.: 02232 / 94410-0
Fax: 02232 / 5203

**ikl service
marketing + kommunikation**
Ludwig-Lutz-Str. 29
73479 Ellwangen
Tel.: 07961 / 9689-0
Fax: 07961 / 9689-13
www.ikl.de
info@ikl.de
Eventmarketing, Hartfasertafelaushänge, Großflächen, Ganz- und Allgemeinstellen, City-Light-Plakate

ilg aussenwerbung GmbH & Co. KG
Theodor-Heuss-Str. 24
70174 Stuttgart
Tel.: 0711 / 22411-0
Fax: 0711 / 22411-24
www.ilg-aussenwerbung.de
info@ilg-aussenwerbung.de
Großflächen, City-Light-Poster, Ganzstellen, Halbstellen, Allgemeinstellen, Riesenposter

it works gmbh
Am Wehrhahn 70
40211 Düsseldorf
Tel.: 0211 / 17759-0
Fax: 0211 / 362533
www.aussenwerbung.de
info@itworksgroup.de
Spezialmittler

**Jost von Brandis
Service Agentur GmbH**
Hamburger Str. 152
22083 Hamburg
Tel.: 040 / 2990707
Fax: 040 / 2990708
www.jvb.de
info@jvb.de
Spezialmittler

Litomobil Wild Media
Hermannstraße 33
90439 Nürnberg
Tel.: 0911 / 94089-0
Fax: 0911 / 94089-30
www.litomobil.de
info@litomobil.de
Verkehrswerbung, Litomobil, Litobike, Giga- und Mega-Air Poster, Luftwerbung, Aufblasbare Werbeträger, Werbezeppeline und Fesselballons

MIHAI Gesellschaft für Mediaservice mbH
Hauptstr. 13
10317 Berlin
Tel.: 030 / 283543-1
Fax: 030 / 283543-3
www.mihai.de
mediaservice@mihai.de

MOPLAK Medienservice GmbH
Schiess-Str. 68
40549 Düsseldorf
Tel.: 0211 / 5361-0 oder -510
Fax: 0211 / 5361-399
www.moplak.de
info@moplak.de
Verkehrsmittelwerbung, Allgemeinstelle, Ganzsäule, Riesenposter, Großflächen, Hinweisschilder, CityStarBoard

Norbert Tepass Außenwerbung
Alsenstr. 28a
14109 Berlin
Tel.: 030 / 8054547
Fax: 030 / 8052795
www.tepass.de
info@tepass.de
Plakatanschlag, Verkehrsmittelwerbung, Mastenschilder, Säulenkronen, Brückenwerbung

Adressen: **Fullservice**

omnia GmbH

Hauptstr. 43
61184 Karben
Tel.: 06039 / 9165-0
Fax: 06039 / 9165-72
www.omnia-id.de
info@omnia-id.de

Werbekugel, Leuchtkästen, Vitrinen, Banner, Messebau

Omni-Media GmbH

Schiess-Str. 68
40549 Düsseldorf
Tel.: 0211 / 5361-500
Fax: 0211 / 5361-599
www.omni-media.de
info@omni-media.de

Spezialmittler

Plakat Union Außenwerbe-Marketing GmbH & Co.KG

Rohrstr. 4
58093 Hagen
Tel.: 0700 / 56664111
www.plakatunion.de
info@plakatunion.de

Spezialmittler

PosterSelect Media-Agentur für Aussenwerbung GmbH

Umweger Str. 26
76534 Baden-Baden
Tel.: 07223 / 9908450
Fax: 07223 / 9908429
www.posterselect.de
info@posterselect.de

Full-Service, Spezialmittler

Ralf Pietsch Werbung & Design

Schießbergstr. 48
89542 Herbrechtingen
Tel.: 07324 / 919130
Fax: 07324 / 919131
www.pietsch-werbung.de
info@pietsch-werbung.de

Schwarz Außenwerbung GmbH

Gottlieb-Daimler-Str. 6
78467 Konstanz
Tel.: 07531 / 9858-0
Fax: 07531 / 9858-55
www.schwarz-aw.de
info@schwarz-aw.de

Großflächen , City-Light-Poster, Allgemeinstelle, Ganzstelle, Verkehrsmittelwerbung, Bodensee-Fähre

Stolte Computerschriften

Heidkamp 4
26203 Werdenburg
Tel.: 04407 / 6247
Fax: 04407 / 6465
www.stoltewerbung.de
info@stoltewerbung.de

Folien, LKW-Beschriftungen, Schilder, Bauschilder, Stadionwerbung, Fahnen, Flaggen, Lichtwerbung

Ströer Out-of-Home Media GmbH

Ströer Allee 1
50999 Köln
Tel.: 02236 / 9645-0
Fax: 02236 / 9645-299
www.stroeer.de
info@stroeer.de

Plakatwerbung, Prismavisionsanlagen, Stadtmöblierung, Säule mit Innenleben, City-Light-Säule, Allgemeinstelle, Ganzsäule, Superposter, BlowUp, 3D-Werbung, Verkehrswerbung, Busse und Bahnen, Leuchtsäulen, Mega-Lights

THOMSEN, J. Werbemittelvertrieb GmbH

Hansastr. 66
24118 Kiel
Tel.: 0431 / 88102-0
Fax: 0431 / 88102-19
www.thomsen-wmv.de
info@thomsen-wmv.de

Kanaldeckel

VVR Vereinigte Verkehrsreklame (VVR-BEREK)

Alboinstr. 1
12103 Berlin
Tel.: 030 / 25635608
Fax: 030 / 25635683
www.vvr-berek.de
info@vvr-berek.de

Plakatwerbung, Verkehrsmittelwerbung, FloorGrafics, Brückenwerbung, Treppenstufen, Säulenkopf, Mastenschilder, Straßenbahn, Bus, U-Bahn, Litfaßsäule, Wartehallen

Werbecenter Berlin

Schloßstr. 33
14059 Berlin-Charlottenburg
Tel.: 030 / 34704670
Fax: 030 / 3426688
www.werbecenter-berlin.de
info@werbecenter-berlin.de

Werbering GmbH

Oederweg 16-18
60318 Frankfurt/Main
Tel.: 069 / 156893-0
Fax: 069 / 156893-39
www.werbering.net
info@werbering.net

Werbetechnik Schreiner GmbH

Orber Str. 25
60386 Frankfurt / Main
Tel.: 069 / 413044
Fax: 069 / 411001
www.werbetechnik-schreiner.de
info@werbetechnik-schreiner.de

Beschriftungs- und Produktionsunternehmen, Bau- und Hinweisschilder, Fahrzeugbeschriftung, Schilder, Lichtwerbeanlagen, Sportwerbung, Banner, Displays

Adressen: **Klassische Plakatwerbung**

■ Klassische Plakatwerbung

3D-Designservice Philippe Eisfeld
Große Witschgasse 1/B
50676 Köln
Tel.: 0221/9233257
Fax: 0221/9233258
www.living-image.de
design@netcologne.de
3D Werbung, LivingImage

AAM
Agentur für Außenwerbung, Media-Planung und Abwicklung GmbH
Hohenzollernstr. 112
80796 München
Tel.: 089/3072011
Fax: 089/3089066
www.aam-aussenwerbung.de
info@aam-aussenwerbung.de
Spezialmittler

Agnes Pettinger Plakatanschlag
Flurstr. 3
83308 Trostberg
Tel.: 08621/61326

Andreas Hansen Plakatanschlag Spezialwerbung GmbH
Luruper Hauptstr. 66
22547 Hamburg
Tel.: 040/836660
Fax: 040/8314024
www.hansen-plakat.de
hansen-plakat@t-online.de
Plakatanschlag, Großflächen, Schilder, CiyLight-Poster, Litfaßsäule, Wahlwerbung

ASS Werbe GmbH
Girlitzweg 30
50829 Köln
Tel.: 0221/949829-0
Fax: 0221/949829-70
www.asswerbe.de
info@asswerbe.de
Spezialmittler

Außenwerbung-Plakatanschlag Th. Kuhlmann
Weseler Str. 106
32257 Bünde
Tel.: 05223/925050
Fax: 05223/925060
www.kuhlmann-aussenwerbung.de
auku-evz@t-online.de
Plakatanschlag, Großflächen, Ciy-Light-Poster, Allgemeinstellen, Ganzsäulen

beba Plakat-Werbung GmbH
Länderweg 25 - 29
60599 Frankfurt/Main
Tel.: 069/612096
Fax: 069/610683
www.beba-werbung.de
email@beba-werbung.de
Bauzaunplakatierung, Allgemeinstellen, Spezialmittler

Berkenhoffs Plakat Media GmbH
Werder Str. 33
20144 Hamburg
Tel.: 040/442418
Fax: 040/444284
www.plakat-media.de
info@plakat-media.de
Spezialmittler

COMPLAC
Medienservice Berlin GmbH
Am Wäldchen 41
13591 Berlin
Tel.: 030/39902532
Fax: 030/3995696
www.complac.de
mail-berlin@complac.de
Spezialmittler

Contact-Werbung
Daimler Str. 34
76185 Karlsruhe
Tel.: 0721/9712260
Fax: 0721/9712262
contact-werbung@t-online.de

DAW
Deutsche Außenwerbung GmbH
Ströer Allee 1
50999 Köln
Tel.: 02236/9645112
Fax: 02236/68147
www.stroeer.com
info@stroeer.com
Spezialmittler

DEGESTA
Deutsche Gesellschaft für Stadtverkehrsanlagen mbH
Fellner Str. 5
60322 Frankfurt/Main
Tel.: 069/955109-0
Fax: 069/955109-99
www.degesta.de
info@degesta.de
Leuchtsäulen, Plakatwerbung, Leuchten, City-Light-Poster

Adressen: **Klassische Plakatwerbung**

Dresdner Plakatservice Miknaß & Marens GbR
Dohnaer Platz 18
01239 Dresden
Tel.: 0351 / 27541188
Fax: 0351 / 27541189
www.ddps.de
info@ddps.de
Plakatanschlag

Druckhaus Schwerte GmbH
Emil-Rohrmann-Str. 2
58239 Schwerte
Tel.: 02304 / 9777-0
Fax: 02304 / 990551
www.druckhaus-schwerte.de
mail@druckhaus-schwerte.de
Plakate, Folien, Aufkleber

Duderstädter Plakatanschlag
Haberstr. 27
37115 Duderstadt
Tel.: 05527 / 2835
Fax: 05527 / 3632
Plakatanschlag

Edictum Werbeflächen-Gesellschaft mbH
Falkenburg 177
24594 Hohenwestedt
Tel.: 04871 / 708448
Fax: 04871 / 708438
Plakatflächen

Friedrich Lanzenstil Plakat-Institut
Ludwigstr. 17
89231 Neu-Ulm
Tel.: 0731 / 79480
Fax: 0731 / 9727291
lacenstiel-meier@t-online.de

Gesellschaft für Außenwerbung GmbH
Buxheimerstr. 50
87700 Memmingen
Tel.: 08331 / 9765-0
Fax: 08331 / 73966
www.gfa-gmbh.com
gfa@gfa-gmbh.com
Plakatflächen, Plakatanschlag

Gloria-Außenwerbung Plakatanschlag und Mediadienst
Talstr. 42a
32257 Bünde
Tel.: 05223 / 61910
Fax: 05223 / 64546
Plakatanschlag

Großflächen-Plakatanschlag Richard Koschwitz GmbH
Joachim-Friedrich-Str. 15
10711 Berlin
Tel.: 030 / 8911330
Fax: 030 / 8914799
www.koschwitz.de
info@koschwitz.de
Plakatdruckerei, A1-Plakate, A2-Plakate, Großfläche

Hettenbach GmbH & Co Werbeagentur GWA
Werderstr. 134
74074 Heilbronn
Tel.: 07131 / 7930-0
Fax: 07131 / 7930-299
www.hettenbach.de
aussenwerbung@hettenbach.de
Spezialmittler

Hoffmann City-Plakat GmbH & Co KG
Stollberg Str. 8
80539 München
Tel.: 089 / 5491860
Fax: 089 / 54918625
www.hoffclp.de
info@hoffclp.de
City-Light-Plakate, City-Light-Poster

IFA Werbegesellschaft mbH
Blumenstr. 2-4
40212 Düsseldorf
Tel.: 0211 / 8678311
Fax: 0211 / 8678333
www.ifawerbung.de
info@ifawerbung.de
Spezialmittler

JC Decaux Deutschland GmbH
Oskar-Jäger-Str. 48a
50825 Köln
Tel.: 0221 / 546850
Fax: 0221 / 54685141
www.jcdecaux.de
centrale@jcdecaux.de

Joerger-Werbung GmbH oder AWK Werbung
An der Pulvermühle 5
52349 Düren
Tel.: 02421 / 96869-0
Fax: 02421 / 6 63 99

Kaltenbach GmbH Außenwerbung
Sunderlohstr. 46
58091 Hagen
Tel.: 02331 / 77408
Fax: 02331 / 75424
www.kaltenbach-aussenwerbung.de
info@kaltenbach-aussenwerbung.de

Adressen: **Klassische Plakatwerbung**

**Kommunale Außenwerbung
Günther & Schiffmann GmbH & Co.**
Volkshartstr. 11
86152 Augsburg
Tel.: 0821 / 44464-0
Fax: 0821 / 44464-99

Lifa Städtewerbung GmbH
Schwachhauser-Ring 145
28213 Bremen
Tel.: 0421 / 2239999
Fax: 0421 / 2239979
liefer-staedtewerbung-bremen@
t-online.de

**M. Hoffmann Außenwerbung
GmbH & Co. KG**
Lochhammerstr. 13
82152 Martinsried
Tel.: 089 / 8996410
Fax: 089 / 89964120
vertrieb@hoffmann-aw.de

Mannheimer Stadtreklame GmbH
Postfach 12 12 23
68161 Mannheim
Tel.: 0621 / 22810
Fax: 0621 / 103466
www.msr.mannheim.de
info@msr.mannheim.de
*Großflächen, Allgemeinstellen,
Ganzstellen, Verkehrsmittel*

**Media Consult
Werbeagentur GmbH**
Hattingerstr. 405
44795 Bochum
Tel.: 0234 / 90146-0
Fax: 0234 / 32505-93
www.media-consult-
werbeagentur.de
contact@media-consult-
werbeagentur.de
*Großflächen, Allgemein- und
Ganzstellen, City-Light-Plakate*

**Mediaimpulse
Buntrock & Buntrock
Agentur für Kommunikation und
Mediawerbung GmbH & Co. KG**
Frankfurter 69-71
61118 Bad Vilbel
Tel.: 06101 / 8215
Fax: 06101 / 12243
www.mediaimpulse.de
info@mediaimpulse.de
Spezialmittler

**Mittelbayerische
Plakatwerbung GmbH**
Dachelhofer Str. 75 b
92421 Schwandorf
Tel.: 09431 / 7136-0
Fax: 09431 / 7136-40
www.mbpw-sad.de
service@mbpw-sad.de
Spezialmittler

**MSA, Media Service
Außenwerbung GmbH**
Kapellenweg 6
83626 Valley
Tel.: 08024 / 9046-0
Fax: 08024 / 9046-248
www.mediaservice-
aussenwerbung.de
info@oscar-online.de
Spezialmittler

**OB-DA Außenwerbung
GmbH & Co. KG**
Am Mühlberg 5
64372 Ober-Ramstadt
Tel.: 06154 / 4771
Fax: 06154 / 5429
info@obda-gmbh.de

**Outfit Außenwerbung
GmbH Potsdam**
Ribbeckstr. 25
14469 Potsdam
Tel.: 0331 / 901095
Fax: 0331 / 901096
outfit-potsdam@t-online.de

outmaxx Werbegesellschaft mbH
Königsallee 35
71638 Ludwigsburg
Tel.: 07141 / 9462-0
Fax: 07141 / 9462-29
www.outmaxx.de
ludwigsburg@outmaxx.de
Spezialmittler

**P.O.S. Media GmbH Gesellschaft für
Aussenwerbung und Plakatservice**
Umweger Str. 26
76534 Baden-Baden
Tel.: 07223 / 99084-0
Fax: 07223 / 99084-19
www.pos-media.de
info@pos-media.de
Plakatflächen, Großflächen

**Pauli & Co.
Abteilung Außenwerbung**
Robert-Koch-Str. 17
95032 Hof / Saale
Tel.: 09281 / 93830
Fax: 09281 / 96472
pauli-hof@t-online.de

pensum Service GmbH
Ossecker Str. 179
95030 Hof / Saale
Tel.: 09281 / 7676999
Fax: 09281 / 7676950
www.pensum.de
info@pensum.de

Adressen: **Klassische Plakatwerbung**

**Pfälzischer Plakatanschlag
J. Schmidt GmbH & Co. KG**

Landauer Str. 18
66953 Pirmasens
Tel.: 06331 / 2400-0
Fax: 06331 / 31352
www.plakatschmidt.de
info@plakatschmidt.de

*Großflächen, City-Light-Plakate,
Allgemeinstellen, Ganzstellen, Drehsäulen*

plakat haus GmbH

Burgplatz 7
51427 Bergisch-Gladbach
Tel.: 02204 / 9482-0
Fax: 02204 / 9482-15
www.plakathaus.de
info@plakathaus.de

*Allgemeinstellen, Ganzstellen, Superposter,
City-Light-Poster, Großfläche, Infoscreen,
Megalight, Riesenposter, Blow-Up*

Plakatwerbung G. Zwerger

Am unteren Rain 34
82481 Mittenwald
Tel.: 08823 / 5536
Fax: 08823 / 5377
zwerger-mittenwald@t-online.de

PlakMedia GmbH

Zschortauer Str. 69-71
04129 Leipzig
Tel.: 0341 / 9004430
Fax: 0341 / 9004440
www.plakmedia.de
info@plakmedia.de

*Bauzaunplakatierung, Allgemeinstellen,
Spezialmittler*

Posterscope Deutschland GmbH

Beim Strohhause 31
20097 Hamburg
Tel.: 040 / 33443-0
Fax: 040 / 33443-593
www.hms-karat.de
info@posterscope.de

Plakatbewertung, Pretests

**PQ Plakat Qualität
Agentur für Außenwerbung GmbH**

Kapellenweg 8
83626 Valley
Tel.: 08024 / 9046-0
Fax: 08024 / 9046-248
www.oscar-online.de
info@oscar-online.de

Spezialmittler

**PRO MEDIA Concept GmbH
Agentur für optimierten
Plakateinsatz**

Gottlieb-Daimler-Str. 6
78467 Konstanz
Tel.: 07531 / 9858-24
Fax: 07531 / 9858-55
www.pro-media.org
info@pro-media.org

*Spezialmittler, Großfläche, Allgemeinselle,
Ganzsäule, Verbrauchermarkt, City-Light-Poster,
City-Light-Board, Riesenposter, Verkehrsmittel-
werbung*

**PSG-PRIMA Service
Gesellschaft mbH**

Lützerstr. 106
10785 Berlin
Tel.: 030 / 26937431
Fax: 030 / 2611525
l.kallasch@psgonline.de

Reklame-Fricke Plakatanschlag

Loenswinkel 27
30900 Wedemark
Tel.: 05131 / 456000
Fax: 05131 / 52580
www.reklame-fricke.de
info@reklame-fricke.de

Plakatflächen

**Ruhfus
Außenwerbung GmbH + Co. KG**

Höfkerstr. 30
44149 Dortmund
Tel.: 0231 / 1767-0
Fax: 0231 / 1767-213
www.ruhfus.de
info@ruhfus.de

*Allgemeinstellen, Ganzsäulen, City-Light-Poster,
Verkehrsmittelwerbung*

Ruhrmedia Stachon Oliver

Ruhrallee 39
44139 Dortmund
Tel.: 0231 / 557506-0
Fax: 0231 / 557506-99
www.ruhrmedia.de
info@ruhrmedia.de

Spezialmittler

Sachisthal Medienservice GmbH

Jenfelder Str. 74
22045 Hamburg
Tel.: 040 / 669599-2
Fax: 040 / 669599-1
www.sachisthal.de
media@sachistahl.de

Spezialmittler

Adressen: **Plakatdruckereien**

**Schadinskyverlag
Werbung GmbH & Cie**
Breite Str. 22
29221 Celle
Tel.: 05141 / 9292-0
Fax: 05141 / 9292-92
www.schadinsky.de
info@schadinsky.de
Plakatflächen, Verkehrsmittel

Stadtkultur Berlin GmbH
Schlesischestr. 26
– Aufgang D – EG
10997 Berlin
Tel.: 030 / 80906270
Fax: 030 / 80906271
www.stadtkultur-berlin.de
info@stadtkultur-berlin.de
Szene-Info Litfaßsäulen Berlin, Bauzaunwerbung, Großflächen, Wechselrahmen an S-Bahnen, Kulturbus

Stadtreklame Nürnberg GmbH
Katzwangerstr. 146
90461 Nürnberg
Tel.: 0911 / 92686-0
Fax: 0911 / 92686-60
www.stadtreklame.com
info@stadtreklame.com
Busse, Bahnen, Plakate, Leuchtsäulen, Mega-Lights

SYSMA Marketing GmbH
Gutleutstr. 96
60329 Frankfurt am Main
Tel.: 069 / 96201262
Fax: 069 / 621916
www.sysma.net
info@sysma.net

Tiefenbacher Außenwerbung
Walther-Siegfried-Str. 1
82467 Garmisch-Partenkirchen
Tel.: 08821 / 947556
Fax: 08821 / 3525
www.tiefenbacher-gap.de
info@tiefenbacher-gap.de
Plakatanschlag, Fahrzeugwerbung, Bannerwerbung

TOP Außenwerbung GmbH
Ikenstr. 17
40625 Düsseldorf
Tel.: 0211 / 177510
Fax: 0211 / 1775151
top-topten@t-online.de

Wall AG
Friedrichstr. 118
10117 Berlin
Tel.: 030 / 33899-0
Fax: 030 / 33899-295
www.wall.de
info@wall.de
Stadtmöbel, Leuchtsäulen, Großflächen, City-Light-Plakate

Westfa-Werbung C. Modersohn
Schwarzenmoorstr. 7-11
32049 Herford
Tel.: 05221 / 280738
Fax: 05221 / 24638
www.westfa-werbung.de
info@westfa-werbung.de
Großfläche, City Star, Ganzstelle, City-Light-Poster

ZOB GmbH Abt. Stadtreklame
Norderhofenden 20
24937 Flensburg
Tel.: 04631 / 616613
Fax: 04631 / 616626
zob@frs.de

■ **Plakatdruckereien**

4C digital druck
Echterdingerstr. 57
70794 Filderstadt
Tel.: 0711 / 99012-20
Fax: 0711 / 99012-29
www.4cdigitaldruck.de
info@4cdigitaldruck.de
Plakatdruckerei, Digitaldruck, Großformate

**Alprinta GmbH
Print- und Displayherstellung**
Quettinger Str. 241-247
51381 Leverkusen
Tel.: 02171 / 70010
Fax: 02171 / 83900
www.alprinta.de
Info@alprinta.de
Plakatdruckerei, Fahrzeugbeschriftung, Displays

**bfc gesellschaft für digitaldruck
und mediengestaltung mbH**
Remscheider Str. 162
42899 Remscheid
Tel.: 02191 / 9456-0
Fax: 02191 / 9456-23
www.bfc-net.de
kontakt@bfc-net.de
Plakatdruckerei, Digitaldruck

Burkatzki-Druck
Bahnhofsstraße 10
51503 Rösrath
Tel.: 0225 / 9047575
www.burkatzki-druck.de
post@burkatzki-druck.de
Plakatdruckerei, Digitaldruck, Fahnen, Großflächen, City-Light-Poster, Verkehrsmittelwerbung

Adressen: **Plakatdruckereien**

Druckerei te Neues GmbH & Co. KG
Mühlhauserstr. 157
47906 Kempen
Tel.: 02152 / 1430
Fax: 02152 / 510211
www.te-neues.de
hschilcher@t-neues.de
Plakatdruckerei

Ellerhold Grossplakate GmbH, Plakatfabrik Radebeul
Friedrich-List-Str. 4
01445 Radebeul
Tel.: 0351 / 83933-0
Fax: 0351 / 83933-99
www.ellerhold.de
info@ellerhold.de
Plakatdruckerei, Großflächen

Ellmer GmbH
Im Weingarten 3
32107 Bad Salzuflen
Tel.: 05222 / 97610
Fax: 05222 / 976131
verkauf@ellmer.de
Plakatdruckerei, Digitaldruck

Erler + Pless GmbH
Böckmannstr. 56
20099 Hamburg
Tel.: 040 / 248448-0
Fax: 040 / 248448-40
www.ep-online.de
service@ep-online.de
Plakatdruckerei, Digitaldruck

Gefeller Kopetenter Siebdruck GmbH & Co KG
Hansastr. 12
41460 Neuss
Tel.: 02131 / 2382-0
Fax: 02131 / 238222
www.gefeller.de
siebdruck@gefeller.de
Plakatdruckerei

ggp media
Karl-Marx-Str. 24
07381 Pößneck
Tel.: 03647 / 4300
Fax: 03647 / 430430
www.ggp-media.de
ggp.poessnek@bertelsmann.de
Plakatdruckerei

Klingenberg Berlin
Buckower Chaussee 114
12277 Berlin
Tel.: 030 / 68906-200
Fax: 030 / 68906-290
www.klingenberg-plakat.de
kontakt@klingenberg-plakat.de
Plakatdruckerei

Kolbe Druck
Im Industriegelände 50
33775 Versmold
Tel.: 05423 / 9670
Fax: 05423 / 41230
www.kolbe-druck.de
info@kolbe-druck.de
Plakatdruckerei, Digitaldruck

Kreye Siebdruck GmbH
Marienfelder Str. 52
56070 Koblenz
Tel.: 0261 / 88445-0
Fax: 0261 / 88445-50
www.kreye-siebdruck.de
info@kreye-siebdruck.de
Plakatdruckerei

Kürten & Lechner GmbH
Ernst-Reuter-Str. 3
51427 Bergisch Gladbach
Tel.: 02204 / 209-0
Fax: 02204 / 209-99
www.kldruck.de
info@kldruck.de
Plakatdruckerei, Riesenposter, Fahrzeugbeschriftung

Octant Siebdruck GmbH
Gildemeisterstr. 125
33689 Bielefeld
Tel.: 05205 / 98455
Fax: 05205 / 72150
www.octant.de
info@octant.de
Plakatdruckerei

Offset Druck Team GmbH & Co. KG
Liegnitzer Str. 1
58454 Witten
Tel.: 02302 / 929-9
Fax: 02302 / 929-190
www.odt.de
info@odt.de
Plakatdruckerei, Superposter

Plakat-Druck Mannheim GmbH
Scheidhorststr. 7
68169 Mannheim
Tel.: 0621 / 32256-0
Fax: 0621 / 32256-20
www.plakatdruck-ma.de
infol@plakatdruck-ma.de
Plakatdruckerei

RAABE Graphic Productions
Gutenberg Str. 9
54516 Wittlich
Tel.: 06571 / 9144-0
Fax: 06571 / 914422
Raabe@t-online.de
Plakatdruckerei (Digitaldruck)

PLAKATE?
DA GIBT'S FÜR MICH NUR EUCH!

**Frau Z. Ufrieden,
Plakateinkäuferin
aus Frankfurt**

Einfach anrufen:
(030) 6 89 06-200

Freut uns sehr, liebe Frau Z. Ufrieden, dass wir
Sie mit unserem Angebot so begeistern:

- Alle Plakate für Innen und Außen
- Vom A1, CLP, 18/1 bis zum 40/1
- Modernste Technik in allen Bereichen
- Schneller, persönlicher Service
- Einfache, professionelle Abwicklung

WIR DRUCKEN IHR PLAKAT.

Buckower Chaussee 114 · 12277 Berlin
T (030) 6 89 06-200 · F (030) 6 89 06-290
Kontakt@Klingenberg-Plakat.de
www.Klingenberg-Plakat.de

Adressen: **Medien an Straßen**

SERAL-Druck GmbH
Mühlenweg 2
56235 Ransbach-Baumbach
Tel.: 02623 / 88060
Fax: 02623 / 8806-60
www.seral-druck.de
seral@seral-druck.de
Plakatdruckerei

Staudigl-Druck GmbH & Co. KG
Schützenring 1
86609 Donauwörth
Tel.: 0906 / 7008-0
Fax: 0906 / 7008-200
www.staudigl-druck.de
info@staudigl-druck.de
Plakatdruckerei

Störring Satz und Druck GmbH
Königsfelder Str. 45
58256 Ennepetal
Tel.: 02333 / 9895-0
Fax: 02333 / 9595-95
www.stoerring.de
jost@stoerring.de
Plakatdruckerei

■ **Medien an Straßen**

Abribus Citymedia GmbH
Oskar-Jäger-Str. 48 a
50825 Köln
Tel.: 0221 / 54685-0
Fax: 0221 / 54685-599
www.abribus.de
info@abribus.de
Leuchtsäulen, Mega-Lights

Asphalt-Art
Meßdorfer Str. 47
53121 Bonn
Tel.: 0228 / 4228089
Fax: 0228 / 4228092
www.asphalt-art.de
info@asphalt-art.de
Bodenwerbung, Asphaltkleber, Werbung in Parkhäusern

AWAG Fahnen & Fahnenmasten
Donaumühle 14
94577 Winzer
Tel.: 09901 / 7497
Fax: 09901 / 6598
www.awag.de
awag-winzer@t-online.de
Fahnen

Berliner Stoffdruckerei GmbH
Nordbahnstr. 17
13359 Berlin
Tel.: 030 / 493002-0
Fax: 030 / 493002-48
www.flag.de
info@flag.de
Fahnen

Canale Grande
Hofbrunnstr. 19a
81479 München
Tel.: 089 / 749961-46
Fax: 089 / 749961-47
www.canale-grande.de
info@canale-grande.de
Werbung auf Kanaldeckeln

Catdesign Beyer
Dinnendahlstr. 26
47533 Kleve
Tel.: 02821 / 7294-0
Fax: 02821 / 12287
www.catdesign.de
info@catdesign.de
Bauschilder, Werbetafeln

Christopher GbR
Latumer Bruchweg 101
40668 Meerbusch-Lank
Tel.: 02150 / 911960
Fax: 02150 / 911961
Fahnen, Banner, Riesenposter

Dekora H. Schneider GmbH & Co. KG
Karl-Grillenberger-Str. 6-8
90402 Nürnberg
Tel.: 0911 / 221708
Fax: 0911 / 221943
www.dekora.de
info@dekora.de
Plakatflächen, Bautafeln, Fahrzeugbeschriftung

Distec GmbH
Gladbacher Str. 23
52525 Heinsberg
Tel.: 02452 / 9647-0
Fax: 02452 / 9647-10
www.distec.com
service@distec.com
CLP-Vitrinen, Prismenwender, Stadtmöblierung, CityLight-Boxen, Wechsler, Plakatrahmen

DOMMER Stuttgarter Fahnenfabrik GmbH
Maybachstr. 37
70469 Stuttgart
Tel.: 0711 / 66677-0
Fax: 0711 / 66677-88
www.dommer.de
info@dommer.de
Werbefahnen, Dekofahnen

Adressen: **Medien an Straßen**

dresden design Werbetechnik
Görlitzer Str. 39
01099 Dresden
Tel.: 0351 / 8022877
Fax: 0351 / 8022876
www.dresden-design.de
info@dresden-design.de
Bauschilder, Beschriftungen

DSM Zeit und Werbung GmbH
Burgstr. 106
60389 Frankfurt/Main
Tel.: 0700 / 98955555
Fax: 0700 / 98977777
www.zuw.de
info@zuw.de
Uhrensäulen

ENTDECKER GmbH
Küchlerstr. 2
61231 Bad Nauheim
Tel.: 06032 / 9296-0
Fax: 06032 / 9296-26
www.entdecker.com
sales@entdecker.com
Flying Banner

Fahnen Fleck GmbH & Co. KG
Haidkamp 95
25421 Pinneberg
Tel.: 04101 / 7974-0
Fax: 04101 / 7974-45
www.fahnenfleck.de
fahnen@t-online.de
Fahnen

Frankfurter Fahnen JUNGMANN GmbH
Kleines Gäßchen 13-15
63075 Offenbach
Tel.: 069 / 986457-0
Fax: 069 / 986457-26
www.frankfurter-fahnen.de
mail@frankfurter-fahnen.de
Fahnen

Freudenthal-Werbung
Maxim-Gorki-Str. 4
01445 Radebeul
Tel.: 0351 / 8308234
Fax: 0351 / 8308235
www.freudenthal-werbung.de
werbung@fwz.de
Windwerbeanlagen, Auto-Werbe-Rotor, Schildersysteme, Leuchtwerbung, LEDs, Pylone, Rotordisplays

Gebrüder CLASEN oHG
Friedrich-Ebert-Str. 35
40210 Düsseldorf
Tel.: 0211 / 359642
Fax: 0211 / 162110
www.fahnen.de
info@fahnen.de
Fahnen

Georg Zacharias GmbH
Mündelheimer Weg 5
40472 Düsseldorf
Tel.: 0211 / 5180860
Fax: 0211 / 51808620
zacharias@jcdecaux.de
Leuchtsäulen

H & D Digitaldruck GmbH
Nobelstr. 1 b
85757 Karlsfeld
Tel.: 08131 / 90740
Fax: 08131 / 9074111
www.hundd.com
info@hundd.com
Großflächen am Baugerüst, LKW-Beschriftungen, Digitaldruck

Inditec Display & Messegestaltung
Am Kalkofen 4
65510 Idstein
Tel.: 06126 / 946499
Fax: 06126 / 946498
www.inditec.com
info@inditec.com
Bandenwerbung, Prismavisionsanlagen, Floorgraphics, Schleppbanner

Innovativ-Marketing
Döpfnerstr. 34
63762 Großostheim
Tel.: 06026 / 9989890
Fax: 06026 / 9989891
www.inno-m.de
info@inno-m.de
Uhrensäulen

K.P.S. Koch's Plakatierservice
Gesselnerstr. 28
33106 Paderborn
Tel.: 05254 / 957440
Fax: 05254 / 957441
www.plakatierservice.com
kochs@plakatierservice.com
Plakatierung, Hartfasertafeln, Dreieckständer

Kappen-Orth GmbH & Co. KG
Stockelsdorferweg 78
23601 Bad Schwartau
Tel.: 0451 / 280980
Fax: 0451 / 2809838
www.kappen-orth.de
info@kappen-orth.de
Fahnen

Klett - Decaux GmbH
Böblinger Str. 245
70199 Stuttgart
Tel.: 0711 / 16938-20
Fax: 0711 / 6408942

Adressen: Medien an Straßen

Kössinger AG
Fruehaufstr. 21
84069 Schierling
Tel.: 09451 / 499-122
Fax: 09451 / 499-101
www.koessinger.de
info@koessinger.de
Fahnen

**Nikolaus Spitzer
Kulturmanagement**
Luisenstr. 1
76275 Ettlingen
Tel.: 07243 / 93900
Fax: 07243 / 939017
www.nikolaus-spitzer.de
info@nikolaus-spitzer.de
Plakatierung, Hartfasertafeln, Dreieckständer

NIS-Informations-Systeme GmbH
Valterweg 10
65817 Eppstein/Ts.
Tel.: 06198 / 5799-0
Fax: 06198-33997
www.nis-time.de
info@nis-time.de
Uhrenwerbung, Sportwerbung, Sportanzeigen, Info-Displays

Plakatierung Pitz
Karlstr. 20
66127 Klarenthal
Tel.: 06898 / 39320
Fax: 06898 / 370695
www.plakatierung-pitz.de
web@plakatierung-pitz.de
Plakatierung, Hartfasertafeln, Dreieckständer

Plakatwerbung Roland Franz
Siegbertstr. 1
67346 Speyer
Tel.: 06232 / 73862
Fax: 06232 / 73880
franz-tanja@t-online.de
Hartfasertafelaushänge

Postermobil GmbH
Rainweg 69
69118 Heidelberg
Tel.: 06221 / 803932
Fax: 06221 / 803944
www.postermobil-produktion.de
postermobil.produktion@
t-online.de
Superposter, Baugerüstplanen, Fahrzeugwerbung

Profi-Sport, Kurt Hobelsberger
Neuhütte 1
94518 Spiegelau
Tel.: 08553 / 91177
Fax: 08553 / 91178
www.profisport.com
info@profisport.com
Fahnen, Werbetransparente

Reell Werbung
Schmiedackerstr. 14
79576 Weil am Rhein
Tel.: 07621 / 61712
Fax: 07621 / 688275
www.reell-werbung.de
Plakatierung, Hartfasertafeln, Dreieckständer

**Reklame Rudolph
Werbung + Technik GmbH**
Auf der Weiß 1
57074 Siegen
Tel.: 0271 / 4058-0
Fax: 0271 / 4058-158
www.reklamerudolph.de
info@rudolph-siegen.de
Uhren, Werbetürme, Standpylone, Reliefschriften, Komplette Fassadengestaltung

S & P Schäffer & Peters GmbH
Zeppelinring 12-14
63165 Mühlheim/Main
Tel.: 06108 / 9049-0
Fax: 06108 / 77950
www.s-u-p.de
info@s-u-p.de
Fahnen

Selmair SignGrafiks
Nürnberger Straße 29
91522 Ansbach
Tel.: 0981 / 97120-0
Fax: 0981 / 97120-22
www.selmair-signgrafiks.de
info@selmair-signgrafiks.de
Trisplay Werbeturm

Smile Werbung
Basler Landstr. 59
79111 Freiburg
Tel.: 0761 / 709416
Fax: 0761 / 709414
www.smile-werbung.de
mail@smile-werbung.de
Hartfasertafelaushänge

Spinhoff Siebdruck GmbH
Rotter Bruch 16
52068 Aachen
Tel.: 0241 / 504066
Fax: 0241 / 507926
www.spinhoff.de
info@spinhoff.de
Schilder, Werbetürme, Sonderformen, Containerbeschriftung, Verkehrsmittelwerbung

Town Talker Media AG
Ronsdorfer Str. 74
40233 Düsseldorf
Tel.: 0211 / 7332595
Fax: 0211 / 7333534
www.towntalker.de
info@towntalker.de
Werbung an Schaltkästen, Bauzaunwerbung

Adressen: **Medien an Gebäuden**

**Walter Zeug GmbH
Buchstabenfabrik**
Industriestr. 17
71706 Markgröningen 2
Tel.: 07147 / 237-0
Fax: 07147 / 23740
www.wezet.de
info@wezet.de
Bauschildersysteme, Buchstaben, Schilder

WEBA-Fahnen GmbH & Co.
Eisenbahnstr. 20
88255 Baienfurt
Tel.: 0751 / 56011-0
Fax: 0751 / 56011-56
www.webafahnen.de
info@webafahnen.de
Fahnen

WEGER GmbH
Gewerbestr. 9
42499 Hückeswagen
Tel.: 02192 / 9208-0
Fax: 02192 / 9208-300
www.weger.de
info@weger.de
Beschriftungen, Leuchtreklame, Messebau, Fassadenwerbung, Fußbodenwerbung, Verkehrsmittelwerbung, Werbung am Baugerüst, City-Light-Plakate

Werbehaus Hof
Sedanstr. 1
95028 Hof
Tel.: 09281 / 1060
Fax: 09281 / 1070
www.werbehaus-hof.de
willkommen@werbehaus-hof.de
Bauschilder

Winkler Display Systems
O.-Schremser-Str. 22
68642 Bürstadt
Tel.: 06206 / 963135
Fax: 06206 / 963137
www.faltdisplay.de
info@faltdisplay.de
Faltdisplays, Fahnen

WUV Werbe- und Verteilerservice
Lotter Str. 119
49078 Osnabrück
Tel.: 0541 / 47217
Fax: 0541 / 434292
www.plakatierer.de
office@plakatierer.de
Hartfasertafelaushänge, Brückenwerbung

■ Medien an Gebäuden

Berenbrinker Lichtwerbung GmbH
Industriestr. 40
33161 Hövelhof
Tel.: 05257 / 9857-0
Fax: 05257 / 9857-20
www.berenbrinker.com
info@berenbrinker-lichtwerbung.de
Leuchtschriften, Pylone, Transparente

Big Poster GmbH
Theodor-Heuss-Str. 24
70174 Stuttgart
Tel.: 0711 / 2841250
Fax: 0711 / 2841251
www.big-poster-gmbh.de
peter.ibach@big-poster-gmbh.de
Superposter

BlowUP media GmbH
Borkstr. 13
48163 Münster
Tel.: 0251 / 51041-0
Fax: 0251 / 51041-99
www.blowup-media.de
info@blowup-media.de
Riesenposter

**Business Impulse
Stuttgart GmbH Advertising**
Bergstr. 11
71546 Aspach
Tel.: 0714 / 816290
Fax: 07148 / 162911
www.businessimpulse.de
info@businessimpulse.de
LED-Tafeln

City Videoboard GmbH
Sophienstr. 17
70178 Stuttgart
Tel.: 0711 / 6200840
Fax: 0711 / 62008444
www.city-videoboard.de
info@stroeer-vb.de
Videoboards

**Colonia Lichtwerbung
Schültke & Schönbrenner GmbH**
Burgstr. 120
51103 Köln
Tel.: 0221 / 872074
Fax: 0221 / 872076
www.colonia-lichtwerbung.de
info@colonia-lichtwerbung.de
Lichtwerbung, Leuchtwerbung, Apothekenwerbung

Adressen: Medien an Gebäuden

CONDI-WERBUNG

Friedrichstr. 5
95615 Marktredwitz
Tel.: 09231 / 66141-0
Fax: 09231 / 66141-1
www.condi-werbung.de
info@condi-werbung.de

Plakatdruckerei, Digitaldruck, Fahrzeugbeschriftung, Bandenwerbung, Banner, Lichtreklame, LKW-Planen-Beschriftung, Fussbodenwerbung, Prismenwender und andere Displays

Digital Druck AG

Meglinger Str. 56
81477 München
Tel.: 089 / 7488100
Fax: 089 / 748810-33
www.digitaldruck.ag
info@digitaldruck.ag

Digitaldruck, Prismenwender, Fußbodenwerbung, Leuchtwerbung 3D, Leuchtkästen, Druck

DSM MEGAPOSTER GmbH

Floßhafenstr. 6
41460 Neuss
Tel.: 02131 / 224400
Fax: 02131 / 224423
www.megaposter.de
info@megaposter.de

Baugerüst- und Fassadenwerbung

E. Gundlach Display GmbH

Hellweg 21-25
33813 Orlinghausen
Tel.: 05202 / 700-0
Fax: 05202 / 700-310
www.gundlach.de/display
kontakt@gd.gundlach.de

Displays, Leuchdisplays

**Efra Lichtwerbung
Ernst Franke GmbH & Co.KG**

Fritz-Voigt-Str. 1
50823 Köln
Tel.: 0221 / 551066
Fax: 0221 / 555131
www.efra.de
service-point@efra.de

Leuchtschriften, Schilder

Fresh Handel Klinke & Meyer GdbR

Andréestraße 12
80634 München
Tel.: 089 / 12749068
Fax: 089 / 181578
www.freshbags.de
mail@freshbags.de

Taschen aus Riesenpostern

grafiatec GmbH

Freie Reichstraße 14
54518 Dreis
Tel.: 06508 / 918611
Fax: 06508 / 918612
www.grafiatec.de
info@grafiatec.de

Baustellenwerbung, Bauschilder, Riesenposter (Druck), Fahrzeugbeschriftungen

Groba Lichtwerbung GmbH

Hildener Straße 171
40591 Düsseldorf
Tel.: 0211 / 714517
Fax: 0221 / 712118
www.groba-lichtwerbung.de
info@groba-lichtwerbung.de

Lichtanlage, Neonschriften, Leuchtkästen

H. Marahrens Company Group

Auf den Sandbreiten 2
28719 Bremen
Tel.: 0421 / 69444-0
Fax: 0421 / 69444-13
www.marahrens.com
info@marahrens.com

Bauschilder, Fahrzeugbeschriftung, Fassaden

H.-G. Hofmaier´s Beschriftungs- und Druck-Centrum

Leutsettener Str. 28
82319 Starnberg
Tel.: 08151 / 9088211
Fax: 08151 / 9088212
www.bdc-sta.de
order@bdc-sta.de

Prismenwender, Schilder, Displays

HAWOLINE Werbetechnik

Neustädter Str. 29a
38723 Seesen
Tel.: 05381 / 94960
Fax: 05381 / 949696
www.werbunghoch3.de
info@werbunghoch3.de

Beschrifung, Schilder, Verkehrsmittelwerbung

Hellweg-Werbegesellschaft mbH + Co.

Höfkerstr. 30
44149 Dortmund
Tel.: 0231 / 1767200
Fax: 0231 / 1767128
www.hellweg-do.de
info@hellweg-do.de

Großflächen, Werbung an Gebäuden, Verbrauchermarkt, U-Bahn

Adressen: **Medien an Gebäuden**

Hoerner Corporate Branding GmbH
Industriestr. 1-15
74246 Eberstadt
Tel.: 07134 / 501-0
Fax: 07134 / 501-270
www.westiform.com
info@hoerner.net
Leuchtschrift, Pylone

Hoffschmidt Werbetechnik GmbH
Lampadiusstr. 2
37691 Boffzen
Tel.: 05271 / 9565-0
Fax: 05271 / 9565-35
www.werbetechnik.net
info@werbetechnik.net
Leuchtwerbung, Schilder, Bandenwerbung, Displays, Pylone, Fahnen

IDE Werbung GmbH
Hansestr. 2
27419 Sittensen
Tel.: 04282 / 713
Fax: 04282 / 5210
www.idewerbung.de
info@idewerbung.de
Beschriftung, Produktion, Verkehrsmittelwerbung

KINDER Lichtwerbung GmbH
Holsterfeld 6
48499 Salzbergen
Tel.: 05971 / 9676-0
Fax: 05971 / 9676-60
www.lichtwerbung-kinder.de
info@lichtwerbung-kinder.de
Werbetürme, Pylone, Leuchtwerbung, Neonwerbung, Beschriftung, Schilder

Kreativ Group
Hauptstr. 11
04617 Treben
Tel.: 034343 / 51-888
Fax: 034343 / 51-704
www.kreativ-group.com
contakt@kreativ-group.com
Prismenwender

LEUROMEDIA GmbH & Co. KG
Schmidener Weg 7
70736 Fellbach
Tel.: 0711 / 95791280
Fax: 0711 / 95791288
leuromedia@t-online.de
LED-Tafeln

Licht-Konzept & Form, Lichttechnische AG
Bismarckstr. 35
50672 Köln
Tel.: 0221 / 9523930
Fax: 0221 / 9523927
www.a50.de
info@a50.de
Leuchten für Lichtwerbung

Lichtwerbung Greiner jun. GmbH
Dr.-Kleber-Straße 2-2a
92536 Pfreimd
Tel.: 09606 / 9215-16
Fax: 09606 / 9215-30
www.lichtwerbung-greiner.de
m.manner@lichtwerbung-greiner.de
Leuchtschrift

Lichtwerbung Ulrich H. Klein
Ferrenbergstr. 133-137
51469 Bergisch Gladbach
Tel.: 02202 / 38614
Fax: 02202 / 38886
www.lichtwerbung-klein.de
info@lichtwerbung-klein.de
Werbetürme, Pylone, Leuchtschrift

Lienhard Werbung GmbH
Im Rowenhardt 26
49504 Lotte
Tel.: 0541 / 124061-2
Fax: 0541 / 128812
www.lichtwerbung.de
lienhard@lichtwerbung.de
Leuchtschriften

Light Unlimited
Hohenzollerndamm 152
14199 Berlin
Tel.: 030 / 84107384
Fax: 030 / 84107385
www.lightunlimited.de
info@lightunlimited.de
Licht-Echo und Spiegel-Displays, Leuchtkästen, Licht-Grafikwerfer

Magic Poster GmbH
Hüttenstr. 5a
40215 Düsseldorf
Tel.: 0211 / 876705-0
Fax: 0211 / 876705-557
www.magicposter.de
magicposter@magicposter.de
Riesenposter am Karstadt, Spezialmittler

Makom Media GmbH
Herwigsmühlenweg 3 c
34123 Kassel
Tel.: 0561 / 95065-00
Fax: 0561 / 95065-04
www.makom.net
info@makom.de
Riesenposter

Marx & Moschner GmbH
Wigeystr. 20
57368 Lennestadt
Tel.: 02723 / 9668-0
Fax: 02723 / 9668-15
www.marx-moschner.de
info@marx-moschner.de
Produktion von Riesenpostern

Adressen: **Medien an Gebäuden**

Media Special GmbH & Co KG
Alfred-Kubin-Weg 8
81477 München
Tel.: 089 / 74999768
Fax: 089 / 74999624
www.media-special.de
info@media-special.de
Transparente, Schilder

Mediateam Werbeagentur GmbH
Bundesallee 56
10715 Berlin
Tel.: 030 / 8540300
Fax: 030 / 85403020
www.mediateam-werbeagentur.de
info@mediateam werbeagentur.de
*Stadtmöblierung, Werbung an Gebäuden,
Werbung an Straßen*

**MINTAS GmbH
Druck- und Werbetechnik**
Zur Degensmühle 3
53347 Alfter-Impekoven bei Bonn
Tel.: 0228 / 6420650
Fax: 0228 / 6420550
www.mintas.de
info@mintas.de
Messenaustellungen

**NEL Neontechnik
Elektroanlagen Leipzig GmbH**
Debyestr. 6
04329 Leipzig
Tel.: 0341 / 30569-0
Fax: 0341 / 30569-19
www.neontechnik-leipzig.de
info@neontechnik-leipzig.de
Leuchtschrift, Transparente

Neon-Raaf Lichtwerbung
Mollenbachstr. 13
71229 Leonberg
Tel.: 07152 / 71088
Fax: 07152 / 73186
www.raaf.de
info@raaf.de
*Leuchtschrift, Transparente,
Pylone, Hinweisschilder*

NIED Kunststoff-Textil KG
Danziger Str. 1
56564 Neuwied
Tel.: 02631 / 8608-0
Fax: 02631 / 8608-21
www.nied-kg.de
info@nied-werbung.de
*Großflächen, Baustellenwerbung,
Beschriftungen, Hersteller von Reitern
und Schildern für die Bandenwerbung*

OBORNIK Werbetechnik
Peiner Landstr. 215
31135 Hildesheim
Tel.: 05121 / 54340
Fax: 05121 / 512547
www.obornik.de
info@obornik.de
Leuchten

pako system G. Heckendorf GmbH
Frankfurterstr. 8
634121 Kassel
Tel.: 0561 / 63995
Fax: 0561 / 67066
pako-system@luckynet.de
Prismavisionsanlagen

Plakativ GmbH
Leopoldstr. 50
80802 München
Tel.: 089 / 8563380
Fax: 089 / 85633829
www.plakativ.de
Baugerüst- und Fassadenwerbung

Pöschl
Adlerstr. 10
91746 Weidenbach
Tel.: 09826 / 991314
Fax: 09826 / 991961
www.poeschl.de
info@poeschl.de
*Prismenwender, Leuchtrahmen,
Neon-Schriften*

PRISMA GmbH & Co KG
Max-Pechstein-Str. 12
50858 Köln
Tel.: 0221 / 482455
Fax: 0221 / 487166
Prismavisionsanlagen

Regenbogen Werbung
Kobitzschwalder Str. 11
08527 Plauen
Tel.: 03741 / 131447
Fax: 03741 / 136632
www.regenbogenwerbung.de
info@regenbogenwerbung.de
Leuchtschrift, Fahrzeugbeschriftung

RIES Werbetechnik GmbH
Molzaustr. 2
76646 Bruchsal
Tel.: 07251 / 80541
Fax: 07251 / 80553
www.ries-wt.de
info@ries-wt.de
Lichtwerbeanlagen, Fassaden, Standpylone

Rischke & Mehner Werbeagentur
Wehlenteichweg 1
01979 Lauchhammer
Tel.: 03574 / 4917-0
Fax: 03574 / 4917-41
www.rm-werbung.de
info@RM1.de
*Großflächen, Prismenwender, Lichtmastschilder,
Schutzgeländer, Logos*

_____ Adressen: **Medien an Gebäuden**

Röser Media GmbH & Co KG

Fritz-Erler-Str. 25
76133 Karlsruhe
Tel.: 0721 / 3719-523
Fax: 0721 / 3719-530
www.roeser-media.de
info@roeser-media.de

LED-Tafeln

s + p messewerbung GmbH

Tiefenbroicher Weg 16
40472 Düsseldorf
Tel.: 0211 / 41868-0
Fax: 0211 / 41868-32
www.sp-werbetechnik.de
info@sp-werbetechnik.de

Beschriftungen, Bandenwerbung, Bauschilder

SANDER Digital Pictures GmbH

Turinerstr. 21
50668 Köln
Tel.: 0221 / 9127260
Fax: 0221 / 91272829
www.sander.de
info@sander.de

Großbildplanen, Gerüstnetze, Transparente, Banner

Schmalöer Lichtwerbung

Lorenkamp 2
45721 Haltern
Tel.: 02364 / 12732
Fax: 02364 / 168417
www.schmaloer.de
mail@schmaloer.de

Vordachanlagen, Beschriftungen, Metallbau

schuler prisma Display Werbung

In den Lindeschen 22
89129 Langenau
Tel.: 07345 / 9628-0
Fax: 07345 / 9628-29
www.prismadisplay.com
display-werbung@t-online.de

Prismavisionsanlagen, Prismenwender, Lamellenwender

SIGN Großflächenbeschriftung

Klausener Str. 45
39112 Magdeburg
Tel.: 0391 / 6625684
Fax: 0391 / 6224361
info@sign-md.de

Prismenwender, Spanntücher, Transparente Leuchtsäulen, Stahlsystem für Baustellenschilder

**Sommer
Licht- und Werbesysteme GmbH**

Eisenbahnstr. 20
49176 Hilter
Tel.: 05424 / 2212-0
Fax: 05424 / 2212-12
www.sommer-lichtwerbung.de
info@sommer-lichtwerbung.de

Leuchtkästen, Spannrahmen

Staudenraus Außenwerbung

Stephanstr. 5
97070 Würzburg
Tel.: 0931 / 35573-0
Fax: 0931 / 35573-20
staudenrausaw@t-online.de

Plakate, Leuchtschriften

**Superposter
Out-of-Home Media GmbH**

Ströer Allee 1
50999 Köln
Tel.: 02236 / 9645-0
Fax: 02236 / 9645-299
www.stroeer.de
info@stroeer.de

Superposter

**Text Lite Elektronische
Anzeige- & Informationssysteme**

Grimbergstr. 12 b
45889 Gelsenkirchen
Tel.: 0209 / 98080-0
Fax: 0209 / 98080-20
www.textlite.de
info@textlite.de

Videoboards, Grafikdisplays, Laufschriften

TREND Systeme

Am Galgenfeld 13
71665 Vaihingen/Enz
Tel.: 07042 / 92036
Fax: 07042 / 92016
www.trendsysteme.de
trendsysteme@t-online.de

Leuchtwerbung, Schilder

**TRI-SIGN, Agentur für
Werbetechnik & Gestaltung**

Mühlenweg 4
54317 Kasel
Tel.: 0651 / 53210
Fax: 0651 / 9950525
www.tri-sign.de
info@tri-sign.de

Leuchtreklame, Neonschriften

Adressen: **Verkehrsmittelwerbung**

Weber Display GmbH & Co. KG
Albert-Schäffler-Str. 6
74080 Heilbronn
Tel.: 07131 / 9213-0
Fax: 07131 / 483293
www.weber-display.de
info@weber-display.de

3D Poster, 3D Superposter, Displays

WEDIA Visuelle Großflächenwerbung GmbH
Am Exerzierplatz 2
68167 Mannheim
Tel.: 0621 / 3093315
Fax: 0621 / 3093311
www.wedia.de
info@wedia.de

Diaprojektionen an Gebäude

Werbeatelier Schütze GmbH
Ochsenwerder Norderdeich 210
21037 Hamburg
Tel.: 040 / 737123-0
Fax: 040 / 737123-45
www.schuetze-lichtwerbung.de
tschrader@schuetze-lichtwerbung.de

Leuchtschriften, Pylone

Werbe-Service Südwest GmbH & Co. KG
Linnéstr. 4
79110 Freiburg i.Br.
Tel.: 0761 / 5568236-0
Fax: 0761 / 5568236-68
www.ws-sw.de
info@ws-sw.de

Werbetechnik Zinke GmbH
Simmershäuser Str. 102f
34233 Fuldatal/Kassel
Tel.: 0561 / 981850
Fax: 0561 / 9818519
www.eventsys.info
info@zinke.com

Bauschilder, mobile Schilder, Eventschilder

Westiform AG
Freiburgstr. 596
CH-3172 Niederwangen-Bern
Tel.: 0041 / 31 / 9802222
Fax: 0041 / 31 / 9802200
www.westiform.ch
info@westiform.ch

Pylone, Leuchtschriften

Wilko Werbung GmbH
Ottostr. 21 a
54294 Trier
Tel.: 0651 / 88688
Fax: 0651 / 88588
www.wilko.de
mail@wilko.de

Werbetürme, Leuchtreklame, Fahrzeugbeschriftung, Sportplatzwerbung, Schilder, Pylone, Neonleuchtschriften

■ **Verkehrsmittel-werbung**

3M Deutschland GmbH
Carl-Schurz-Str. 1
41453 Neuss
Tel.: 02131 / 140
Fax: 02131 / 142649
www.3m.com

Folien, LKW-Beschriftungen, Verkehrsmittelwerbung, Selbstklebefolien

8x8 Velotaxi
Weinbergsweg 22
01326 Dresden
Tel.: 0351 / 8106000
Fax: 0351 / 8106001
www.8mal8.de
velotaxi@8mal8.de

Velotaxi in Dresden und Leipzig

adMobil Car Communications Hans G. Usinger GmbH & Co.KG
An der Herrenmühle 7-9
61440 Oberursel
Tel.: 06171 / 6305-0
Fax: 06171 / 6305-21
www.admobil.de
postmaster@admobil.de

PKW- und LKW-Werbung auf Mietfahrzeugen

ARBOmedia Deutschland GmbH
Kaiserstraße 14
80801 München
Tel.: 089 / 38356-0
Fax: 089 / 38356-490
www.arbomedia.de
sales.muc@arbomedia.de

Beamboards, Fahrgastfernsehen

AVD – Allgemeine Verkehrsmittel Displaywerbung GmbH
Otto-von-Guericke-Str. 8
53757 Sankt Augustin
Tel.: 02241 / 91320
Fax: 02241 / 9132255
www.avd-gmbh.com
info@avd-gmbh.com

Displays, Busse, Staßenbahnen

Adressen: **Verkehrsmittelwerbung**

AVW - Allgemeine Verkehrsmittelwerbung Langenau
Langestr. 182
89129 Langenau
Tel.: 07345 / 8003-0
Fax: 07345 / 8003-15
interrante@avw-langenau.de
Busse, Straßenbahnen

BEMA Taxiwerbung
Philippistr. 4
14059 Berlin-Charlottenburg
Tel.: 030 / 3225380
Fax: 030 / 3227842
www.bema-taxiwerbung.de
info@bema-taxiwerbung.de
Taxiwerbung

Berger Werbung GmbH
Rollbühlstr. 61 a
68309 Mannheim
Tel.: 0621 / 71898-0
Fax: 0621 / 71898-75
www.berger-werbung.de
info@berger-werbung.de
Beschriftungs-und Produktionsunternehmen

Berlin Plakat GmbH
Winkler Str. 27
14193 Berlin
Tel.: 030 / 890495-0
Fax: 030 / 890495-55
www.berlinplakat.net
mail@berlinplakat.net
S-Bahn-Werbung

Berliner Fenster der Plakat- und Außenwerbung GmbH Berlin
Rosa-Luxemburg-Str. 2
10178 Berlin
Tel.: 030 / 256209-03
Fax: 030 / 256209-01
www.berliner-fenster.de
mail@berliner-fenster.de
Fahrgastfernsehen, Berliner Fenster

BikeTaxi
An der Einsiedelei 6
Ruinenbergkaserne
14469 Potsdam
Tel.: 0331 / 2010418
Fax: 0331 / 2010449
www.biketaxi.de
info@biketaxi.de
Rikscha in Potsdam

CIRCUS Ideas Company GmbH
Rudolf-Diesel-Str. 2
78239 Rielasingen
Tel.: 07731 / 930350
Fax: 07731 / 2000
www.circus-ideas.com
info@circus-ideas.com
LKWs, Busse und Bahnen

Creative Car Gesellschaft für Werbeflächenvermittlung mbH
Theodor-Heuss-Str. 43
51149 Köln
Tel.: 02203 / 97707-0
Fax: 02203 / 97707-30
www.crea-car.de
info@crea-car.de
Taxiwerbung

Dambach Print & Service GmbH
Adolf-Dambach-Straße
76571 Gaggenau
Tel.: 07225 / 64321
Fax: 07225 / 64284
www.dambach-print.de
info@dambach-print.de
Fahrzeugbeschriftung, Schilder, Plakate

Faxi - Das Fahrradtaxi
Hofferplatz 11
A - 1160 Wien
Tel.: 0043 / 699 / 12005624
www.faxi.at
Faxi@faxi.at
Velotaxi in Wien

fendler graphics GmbH
Kieler Str. 303 a
22525 Hamburg
Tel.: 040 / 5473750
Fax: 040 / 54737516
www.fendlermedia.de
fdm@fendlermedia.de
Digitaldruck, Banner, Fahrzeugbeschriftung

FIEBER WERBUNG
Jäckstr. 31
96052 Bamberg
Tel.: 0951 / 64554
Fax: 0951 / 6010807
www.fieber-werbung.de
info@fieber-werbung.de
Fahrzeugbeschriftung, Plakate, Messewerbung

FLACHLAND Werbung Grafik Druck
Klothof 12
21629 Neu Wulmstorf
Tel.: 04168 / 436
Fax: 04168 / 900241
www.flachland.de
pschlia@web.de
Fahrzeugwerbung, Fußbodenwerbung, Banner

Flughafen Bremen GmbH
Postfach 10 57 47
28057 Bremen
Tel.: 0421 / 5595-0
Fax: 0421 / 5595-474
www.airport-bremen.de

Flughafen Düsseldorf International
Postfach 300360
40403 Düsseldorf
Tel.: 0211 / 421-0
Fax: 0211 / 421-6666
www.duesseldorf-international.de
b.stricker@dus-int.de

Adressen: **Verkehrsmittelwerbung**

**Flughafen
Hannover-Langenhagen GmbH**
Petzelstr. 84
30855 Langenhagen
Tel.: 0511 / 977-1419
Fax: 0511 / 977-1772
www.hannover-airport.de
s.krieg@hannover-airport.de
Flughafenwerbung

Flughafen Köln/Bonn GmbH
Postfach 98 01 20
51129 Köln
Tel.: 02203 / 40-4114
Fax: 02203 / 40-2751
www.koeln-bonn-airport.de
info@köln-bonn-airport.de
Flughafenwerbung

Flughafen München GmbH
Nordallee 25
85356 München
Tel.: 089 / 975-0
Fax: 089 / 975-57906
www.munich-airport.de
info@munich-airport.de
Flughafenwerbung

Flughafen Stuttgart GmbH
Postfach 23 04 61
70624 Stuttgart
Tel.: 0711 / 948-0
Fax: 0711 / 948-2241
www.stuttgart-airport.com
info@stuttgart-airport.com
Flughafenwerbung

**Granrath Mobile Außenwerbung
GbR & Veranstaltungsservice**
An der Karlshütte 12
57368 Lennestadt
Tel.: 02723 / 919030
Fax: 02723 / 919031
www.postertrain.de
info@postertrain.de
Mobile Großflächen, Trailer-Werbung

Günther Stiemke Werbung
Kaunstr. 12 f
14163 Berlin-Zehlendorf
Tel.: 030 / 809730-0
Fax: 030 / 809730-30
niedziela.stiemke@t-online.de
Flughafenwerbung Berlin-Tegel, Berlin-Tempelhof

**Hamburger Verkehrsmittel-
werbung GmbH**
Oehleckerring 22-24
22419 Hamburg
Tel.: 040 / 5320001
Fax: 040 / 5320099

Holl Schrift & Design
Beienbruch 4 a
53359 Rheinbach-Wormersdorf
Tel.: 02225 / 5295
Fax: 02225 / 17973
www.holl-fahrzeugwerbung.de
info@holl-fahrzeugwerbung.de
Beschriftungs-und Produktionsunternehmen

HUNO-Taxipromotion Silvia Noll
Würden 1
51647 Gummersbach
Tel.: 02266 / 470584
Fax: 02266 / 470586
Taxiwerbung

**Infoscreen Gesellschaft für
Stadtinformationsanlagen mbH**
Baierbrunner Str. 39
81379 München
Tel.: 089 / 748989-0
Fax: 089 / 748989-74
www.infoscreen.de
zentrale@infoscreen.de
Station-Infoscreen

**Infoscreen Hamburg – Gesellschaft
für Stadtinformationssysteme mbH**
Oehleckerring 22-24
22419 Hamburg
Tel.: 040 / 5320003
Fax: 040 / 5320095
www.ifosc.de
info@infoscreen-hamburg.de
Train-Infoscreen

jk-Außenwerbung GmbH
Stadtweg 4
38171 Sickte
Tel.: 05305 / 9192-0
Fax: 05305 / 9192-93
www.jk-aussenwerbung.de
info@jk-aussenwerbung.de
Flächen an Fahrzeugen

Kleinhempel Fotomedien Hamburg
Tarpenring 17
D-22419 Hamburg
Tel.: 040 / 514005-0
Fax: 040 / 5117722
www.kleinhempel.de
fotomedien@kleinhempel.de
Fahrzeugwerbung, Großflächen, CityLights

Adressen: **Verkehrsmittelwerbung**

Københavns Cykeltaxi ApS
Guldbergsgade 29
2200 København N.
Tel.: 0045 / 70260055
Fax: 0045 / 48177740
www.cykeltaxi.com
office@cykeltaxi.com
Velotaxi in Kopenhagen

Kölner Außenwerbung GmbH
Bonner Wall 33-35
50677 Köln
Tel.: 0221 / 37602-0
Fax: 0221 / 37602-26
www.kaw.de
info@kaw.de
Verkehrswerbung, Busse und Bahnen

**KWS Außenwerbung
Stuttgart GmbH**
Böblinger Str. 245
70199 Stuttgart
Tel.: 0711 / 16938-0
Fax: 0711 / 16938-99
www.megaplakat.de
a.schnaidt@kws-
aussenwerbung.de
Riesenposter

**KWS Außenwerbung Stuttgart
GmbH Büro Dresden**
Böblinger Str. 245
70199 Stuttgart
Tel.: 0711 / 16938-22
Fax: 0711 / 1693899
www.megaplakat.de
a.schnaidt@kws-
aussenwerbung.de
Busse und Bahnen

**Lloyd Schiffmann
Niederlassung Lübeck**
Moislinger Allee 7
3558 Lübeck
Tel.: 0451 / 81411
Fax: 0451 / 865365
luebeck@verkehrswerbung.de
Busse und Bahnen

LLOYD Verkehrs-Reklame GmbH
Wielandstr. 15
10629 Berlin
Tel.: 030 / 3238098
Fax: 030 / 3249849
www.lloyd-werbung.de
webmaster@lloyd-werbung.de
*Werbung auf Bussen, Bahnen,
Taxis, Sportwerbung*

**Lufthansa Technik AG
Marketing und Sales**
Weg beim Jäger 193
22335 Hamburg - Airport
Tel.: 040 / 5070-3311
Fax: 040 / 5070-4411
www.lufthansa-technik.com
lht.infoline@lht.dlh.de
Flugzeugbeschriftung

Medi@Bild Imaging AG
Feldstr. 66/Hochhaus 1
20359 Hamburg
Tel.: 040 / 43178-870
Fax: 040 / 43178-873
www.mediabild.com
rkohler@mediabild.com
Riesenposter, Gerüstplanen

Media Frankfurt GmbH
Flughafenstr. 4a
60528 Frankfurt
Tel.: 069 / 69708-0
Fax: 069 / 69708-42
www.media-frankfurt.de
info@media-franfurt.de
Flughafenwerbung Frankfurt

Mobil-Werbeland
Postfach 55 06 23
22566 Hamburg
Tel.: 040 / 445061-22
Fax: 040 / 445061-23
www.mobil-werbeland.de
corinna.dietrich@mobil-
werbeland.de
Werbung auf Privatfahrzeugen

MON-WERBUNG GmbH Rostock
Alt Bartelsdorfer Str. 18c
18146 Rostock
Tel.: 0381 / 6866870
Fax: 0381 / 6863756
www.mon-werbung.de
mon-werbung@t-online.de
Fahrzeugbeschriftung, Fahnen, Planen

MOVE IT MEDIA. GmbH
Dagobertstr. 15
90431 Nürnberg
Tel.: 0911 / 32240-0
Fax: 0911 / 32240-22
www.moveitmedia.de
info@moveitmedia.de
Mobile Werbeträger

NET communications AG
Hospelt Str. 39
50825 Köln
Tel.: 0221 / 9497280
Fax: 0221 / 9497289
www.net-communication.de
info@net-communications.de
Treppenstufenwerbung

Adressen: **Verkehrsmittelwerbung**

**plus Systems
Martin Bruckner GmbH**
Schwaigerner Str. 1
74211 Leingarten
Tel.: 07131 / 9099-0
Fax: 07131 / 9099-88
www.plus-system.de
info@plus-system.de

LKW-Werbung

Posterbike
Marienburger Str. 31
10405 Berlin
Tel.: 030 / 447374-60
Fax: 030 / 447374-61
www.posterbike.de
info@posterbike.de

mobile Werbeträger

PosterMobil Vermietung von Fahrzeugflächen GmbH
Georg-Büchner-Str. 1
61476 Kronberg / Taunus
Tel.: 0700 / 76783766
Fax: 0180 / 5329767
www.postermobil.de
info@postermobil.de

LKW-Werbeflächen, Heckplakate, Flugzeugwerbung

Promoductions GmbH
Theodorstr. 42-90 Haus 4b
22761 Hamburg
Tel.: 040 / 319923-7
Fax: 040 / 319923-98
www.promoductions.com
info@promoductions.com

Mobile Medien

**R&R Medi-Business Freiburg GmbH
-Velotaxi Freiburg-**
Am Retzgraben 19
79108 Freiburg
Tel.: 0172 / 7684370
www.velotaxi-freiburg.de
info@velotaxi-freiburg.de

Velotaxis

Rikscha-Mobil
Postfach 10 12 06
80086 München
Tel.: 0700 / 80901020
Fax: 0700 / 80901010
www.rikscha-mobil.de
rikscha-mobil@t-online.de

Werbung auf Radtaxis

RikschaTaxi Berlin
Rodenbergstraße 37
10439 Berlin
Tel.: 030 / 44036164
www.rikschataxi.de
info@rikschataxi.de

Rikschataxi in Berlin

Roadposter GmbH & Co. KG
Simsrockstr. 11
41464 Neuss
Tel.: 02131 / 367760
Fax: 02131 / 367761
www.roadposter.de
info@roadposter.de

LKW Heckflächen

S.D. Verkehrswerbung KG
Fritz-Hornschuch-Str. 7
95326 Kulmbach
Tel.: 09221 / 5004-0
Fax: 09221 / 5004-53
www.sd-werbung.de
info@sd24.de

Traffic Board, Traffic Poster

Saarbahn GmbH
Hohenzollernstr. 104 - 106
66117 Saarbrücken
Tel.: 0681 / 5003-320
Fax: 0681 / 5003-351
www.saarbahn.de
c.delsavio@saarbahn.de

Busse und Bahnen

**Scheufen Shop.
Schilder, Schriften, Service**
Aachener Str. 15
40223 Düsseldorf
Tel.: 0211 / 938888-0
Fax: 0211 / 938888-11
www.scheufen.com
info@scheufen.com

Fahrzeugbeschriftung

Schiffmann Außenwerbung GmbH
Linnéstr. 4
79110 Freiburg
Tel.: 0761 / 89679-0
Fax: 0761 / 89679-99
www.schiffmann-
aussenwerbung.de
info@schiffmann-
aussenwerbung.de

Busse und Bahnen

Schöpfer GmbH & Co. KG
Karl-Henschel-Str. 6
72770 Reutlingen
Tel.: 07121 / 5858-0
Fax: 07121 / 5858-20
www.schoepfer.de
systemtext@schoepfer.de

Beschriftungs- und Produktionsunternehmen

Adressen: **Verkehrsmittelwerbung**

SKK Enterprise
Eilbektal 4 d
22089 Hamburg
Tel.: 040 / 20978160
Fax: 040 / 20978161
www.skk-enterprise.de
info@skk-enterprise.de
Werbung auf Flugzeugen

Sportcast
Ulmenstr. 37
22299 Hamburg
Tel.: 040 / 4688010-0
Fax: 040 / 46773121
www.fahrradkurierwerbung.de
service@sportcast.de
Fahrradkuriere, Promotion

**Stadtreklame Recklinghausen
Dr. Küster & Co.**
Kölner Str. 19
45661 Recklinghausen
Tel.: 02361 / 7615
Fax: 02361 / 7588
www.stadtreklame-
recklinghausen.de
stadreklame-recklinghausen@
t-online.de

**SWG Schwäbische Werbegesellschaft
Conrad GmbH & Co. KG**
Stammheimer Str. 6
70435 Stuttgart
Tel.: 0711 / 13698234
Fax: 0711 / 13698230
www.swg-conrad.de
swg-conrad-stuttgart@
t-online.de

taxi media PT Werbung GmbH
Hermannstr. 4
45327 Essen
Tel.: 0201 / 83034-0
Fax: 0201 / 83034-44
www.taxi-media.de
info@taxi-media.de
Taxiwerbung

Taxi-AD GmbH, Nord
Herlingsburg 16
22529 Hamburg
Tel.: 040 / 548876-60
Fax: 040 / 548876-70
www.taxi-ad.de
info@taxi-ad.de
Taxiwerbung

TaxiTech GmbH
Alsterdorfer Str. 276-278
22297 Hamburg
Tel.: 040 / 555055-40
Fax: 040 / 555055-30
www.taxinet.de
info@taxitech.de
Taxiwerbung

Taxiwerbung Schimanski e. K.
Kurfürstenstr. 23
45479 Müllheim an der Ruhr
Tel.: 0208 / 3016785
Fax: 0208 / 424634
www.flug-werbung.de
info@flug-werbung.de
Taxiwerbung

Taxi-Werbung Schimanski e.K.
Kurfürstenstr. 23
45479 Mülheim an der Ruhr
Tel.: 0208 / 423879
Fax: 0208 / 424634
www.taxi-werbung.de
info@taxi-werbung.de
Taxiwerbung

trimotion GmbH
Pickhuben 5
20457 Hamburg
Tel.: 040 / 881770-01
Fax: 040 / 881770-88
www.trimotion.de
info@trimotion.de
Velotaxi in Hamburg

Trixi
c/Agregación 17, 1a
E-08041 Barcelona
Tel.: 0034 / 93 / 4555887
Fax: 0034 / 93 / 4555887
www.trixi.info
info@trixi.info
Velotaxi in Barcelona

vau-em-de Taxiwerbung
Rudolf-Wilke-Weg 18
81477 München
Tel.: 089 / 74997253
Fax: 089 / 74997243

Velotaxi GmbH Berlin
Schönhauser Allee 8
10119 Berlin
Tel.: 030 / 443194-0
Fax: 030 / 443194-20
www.velotaxi.com
info@velotaxi.de
Velotaxi, Radtaxi

Velotaxi Klaus Kutzner
Klaus-Groth-Straße 7
17489 Greifswald
Tel.: 03834 / 501321
Fax: 03834 / 535439
www.velotaxi-greifswald.de
kutznerhgw@gmx.de
Velotaxi in Greifswald an der Ostsee

Adressen: **Luftwerbung**

Verkehrswerbung Lloyd Schiffmann GmbH & Co., Zentraldisposition Düsseldorf

Graf-Adolf-Str. 76
40210 Düsseldorf
Tel.: 0211 / 311116-6
Fax: 0211 / 311116-77
www.verkehrswerbung.de
info@verkehrswerbung.de

Nahverkehrsmittel, Plakatflächen, Verkehrsmittel

Werbetechnik Odenthal

Kastanienweg 2
53859 Niederkassel
Tel.: 02208 / 8424
Fax: 02208 / 73979
www.werbetechnik-odenthal.de
info@werbetechnik-odenthal.de

Fahrzeugbeschriftung, Sportwerbung, Lichtwerbeanlagen, Fassadenbeschriftung, Hinweisschilder

Werbezentrale Lloyd Eisfeller GmbH & Co KG

Komödienstr. 56-58
50667 Köln
Tel.: 0221 / 9254550
Fax: 0221 / 2578534
www.wle.de
info@wle.de

WERBUNG GALL

Christoph-Decker-Str. 50/2
72285 Pfalzgrafenweiler
Tel.: 07445 / 85880-28
Fax: 07445 / 8588029
www.werbung-gall.de
info@werbung-gall.de

Fahrzeugbeschriftung, Fassaden, Fahnen

WLE Werbezentrale Lloyd Eisfeller

Drususgasse 1-5
50667 Köln
Tel.: 0221 / 9254550
Fax: 0221 / 2578534
eisfeller@t-online.de

X-City Marketing Hannover GmbH

Reuterstr. 9
30159 Hannover
Tel.: 0511 / 90966-200
Fax: 0511 / 90966-111
www.x-cima.de
info@xcima.de

Großflächen, City-Light-Plakate, Mega-Lights, Busse und Bahnen

Zächel AG

Potsdamer Straße 100
10785 Berlin
Tel.: 030 / 264764-0
Fax: 030 / 264764-44
www.zaechelag.de
info@zaechel-ag.de

Plakatmobil, Bierdeckelwerbung

■ **Luftwerbung**

2high ballooning GmbH

Schwalbenplatz 18
22307 Hamburg
Tel.: 040 / 238085-26
Fax: 040 / 238085-27
www.2high-ballooning.de
info@2high-ballooning.de

Ballonwerbung

A.O. Ballonreisen

Bendesdorfer Straße 79
21244 Buchholz
Tel.: 04181 / 39097
Fax: 04181 / 7120
www.ballonreisen.de
info@ballonreisen.de

Helium- und Heißluftballone

Aerial Sign

Flugplatz
25492 Heist
Tel.: 040 / 8807847
Fax: 040 / 8802304
www.aerial-sign.de
aerial-sign@t-online.de

Fotobanner

AIR Promotion GmbH

Distelweg 30
28816 Stuhr
Tel.: 0421 / 802881
Fax: 0421 / 802880
www.air-promotion.de
hb@air-promotion.de

Kaltluft Displays, Inflatables, Sky-Dancer, Fesselballone

Air-Media

Heinrich-von-Stephan-Str. 8
79100 Freiburg
Tel.: 0761 / 7076482
Fax: 0761 / 7076483
www.air-media.de
dialog@air-media.de

Fesselballons, Zeppeline, ferngesteuerte Luftschiffe

Adresse: **Luftwerbung**

Airsport Balloncentrum GmbH
Ockerweg 3 / Hinterzhof
93164 Laaber
Tel.: 09498 / 902460
Fax: 09498 / 902470
www.airsport.de
info@airsport.de
Betreiber von Heißluftballons

Ballonfahrbetrieb Kukla
Schleifmühlweg 10
69436 Schönbrunn
Tel.: 06261 / 65364
Fax: 06261 / 65592
Bannerflug

Ballonwerbung Hamburg GmbH
Eißendorfer Str. 118
21073 Hamburg
Tel.: 040 / 7901750
Fax: 040 / 79017510
www.flieg-mit-mir.de
info@flieg-mit-mir.de
Betreiber von Heißluftballons, Rundfahrten

**Ballooning 2000
Baden-Baden GmbH**
Dr.-Rudolf-Eberle-Str. 5
76534 Baden-Baden
Tel.: 07223 / 60002
Fax: 07223 / 60005
www.ballooning2000.de
info@ballooning2000.de
Betreiber von Heißluftballons

Bavaria Ballonfahrten GmbH
Hitzlerieder Str. 15
87637 Seeg
Tel.: 08364 / 986068
Fax: 08364 / 986069
www.bavaria-ballon.de
info@bavaria-ballon.de
Betreiber von Heißluftballons

**BLUE SKY PROMOTION
Gutleuthof**
55545 Bad Kreuznach
Tel.: 0671 / 76973
Fax: 0671 / 76904
www.blueskypromotion.de
blueskypromotion@t-online.de
Zeppeline, Leuchtballons, Sky-Dancer, Kaltluftballons

**Diesing + Schulz
Ballonfabrik Hannover**
Fockestr. 11
30827 Garbsen
Tel.: 05131 / 700630
Fax: 05131 / 700640
www.mega-displays.de
info@mega-displays.de
SkyGuys, Sky-Dancer, Hüpfburgen, Ballons, Kaltluftdisplays

Flugschule Hans Grade GmbH
Flugplatz
14959 Schönhagen
Tel.: 033731 / 17062
Fax: 033731 / 13137
www.flugschule-grade.de
info@flugschule-grade.de
Ballonfahrten, Bannerflüge

Flugschule Mike Goldhahn
Seinweg 5
93149 Fischbach
Tel.: 09436 / 903710
Fax: 09436 / 9037121
www.flugschule-mike-goldhahn.de
pilomike@t-online.de
Bannerflüge

GEFA-FLUG GmbH
Weststr. 24c
52074 Aachen
Tel.: 0241 / 889040
Fax: 0241 / 8890420
www.gefa-flug.de
vertrieb@gefa-flug.de
Hersteller und Betrieb von Fesselballons, Standballons, Kaltluftdisplays

GH Werbebeschriftungen
Jensenstr. 12
83209 Prien am Chiemsee
Tel.: 08051 / 63676
Fax: 08051 / 92150
www.gh-werbebeschriftungen.de
info@gh-werbebeschriftungen.de
Gleitschirmbeschriftung, Bauschilder

**Gunnar H. Pleuser
Gastspieldirektion & Service
Partner**
Comeniusstr. 10
60389 Frankfurt/Main
Tel.: 069 / 451830
Fax: 069 / 464020
www.pleuser-events.de
pleuser@pleuser-events.de
Himmelsschreiber

Ikarus Flugdienst GmbH
Flugplatz
19306 Neustadt-Glewe
Tel.: 038757 / 33213
Fax: 038757 / 33220
www.ikarus-flugdienst.de
info@ikarus-flugdienst.de
Bannerflug, Standballone, Luft-Litfaßsäulen, Promotion-Tor, Zeppeline

Adressen: Luftwerbung

Mayer Luftwerbung
Dr.-Georg-Kochstr. 2
34587 Felsberg
Tel.: 07143 / 81314-0
Fax: 07143 / 939535
www.luftwerbung.de
info@luftwerbung.de
Luftschiffe, Zeppeline, Lufttänzer, Ballonwerbung, Kaltluftdisplays

Michael Hegerkamp e.K.
Emserstr. 134
56076 Koblenz
Tel.: 0261 / 9886611
Fax: 0261 / 9886612
www.mh-airpromotions.de
kontakt@mh-airpromotions.de
ferngesteuerte Zeppeline

Musso-Luftwerbung
Rindheimer Hauptstr. 85
76131 Karlsruhe
Tel.: 0721 / 614750
Fax: 0721 / 614750
www.flugwerbung.de
paul.musso@t-online.de
Bannerflug

Penzkofer Reklamewerkstatt
Wittstr. 12
84036 Landshut
Tel.: 0871 / 44210
Fax: 0871 / 45424
www.penzkofer.com
info@penzkofer.com
Bautafeln, Leuchtwerbung, Fahrzeugbeschriftung, Paraglider, Drachen

Plakatlicht K. Treger Außenwerbung
Waldstr. 7
19322 Wittenberge
Tel.: 03877 / 561576
Fax: 03877 / 561577
mueller@plakatlicht.de
Hersteller von Heißluftballons

PTC-Production GmbH
Neustädter Str. 12
91622 Rügland
Tel.: 09828 / 911750
Fax: 09828 / 911751
www.luftschiffservice.de
hd@luftschiffservice.de
Zeppeline, ferngesteuerte Luftschiffe

Schroeder fire balloons GmbH
Gewerbegebiet / Am Bahnhof 12
54338 Schweich (Trier)
Tel.: 06502 / 9304
Fax: 06502 / 930500
www.schroederballon.de
mail@schroederballon.de
Hersteller von Heißluftballons, Kaltluftdisplays

Schwarz Consult
Flurstr. 47
84172 Buch am Erlbach
Tel.: 08709 / 3118
Fax: 08709 / 2514
www.sportfreizeit.de
info@sportfreizeit.de
Werbeflächen auf Heißluftballons

Skyship Cruise
Postfach 10
CH-8315 Lindau
Tel.: 0041 / 523545970
Fax: 0041 / 523545971
www.plaza.ch/skyship
info@skyship.ch
Luftschiffe, Zeppeline

Stratos Ballooning GmbH & Co. KG
Elisabethstr. 7
59320 Enningerloh
Tel.: 02524 / 9328-0
Fax: 02524 / 932880
www.stratos.de
info@stratos.de
Hersteller von Heißluftballons

Tyczka Industrie Gase GmbH Luftwerbung hochhinaus
Xaver-Weismor-Str. 58
81829 München
Tel.: 089 / 630215-0
Fax: 089 / 6351190
www.hochhinaus.de
info@hochhinaus.de
Ballonwerbung, Kaltluftdisplays, Fesselballone

WDL Luftschiffgesellschaft mbH
Flughafen
45470 Mülheim an der Ruhr
Tel.: 0208 / 378080
Fax: 0208 / 3780841
www.wdl-luftschiff.de
salesdirector@wdl-luftschiff.de
Luftschiffe, Zeppeline

WeFa Luftwerbung und Flugcenter Luftverkehrs- und Vertriebsgesellschaft mbH
Zum Lankenauer Höft
28197 Bremen
Tel.: 0421 / 558013
Fax: 0421 / 552951
www.wefa-flug-center.de
info@wefa-flugcenter.de
Betreiber von Heißluftballons

Adressen: **Sportwerbung / Sportverbände**

ZLT Zeppelin Luftschifftechnik GmbH & Co. KG
Allmannsweilerstr. 132
88046 Friedrichshafen
Tel.: 07541 / 59000
Fax: 07541 / 5900516
www.zeppelin-nt.de
vertrieb@zeppelin-nt.de
Luftschiffe, Zeppeline

■ Sportwerbung

**ALP Media
Der Spezialist für Skiliftwerbung**
Höhnegasse 19-20
A-1180 Wien
Tel.: 0043 / 1 / 49544690
Fax: 0043 / 1 / 495446910
www.alpmedia.at
office@alpmedia.at
Bergsport, Skiliftwerbung

**DSM Außenwerbung GmbH
Magdeburg**
Wilhelm-Kobelt-Str. 27
39108 Magdeburg
Tel.: 0391 / 73587-0
Fax: 0391 / 73587-89
Handball, SC Magdeburg

Kölnarena Management GmbH
Willy-Brandt-Platz 3
50679 Köln
Tel.: 0221 / 802-1
Fax: 0221 / 802-2299
www.koelnarena.de
contact@koelnarena.de
Eishockey, Großveranstaltungen

sitour-werbe gmbh
An der Breite 6 a
82229 Seefeld / Obb.
Tel.: 08152 / 98410
Fax: 08152 / 984141
www.sitour.de
info@sitour.de
Bergsport

Sportfive GmbH
Herrengraben 3
20459 Hamburg
Tel.: 040 / 376770
Fax: 040 / 37677-129
www.sportfive.de
info@sportfive.de
Fußballwerbung, Bandenwerbung, Sondervermarktung

supercards ambient media GmbH
Brook 1 / Speicherstadt
20457 Hamburg
Tel.: 040 / 2530310
Fax: 040 / 25303125
www.supercards.de
info@supercards.de
Stadioncards

upsolut event gmbh
Friesenweg 7
22763 Hamburg
Tel.: 040 / 881800-23
Fax: 040 / 881800-36
www.upsolut.de
info@upsolut.de
Sportveranstaltungen, Triathlon

■ Sportverbände

American Football Verband Deutschland
Otto-Fleck-Schneise 12
60528 Frankfurt/Main
Tel.: 069 / 96740267
Fax: 069 / 96734148
www.afvd.de
office@afvd.de

Bob- und Schlittenverband für Deutschland
An der Schießstätte 6
83471 Berchtesgaden
Tel.: 08652 / 95880
Fax: 08652 / 958822
www.bsd-portal.de
info@bsd-portal.de

Deutscher Aero Club
Bundesgeschäftsstelle:
Hermann-Blenk-Str. 28
38108 Braunschweig
Tel.: 0531 / 23540-0
Fax: 0531 / 23540-11
www.daec.de
info@daec.de

Deutscher Alpenverein
Von-Kahr-Straße 2-4
80997 München
Tel.: 089 / 14003-0
Fax: 089 / 14003-11
www.alpenverein.de
info@alpenverein.de

Adressen: **Sportverbände**

Deutscher Athletenbund
Badener-Platz 6
69181 Leimen
Tel.: 06224 / 975110
Fax: 06224 / 975114
bvdg.leimen@t-online.de

**Bundesverband
Deutscher Gewichtheber**
Badener-Platz 6
69181 Leimen
Tel.: 06224 / 975110
Fax: 06224 / 975114
www.bvdg-online.de
feser@bvdg-online.de

**Bundesverband
Deutscher Kraftdreikämpfer**
Badener-Platz 6
69181 Leimen
Tel.: 06224 / 975110
Fax: 06224 / 975114
www.bvdk.de
albrings@bvdk.de

Deutscher Badminton-Verband
Haus des Sports
Südstr. 25
45470 Mülheim a. d. Ruhr
Tel.: 0208 / 308270
Fax: 0208 / 35899
www.badmintonverband.de
deubadverb@t-online.de

Deutscher Bahnengolf-Verband
Koblenzer Str. 5
55469 Simmern
Tel.: 06761 / 970336
Fax: 06761 / 970637
minigolfd@aol.com

**Deutscher Baseball und
Softball Verband**
Feldbergstr. 20-22
55118 Mainz
Tel.: 06131 / 618250
Fax: 06131 / 618650
www.dbvnet.de
info@dbvnet.de

Deutscher Basketball Bund
Schwanenstr. 6-10
58007 Hagen
Tel.: 02331 / 106-0
Fax: 02331 / 106179
www.basketball-bund.de
elke.luczak@basketball-bund.de

**Deutscher
Behinderten-Sportverband**
Friedrich-Alfred-Strasse 10
47055 Duisburg
Tel.: 0203 / 7174-172
Fax: 0203 / 7174-178
www.dbs-npc.de
dbs@dbs-npc.de

Deutsche Billard-Union
Hiberniastr. 17
46240 Bottrop
Tel.: 02041 / 79610
Fax: 02041 / 796111
www.billard-union.de
billard-union@t-online.de

**Deutscher Boccia-, Boule-
und Pétanque-Verband**
Schwarzwaldstraße 5
77955 Ettenheim
Tel.: 07822 / 89270
c/o Atelier Klaus Eschbach

Deutscher Boxsport-Verband
Pfannkuchstr. 7
34121 Kassel
Tel.: 0561 / 103601
Fax: 0561 / 103602
www.boxverband.de
dabvks@t-online.de

Deutscher Eissport-Verband
Menzinger Str. 68
80992 München
Tel.u.Fax: 089 / 8111057

Deutsche Eislauf-Union
Betzenweg 34
81247 München
Tel: 089 / 818242
Fax: 089 / 818246
www.deu.de
gs.deu@t-online.de

**Deutsche Eisschnellauf-
Gemeinschaft**
Menzinger Str. 68
80992 München
Tel: 089 / 891203-0
Fax: 089 / 891203-29
www.desg.de
info@desg.de

Deutscher Eishockey-Bund
Betzenweg 34
81247 München
Tel.: 089 / 81820
Fax: 089 / 818236
www.deb-online.de
info@deb-online.de

Deutscher Curling Verband
Kestermannstr. 2
82031 Grünwald
Tel. / Fax: 08821 / 68199

Adressen: **Sportverbände**

Deutscher Eisstock-Verband
St.-Martin-Str. 72
82467 Garmisch-Partenkirchen
Tel.: 08821 / 95100
Fax: 08821 / 951015
www.eisstock-verband.de
info@eisstock-verband.de

Deutscher Fechter-Bund
Postfach 1444
53004 Bonn
Tel.: 0228 / 98905-0
Fax: 0228 / 679430
www.fechten.org
dfb_barth@t-online.de

Deutscher Fußball-Bund
Otto-Fleck-Schneise 6
60528 Frankfurt
Tel.: 069 / 67880
Fax: 069 / 6788266
www.dfb.de
info@dfb.de

Deutscher Gehörlosen Sportverband
Adolfstr. 3
45130 Essen
Tel.: 0201 / 777671
Fax: 0201 / 783302
www.deutschergehoerlosen-sportverband.de
mail@deutschergehoerlosen-sportverband.de

Deutscher Golf-Verband
Viktoriastr. 16
65189 Wiesbaden
Tel.: 0611 / 990200
Fax: 0611 / 9902040
www.golf.de
info@dgv.golf.de

Deutscher Handball-Bund
Strobelallee 56
44139 Dortmund
Tel.: 0231 / 91191-0
Fax: 0231 / 124061
www.dhb.de
geschaeftsstelle@dhb.de

Deutscher Hockey-Bund
Zentrale für den Leistungssport:
Theresienhöhe
50354 Hürth
Tel.: 02233 / 942440
Fax: 02233 / 942444
www.deutscher-hockey-bund.de
geschaeftsstelle@deutscher-hockey-bund.de

Deutscher Judo-Bund
Otto-Fleck-Schneise 12
60528 Frankfurt
Tel.: 069 / 676013
Fax: 069 / 6772242
www.judobund.de
djb@judobund.de

Deutscher Ju-Jutsu Verband
Paul-Rohland-Straße 2
06712 Zeitz
Tel.: 03441 / 310041
Fax: 03441 / 213429
www.ju-jutsu-net.de
djjv-zz@web.de

Deutscher Kanu-Verband
Bertaallee 8
47055 Duisburg
Tel.: 0203 / 997590
Fax: 0203 / 9975960
www.kanu.de
service@kanu.de

Deutscher Karate Verband
Am Wiesenbusch 15
45966 Gladbeck
Tel.: 02043 / 29880
Fax: 02043 / 298891
www.karate-dkv.de
karate.dkv@t-online.de

Deutscher Keglerbund
Wilhelmsaue 22
10715 Berlin
Tel.: 030 / 8731299
Fax: 030 / 8737314
www.dkb-online.org
deutscher.keglerbund_gs
@t-online.de

Deutscher Leichtathletik-Verband
Haus der Leichtathletik
Alsfelder Str. 27
64289 Darmstadt
Tel.: 06151 / 7708-0
Fax: 06151 / 7708-11
www.leichtathletik.de
zentrale@leichtathletik.de

Deutscher Verband für Modernen Fünfkampf
Julius-Reiber-Str. 5
64293 Darmstadt
Tel.: 06151 / 997743
Fax: 06151 / 20156
dvmf.darmstadt@t-online.de

Deutscher Motor Sport Bund (DMSB)
Hahnstraße 70
60528 Frankfurt am Main
Tel.: 069 / 6330070
Fax: 069 / 63300730
www.dmsb.de
dmsb@dmsb.de

Adressen: **Sportverbände**

**Deutscher
Motor Sport Verband (DMV)**
Hauptgeschäftsstelle:
Otto-Fleck-Schneise 12
60528 Frankfurt
Tel.: 069 / 695002-0
Fax: 069 / 69500220
www.dmv-motorsport.de
dmv@dmv-motorsport.de

Deutscher Motoryacht-Verband
Vinckeufer 12-14
47119 Duisburg
Tel.: 0203 / 809580
Fax: 0203 / 8095858
www.dmyv.de
mail@dmyv.de

Bund Deutscher Radfahrer
Otto-Fleck-Schneise 4
60528 Frankfurt
Tel.: 069 / 9678000
Fax: 069 / 96780080
www.bdr-online.org
info@bdr-online.org

**Deutscher Rasenkraftsport-
und Tauzieh-Verband**
Am Hährenwald 35
75378 Bad Liebenzell
Tel.: 07052 / 935930
Fax: 07052 / 935931
www.drtv-sport.de
drtv@surfeu.de

Deutsche Reiterliche Vereinigung
Generalsekretariat:
Frhr.-von-Langen-Str. 13
48231 Warendorf
Tel.: 02581 / 63620
Fax: 02581 / 62144
www.pferd-aktuell.de
fn@fn-dokr.de

Deutscher Ringer-Bund
Postfach 44 01 09
44390 Dortmund
Tel.: 0231 / 96987102
Fax: 0231 / 96987104
www.ringen.de
kmdittmann@aol.com

**Deutscher Rollsport-
und Inline-Verband**
Geschäftstelle:
Sterngasse 5
89073 Ulm
Tel.: 0731 / 66414
Fax: 0731 / 9603517
www.driv.de
driv2000@aol.com

Deutscher Ruderverband
Maschstr. 20
30169 Hannover
Tel.: 0511 / 980940
Fax: 0511 / 9809425
www.ruderverband.org
ruderverband@t-online.de

Deutscher Rugby-Verband
Bundesleistungszentrum Nord
Ferd.-Wilhelm-Fricke-Weg 2 a
30169 Hannover
Tel.: 0511 / 14763
Fax: 0511 / 1610206
www.rugby.de
deutscher-rugby-verband@
t-online.de

Deutscher Schachbund
Hanns-Braun-Straße
Friesenhaus I
14053 Berlin
Tel.: 030 / 3000780
Fax: 030 / 30007830
www.schachbund.de
info@schachbund.de

Deutscher Schützenbund
Schießsportschule
Lahnstr. 120
65195 Wiesbaden
Tel.: 0611 / 468070
Fax: 0611 / 4680749
www.schuetzenbund.de
info@schuetzenbund.de

Deutscher Schwimm-Verband
Korbacher Str. 93
34132 Kassel
Tel.: 0561 / 940830
Fax: 0561 / 9408315
www.dsv.de
info@dsv.de

Deutscher Segler-Verband
Gründgensstr. 18
22309 Hamburg
Tel.: 040 / 6320090
Fax: 040 / 63200928
www.dsv.org
info@dsv.org

Deutscher Skibob-Verband
Geschäftsstelle
Germersheimer Str. 2
86157 Augsburg
Tel.: 0821 / 528909
Fax: 0821 / 522296
www.skibob.org
dsbv.stempfl@t-online.de

Deutscher Skiverband
Hubertusstr. 1
82152 Planegg
Tel.: 089 / 857900
Fax: 089 / 85790247
www.ski-online.de
info@ski-online.de

Adressen: **Events**

Deutscher Sportakrobatik-Bund
Dr. Horst Schmidt Str. 16-18
64319 Pfungstadt
Tel.: 06157 / 7130
Fax: 06157 / 86770
www.sportakrobatik.de

Verband Deutscher Sportfischer
Siemensstr. 11-13
63071 Offenbach
Tel.: 069 / 855006
Fax: 069 / 873770
www.vdsf.de
vdsf.ev@t-online.de

Verband Deutscher Sporttaucher
Tannenstr. 25
64546 Mörfelden
Tel.: 06105 / 961302
Fax: 06105 / 961345
www.vdst.de
vdst.ev@vdst.de

Deutscher Squash Verband
Weidenweg 10
47059 Duisburg
Tel.: 0203 / 315075
Fax: 0203 / 314813
www.deutscher-squash-verband.de
squash.dsrv@t-online.de

Deutsche Taekwondo Union
Luisenstr. 3
90762 Fürth
Tel.: 0911 / 9748888
Fax: 0911 / 9748890
www.dtu.de
dtu-office@t-online.de

Deutscher Tanzsportverband
Otto-Fleck-Schneise 12
60528 Frankfurt am Main
Tel.: 069 / 6772850
Fax: 069 / 67728530
www.tanzsport.de
dtv@tanzsport.de

Deutscher Tennis Bund
Bundesgeschäftsstelle:
Hallerstr. 89
20149 Hamburg
Tel.: 040 / 411780
Fax: 040 / 41178222
www.dtb-tennis.de
dtb@dtb-tennis.de

Deutscher Tischtennis-Bund
Generalsekretariat:
Otto-Fleck-Schneise 12
60528 Frankfurt
Tel.: 069 / 695019-0
Fax: 069 / 695019-13
www.tischtennis.de
dttb@tischtennis.de

Deutsche Triathlon-Union
Otto-Fleck-Schneise 12
60528 Frankfurt
Tel.: 069 / 6772050
Fax: 069 / 67720511
www.dtu.org
dtu.hq@t-online.de

Deutscher Turner-Bund
DTB-Zentrale:
Otto-Fleck-Schneise 8
60528 Frankfurt
Tel.: 069 / 678010
Fax: 069 / 67801179
www.dtb-online.de
dtb-hotline@t-online.de

Deutscher Volleyball-Verband
Otto-Fleck-Schneise 8
60528 Frankfurt am Main
Tel.: 069 / 6950010
Fax: 069 / 69500124
www.volleyball-verband.de
info@volleyball-verband.de

Deutscher Wasserski-Verband
Gründgensstr. 18
22309 Hamburg
Tel.: 040 / 63998732
Fax: 040 / 63998352
www.dwsv.org
dwsv-gs@t-online.de

■ Events

Art & Fire
Pyrotechnik und Spezialeffekte
Bruchstücker 95
76661 Philippsburg
Tel.: 07256 / 9337-0
Fax: 07256 / 9337-17
www.art-fire.de
info@art-fire.de
Pyrotechnik

AS-SYSTEMS
Lichtdesign & Pyrotechnik
Nikolaus-Fey-Str. 31
97353 Wiesentheid
Tel.: 09383 / 97280
Fax: 09383 / 9728-28
assystems@t-online.de
Pyrotechnik

Adressen: **Events**

Botanikum
Bettina und Heinrich Bunzel
Feldmochinger Str. 75-79
80993 München
Tel.: 089 / 1411715
Fax: 089 / 1493672
www.botanikum.de
bunzel@artfield.de
Artfield

FLASH ART GmbH
Detmolder Str. 629 b
33699 Bielefeld
Tel.: 0521 / 92611-0
Fax: 0521 / 92611-21
www.flashart.com
mail@flashart.com
Pyrotechnik und Spezialeffekte

FREITAG TECHNOLOGIES GmbH
Fritz-Reuter-Str. 64
44867 Bochum
Tel.: 02327 / 3841
Fax: 02327 / 3844
www.showlaser.de
info@showlaser.de
Lasershows

Funk
International ICE CARVING GmbH
Wingertsberg 1
65614 Beselich
Tel.: 06484 / 6015
Fax: 06484 / 911711
www.ice-art.com
funk@ice-art.com
Icecarving

ICEART Gert J. Hödl
Jakob Ghon Allee 27
A - 9500 Villach
Tel.: 0043 / 4242320100
www.iceandart.com
Icecarving

Laserland GmbH
Wölkham 1
83128 Halfing
Tel.: 08055 / 1551
Fax: 08055 / 1545
www.laserland.de
mail@laserland.de
Lasershows

Licht & Laser Technik
Bernkasteler Str. 5
54516 Wittlich
Tel.: 06571 / 29525
Fax: 06571 / 2541
www.licht-laser.com
licht.laser@t-online.de
Lasershows

Lightline Lasertechnik
Rheinstr. 117-119
49090 Osnabrück
Tel.: 0541 / 6090310
Fax: 0541 / 6090312
www.lightline.de
info@lightline.de
Lasershows

LOBO electronic GmbH
Robert-Bosch-Str. 100
73428 Aalen
Tel.: 07361 / 9687-0
Fax: 07361 / 9687-99
www.lobo.de
mail@lobo.de
Lasershows

Millennium Visions GmbH
Kronholzerstr. 2
94542 Rainding
Tel.: 08542 / 919600
Fax: 08542 / 919600
www.millennium-visions.de
info@millennium-visions.de
Pyrotechnik

Ostsee-Pyrotechnik GmbH Oldenburg
Lübbersdorfer Weg 9
23758 Oldenburg
Tel.: 04361 / 3998
Fax: 04361 / 52000
www.feuerwerk.de
info@ostsee-pyrotechnik.de
Pyrotechnik

PYRO-ART Feuerwerke GmbH
Schönerlinder Str. 29 a
13127 Berlin
Tel.: 030 / 474790-0
Fax: 030 / 474790-22
www.pyroart.de
info@pyroart.de
Pyrotechnik

Reiner Pyrotechnik
Oranienstr. 43
10969 Berlin
Tel.: 030 / 6147646
Fax: 030 / 6143970
www.reinerpyro.de
info@reinerpyro.de
Pyrotechnik

René Odermatt
Industrie Hofwald
CH - 6382 Büren
Tel.: 0041 / 41 / 6282820
Fax: 0041 / 41 / 6282870
www.altelierodermatt.ch
info@eisskulpturen.ch
Eis, Sand und Schneefiguren

Adressen: **Ambient Media**

SIGNON
Sound / Light / Laser / Production
Wernher-von-Braun-Str. 4
86368 Gersthofen
Tel.: 0821 / 499530
Fax: 0821 / 471969
www.signon.de
info@signon.de
Lasershows

Sprengkraft
Bürgerm.-Pütz-Str. 123-125
47137 Duisburg
Tel.: 0203 / 445464
Fax: 0203 / 445464
www.sprengkraft.de
info@sprengkraft.de
Pyrotechnik

tarm Lasertechnik GmbH
Rombacher Hütte 6-10
44795 Bochum
Tel.: 0234 / 45907400
Fax: 0234 / 43676
www.tarm.com
info@tarm.de
Lasershows

**VR Project - Projektleitung
by PCall® EDV Soft- & Hardware**
Postfach 1231
85588 Vaterstetten
Tel.: 08106 / 351081
www.vrproject.de
info@vrproject.de
Organisation

Werbeagentur Florstedt GmbH
Schwerinstr. 30
45476 Mülheim / Ruhr
Tel.: 0208 / 4090899
Fax: 0208 / 4090898
www.lookalikes.de
post@doubles.de
Künstleragentur

■ **Ambient Media**

acquiro Marketing und Projekte
Turnerweg 13
91074 Herzogenaurach
Tel.: 0800 / 112244-0
Fax: 0800 / 112243-0
www.acquiro.de
info@acquiro.de
Sanitärwerbung

AD-ACCESS-Zündholz Riesa GmbH
Paul-Greifzu-Straße 22
01591 Riesa
Tel.: 03525 / 8980
Fax: 03525 / 898410
www.zuendholzriesa.de
service@zuendholzriesa.de
Zündholzwerbung

**advertact Gesellschaft für
Sonderwerbeformen mbH**
Kielinger Str. 8
83071 Stephanskirchen
Tel.: 08036 / 9088300
Fax: 08036 / 9089414
www.advertact.de
info@advertact.de
Apotheken (Bodenwerbung)

ALVERN media GmbH
Mexikoring 19
22297 Hamburg
Tel.: 040 / 639063-0
Fax: 040 / 639063-63
www.alvern.de
info@alvern.de
Zapfpistolen

ambientas media-GmbH
Herzog-Georg-Weg 53
85604 Zorneding
Tel.: 0700 / 25807060
www.ambientas.net
mail@ambientas.net
Gastronomie, Hochschulen, Raststätten, Tablettwerbung

**AMDRE
Visuelle Werbe-Handels-GmbH**
Heinestr. 5
49406 Drentwede
Tel.: 04246 / 95153
Fax: 04246 / 95152
www.printshop24.de
info@amdre.de
Druckerei für Bierdeckel

amecon GmbH
Robert-Bosch-Str. 80 / 2
73431 Aalen
Tel.: 07361 / 9244-0
Fax: 07361 / 9244-22
www.amecon.de
info@amecon.de
Werbung in Bädern

**andré Werbung auf
Einkaufswagen GmbH**
Lichtenfelser Str. 10
93057 Regensburg
Tel.: 0941 / 695300
Fax: 0941 / 67685
www.andre-werbung.com
andre@andre-werbung.com
Plakatwerbung an Einkaufswagen

Adressen: Ambient Media

APCOA Autoparking GmbH
Postfach 23 04 63
70624 Stuttgart
Tel.: 0711 / 94791-0
Fax: 0711 / 94791-59
www.apcoa.de
zentrale@apcoa.de
Parkhaus (Ticket)

b.a.s. beach advertising system germany gmbh
Am Strande 1 - 3
23743 Groemitz
Tel.: 04562 / 22399-0
Fax: 04562 / 26656-20
www.basgermany.de
info@basgermany.de
Badestrand (Strandkörbe)

Bader Media GmbH
Blumenthalstr. 29
50670 Köln
Tel.: 0221 / 1207174-0
Fax: 0221-1207174-4
www.bader-media.com
info@bader-media.com
Inflight-Entertainment, Flugzeugwerbung dba

Blanda Promotions
Gotthelfstr. 24
81677 München
Tel.: 089 / 22807161
Fax: 089 / 22807162
www.blanda-promotions.de
info@blanda-promotions.de
Bäckertüten, Edgar-Cards, Gratispostkarten, Bierglasuntersetzer, Zündhölzer, Servietten, Sampling, Einkaufstüten, Kinokarten, Videotheken etc.

Boomerang Medien GmbH
Theodorstr. 42-90, HS. 6
22761 Hamburg
Tel.: 040 / 31992020
Fax: 040 / 31992099
www.boomerang-medien.de
info@boomerang.de
Werbung an Hochschulen, Gratispostkarten

campagne marketing-kommunikation
Am Kreuzsteinacker 2
79117 Freiburg
Tel.: 0761 / 7079810
Fax: 0761 / 7079812
www.campagne-online.de
tonne@campagne-online.de
Tonnenwerbung

Campus direct
Stöckigstr. 2
95463 Bindlach
Tel.: 09206 / 6580
Fax: 09208 / 658081
Hochschulen (Promotion)

cartel X - culture promotion
Zeißstr. 81
22765 Hamburg
Tel.: 040 / 39902771
Fax: 040 / 39900901
www.cartelx.de
office@cartelx.de
Gastronomie, Trendshop (Flyer, Gratispostkarten, Magazine)

**Cassidy & Laib
Indoor-Werbemedien**
Rathenower Str. 22
10559 Berlin
Tel.: 030 / 68302440
Fax: 030 / 68302442
www.indoor-medien.com
info@indoor-medien.com
Sanitärwerbung

Createam Zündholzwerbung GmbH
Bergerstr. 6
79312 Emmendingen
Tel.: 07641 / 954180
Fax: 07641 / 9541810
www.zuendis.de
Zündhölzer

**Deutsche Hochschulwerbung
Athanasios Roussidis e.K.**
Neuer Zollhof 1
40221 Düsseldorf
Tel.: 0211 / 3854890
Fax: 0211 / 38548929
www.deutsche-hochschulwerbung.de
info@hochschulwerbung.de
Werbung an Hochschulen

DIN A 12
Olbrichtstr. 21
69469 Weinheim
Tel.: 06201 / 996016
Fax: 06201 / 996017
www.din-a12.de
post@din-a12.de
Ambient Media, Werbung in Sportstätten

Duni GmbH & Co. KG
Robert-Bosch-Str. 4
49565 Bramsche
Tel.: 05461 / 82-0
Fax: 05461 / 82-201
www.duni.de
grossverbraucher@duni.de
Serviettenwerbung

Hammann Screens GmbH
Dornaper Str. 16-18
42327 Wuppertal
Tel.: 02058 / 899-66
Fax: 02058 / 899-30
www.hammann-screens.de
post@hammann-screens.de
Präsentationssysteme, mobiles Kino

Adressen: **Ambient Media**

hermsen artikel für gast und rast
Siemensstr. 27
47533 Kleve
Tel.: 02821 / 7337-0
Fax: 02821-7337-33
www.hermsen.de
info@hermsen.de
Werbeservietten

Herzapfelhof Lühs GmbH & Co. KG
Osterjork 102
21635 Jork / Altes Land
Tel.: 04162 / 8954
Fax: 04162 / 8160
www.herzapfelhof.de
info@herzapfelhof.de
Apfelwerbung

Ille Papier-Service GmbH
Industriestr. 28
63674 Altenstadt
Tel.: 06047 / 9800
Fax: 06047 / 98070
www.ille.de
info@ille.de
Papierhandtücher, Toilettenpapier

INAS Instore Advertising und Service GmbH
Burghauser Str. 1
84503 Altötting
Tel.: 08671 / 88630
Fax: 08671 / 886329
www.inas-media.com
kontakt@inas-advertising.de
Einkaufswagen, Einzelhandel

Kartinka GmbH & Co. KG
Gotthard-Str. 21-23
99084 Erfurt
Tel.: 0361 / 265260
Fax: 0361 / 2652626
www.kartinka.de
info@kartinka.de
Freecards / CityNews

KloMotion
Hauptstr. 59
07768 Reinstädt
Tel.: 036422 / 20431
Fax: 036422 / 20438
www.klomotion.de
service@klomotion.de
Sanitärwerbung

Lokus Pokus GmbH
Goethestr. 30
34119 Kassel
Tel.: 0561 / 7394433
Fax: 0561 / 7394432
www.lokuspokus.de
info@lukuspokus.de
Sanitärwerbung

Look! Werbeflächen
Bullerdeich 14
20537 Hamburg
Tel.: 040 / 248279-0
Fax: 040 / 248279-79
www.lookads.de
info@lookads.de
Sanitärwerbung, Getränkeuntersetzer, Spindwerbung, Duschwerbung, Schwimmbadwerbung

**Media Consult:
Ambient Media Marketing GmbH**
Hattingerstr. 405
44795 Bochum
Tel.: 0234 / 90146-0
Fax: 0234 / 90146-290
www.ambient-media.de
info@ambient-media.de
Ambient Media

Meyer / Stemmler Gmbh & Co KG
Auf dem Hahnenberg 22
56218 Mühlheim / Kärlich
Tel.: 02630 / 505-0
Fax: 02630 / 505-20
www.dierolf.de
info@meyerstemmler.de
Bäckertüten

Mohr-Werbung
Bahnhofstraße 19
59939 Olsberg
Tel.: 02962 / 2300
Fax: 02962 / 6300
www.olsberg-online.de
service@mohr-werbung.de
Zündholzwerbung

**novum!
Werbemedien GmbH & Co. KG**
Adolfstr. 6
30169 Hannover
Tel.: 0511 / 768796-0
Fax: 0511 / 768796-22
www.novum4u.de
info@novum4u.de
CityCards, Sampling

Pizzboxx GmbH
Laufertorgraben 2
90489 Nürnberg
Tel.: 0911 / 58687830
Fax: 0911 / 58687877
www.pizzboxx.de
deuerling@pizzboxx.com
Pizzaschachteln

Adressen: Ambient Media

PLP Außenwerbung GmbH
Schulstr. 2-4
40721 Hilden
Tel.: 0210 / 3398575
Fax: 0210 / 3398573
www.plp.de
info@plp.de
City-Light-Plakate im Parkhaus, Parkhauswerbung

**Prolog
Reiseunterlagenservice GmbH**
Behringstr. 2
68623 Lampertheim
Tel.: 06206 / 92900
Fax: 06206 / 929014
www.prolog.org
ticket@prolog.org
Flugtickethüllen, Bahntickethüllen

Robert Strobl
Fünfing 14
A - 8181 St. Ruprecht/Raab
Tel.: 0043 / 3178 / 2464
Fax: 0043 / 3178 / 2462
www.apfelwerbung.at
robert.strobl@a1.net
Apfelwerbung

Rüd Pro Gastro
Heilsbergstr. 31
79247 Hilzingen
Tel.: 07731 / 924960
Fax: 07731 / 924976
www.rued.ch
info@rued.info
Werbeservietten

SCHOOL- Deutsche Schulmarketing GmbH Schulen und Schulträger
Heidelberger Str. 65/67
12435 Berlin
Tel.: 030 / 28048210
Fax: 030 / 28048219
www.schoolboard.de
berlin@school.de
Werbung an Schulen

Sit & Watch
Meller Str. 2
33613 Bielefeld
Tel.: 0521 / 52168-24
Fax: 0521 / 52168-25
www.sit-watch.de
info@sit-watch.de
Sanitärwerbung

**spread blue media group gmbh
Schulmedien und Schulmarketing**
Gladbecker Str. 27
46236 Bottrop
Tel.: 02041 / 1866020
Fax: 02041 / 1866029
www.spread-blue.de
info@spread-blue.de
Werbung an Schulen

Tengler Match
Hebbelstraße 57
85055 Ingolstadt
Tel.: 0841 / 95477-13
Fax: 0841 / 95477-630
www.tengler.de
match@tengler.de
Werbezündhölzer

Thomas Cook AG Media Sales
Zimmersmühlenweg 55
61440 Oberursel
Tel.: 06171 / 651818
Fax: 06171 / 653033
Inflight-Entertainment Thomas Cook

THT GmbH & Co. KG
Stephanienstr. 42
40211 Düsseldorf
Tel.: 0211 / 1712813
Fax: 0211 / 1712815
www.tht-werbeflaechen.de
info@tht-werbeflaechen.de
Sanitärwerbung

ToiMedia
Körnerstr. 6
65185 Wiesbaden
Tel.: 0611 / 9009903
Fax: 0611 / 9009905
www.toiletten-werbung.de
info@toimedia.de
Sanitärwerbung

UnitedScreens Media AG
Beta-Strasse 9 a
85774 Unterföhring
Tel.: 089 / 95840-0
Fax: 089 / 95840-123
www.unitedscreens.de
werbung@unitedscreens.de
Bildschirme an Tankstellen, United Screens

Verlag Deutsche Polizeiliteratur
Forststr. 3a
40721 Hilden
Tel.: 0211 / 7104-190
Fax: 0211 / 7104-174
www.vdpolizei.de
vdp.anzeigenverwaltung@vdpolizei.de
Malbücher, Verkehrserziehung, Schulen

Adressen: **Ambient Media**

Verlagsgruppe Handelsblatt GmbH
GWP media-marketing

Kasernenstr. 67
40223 Düsseldorf
Tel.: 0211 / 8872364
Fax: 0211 / 887972364
www.gwp.de/lufthansa
f.scheuerer@vhb.de

Inflight-Entertainment Lufthansa

Z New Media Solutions GmbH
Büro Berlin

Müggelstr. 17
10247 Berlin
Tel.: 030 / 27571600
Fax: 030 / 27571609
www.z-newmedia.de
info@z-newmedia.de

Ambient Media, Full-Service

Z New Media Solutions GmbH
Büro Wiesbaden

Wiesbadener Landstr. 18
65203 Wiesbaden
Tel.: 0611 / 95055-22
Fax: 0611 / 95055-77
www.www.z-newmedia.de
info@z-newmedia.de

Ambient Media, Full-Service

creativ collection CI-perfect®
– der neue Weg zum Corporate Identity

1. Perfekt Präsentieren

Die neuen CI-Vorlagen verleihen der Gestaltung ein durchgängiges Erscheinungsbild. Alle CI-Vorlagen können präsentationsreif aufeinander abgestimmt werden: Farbe, Hintergrund, Schatten oder Darstellungsstil.

2. Präsentationen gewinnen

Der Kunde sieht sofort, wie sein neues Logo auf 250 verschiedenen Werbeträgern wirkt. Das erleichtert ihm die Entscheidung und überzeugt ihn schneller.

Testdateien im Internet: www.ccvision.de

Hunderte neutrale Präsentationsvorlagen

Aus dem gesamten Spektrum der Werbemittel:
Briefbögen, Umschläge, Geschäftskarten, Verpackungen, Tragetaschen, T-Shirts, Plakatwände, Kinoleinwände, Autos, Flugzeuge…

1. Schneller Entwurf

Finden Sie zügig das gewünschte Fahrzeug im übersichtlichen Register des neuen Handbuchs oder mit dem digitalen Suchsystem auf CD.

Platzieren Sie Ihre Gestaltung auf den maßstabsgetreuen Fahrzeugzeichnungen. Wählen sie mit einem Klick die Lackflächen des Autos aus und färben Sie es ein. Ausdrucken – und fertig!

2. Professionelle Präsentation

Überzeugen Sie Ihre Kunden durch eine schnelle und aussagekräftige Präsentation Ihrer Entwürfe. Alle Fahrzeugdateien sind zum direkten Ausdrucken auf DIN A4 angelegt.

Jedes Fahrzeug in fünf exakten Ansichten

creativ collection CAR-SPECIAL
Fahrzeugbeschriftung effizient und kostensparend in drei Schritten.

Alle aktuellen Fahrzeuge griffbereit
840-seitiges Handbuch mit allen PKWs, LKWs, Lieferwagen, Bussen, Bahnen, Container übersichtlich sortiert. Alle Fahrzeuge in Front-, Heck-, Seiten- und Dachansicht. Inklusive Maßstabsfolie, Gestaltungstipps und Info-Anhang.

Toller Service inklusive!
Durch den Aktualitäten-Service ohne zusätzliche Kosten sind sie immer auf dem aktuellen Stand: kurzfristig Lieferung aller neuesten Modelle, auch online! Einzelheiten siehe Bestellabschnitt.

 Online Testen! www.ccvision.de

3. Sauberer Plott
Durch den Einsatz von professionellen Fahrzeugvorlagen kommen sie schneller zum Ergebnis und haben weniger Folienverschnitt. So macht die Arbeit mehr Freude und bringt mehr Gewinn.

Für alle gängigen Programme
4 CDs mit insgesamt 15.000 Einzeldarstellungen in den Formaten AI, EPS und CDR. CDR zusätzlich in 1:1-Darstellung. Inklusive digitalem Suchsystem. Auf Wunsch auch DXF.

Testdateien im Internet:
www.ccvision.de

Stichwortverzeichnis / Register

3D-Produktwerbung
auf Dachträgern 153
3D-Plakate 44

A

A1-Plakate am Bahnhof 135
A2-Plakate im Nahverkehr 122
Adwings 166
Airport-INFOSCREEN 177
Allgemeinstellen 33
Alp Media Poster 219
Ambient Media 247
Anhänger 160
Anzeigen Deutsche Bahn 130
Anzeigen in Bordmagazinen 168
Anzeigentafeln 208
Apfelwerbung 256
Asphaltwerbung 57, 268, 274
Augenkameras 28
Ausstellungsflächen 175

B

Bäckertüten 268
Bäder 275
Bahn & Bike 130
Bahnhöfe 131
Ballons 189, 235
Ballonwerbung 189, 239
Bandenwerbung 203, 210
Banner 59, 133, 211, 278
Bannerflug 193
Barockfeuerwerke 243
Bauschilder 90
Baustellenwerbung 89
Bauzäune 89
BeamBoards 138

Belegungsdauer 25
Bemannte Fesselballons 229
Bergsport 215
Berliner Fenster 112
Betriebszeitentafeln 217
Bewertungsmethoden
von Plakatstandorten 18
Bierdeckel-Sampling 251
BigBanner 133
Binnenschiffe 121
Blimps 226
BlowUps 85
Bodenwerbung 57, 118, 136, 178
Bogen-Format 34
Bord-TV 170
Bordmagazine 168
Broschürenaushang 127
Brückenwerbung 58
Buchstabenbanner 194
BusLight-Poster 107
Busse 97, 105

C

Cam Carpets 207
Cinema Panels 173
CinemaCards 259
CinemaLights 262
City Key Visuals 87
CityLight-Board 49, 179
CityLight-Plakate
(CLP) 40, 131, 179, 267
Coloramen an Flughäfen 170
Coloramen an Bahnhöfen 134

D

Dachträger 152
Deckenbanner 174
Dekadenplan 26, → *siehe CD*
Dia-Projektionen 81
Dia-Werbung 81
Digitaldruck 21
Displays (Bäder) 279
Doormedia 274
Doppelpack 203
Drachen 192
Drehbandenwerbung 204, 211
Druckverfahren 20
Duschwerbung 276

E

Einkaufswagen 264
Einkaufszentren 263
Einzelbuchstaben 71
Einzelhandel 263
Eis-Skulpturen 239
Eishockey 210
Entfernungstest 28
Erfrischungstücher 169
Erlebnis-/Spaßbäder 275
Essensverpackungen 255
Events 225
Events in Bahnhöfen 140

F

Fahnen 59, 183, 214
Fahrgast-TV in ICE-Zügen 128
Fahrgastfernsehen 108, 115, 128
Fahrplan 130

Stichwortverzeichnis / Register

Fahrradanhänger 162
Fahrradtaxis 164
Fahrscheintaschen 130
Farben 11, 24
ferngesteuerte Luftschiffe 226
ferngesteuerte Ballons 226
Fernverkehrsmittel 119
Fernzüge 124
Fesselballons 226
Feuerwerk 243
Flaschenwerbung 268
Floor-Graphics
→ *siehe Bodenwerbung*
Fluggeräte 192
Flughäfen 170
Flugzeuge 166
Folientechnik 94
Food-Verpackungen 255
FreeCards 248, 259, 287
Freihängende Werbeflächen 174
Fruit-Advertising 256
Fußball 203
Fußbodenwerbung
→ *siehe Bodenwerbung*

G

Ganzsäulen 37
Gastronomie 248
Gebäudeverhüllung 83
Gepäckbänder 176
Gepäckwagen 176
Gestaltung 10
Getränkeuntersetzer 251
GetUps 207
Gleitschirme 192
Gondelwerbung 221
Gratispostkarten 248, 259, 287
Gross Rating Points (GRP) 18

Großdisplays (Bäder) 279
Großflächen 29, 117, 132
Großflächenformat 19, 30
Großflächenplakate 29, 117, 132
Güterwagen 120

H

Hartfasertafel-Aushänge 64
Heckträger 151
Heißluftballons 186
Heliposter 196
Handtücher 281
Hissflaggen 59
Hochschulen 285
Hörfunk in ICE-Zügen 127

I

Ice Carving 239
ICE-Züge 124
Individuelle Ballons 186, 231
Infoscreen 113, 177
Innenraumbanner (Eishockey) 211
Internationale
Raumstation (ISS) 245

K

Kaltluftdisplays 231
Kassenbons 266
Kindergärten 282
Kino 257
Kino-Eintrittskarten 259
Kinofaltblatt 259
Kinofassaden 258
Kinotoiletten 263
Klassische Plakatwerbung 15

Kopfstützen 150
Kur- und Heilbäder 275

L

Laser Show 236
Laserprojektionen 236
Lastkraftwagen 141
Laufrichtung 21
LED-Tafeln 79
Leuchtballone 228
Leuchtkästen 73
Leuchtkoffer 176
Leuchtsäulen 51
Leuchtschrift 69
Leuchttransparente 73
Licht-Echo 74
Lichtmastschilder 62
Linsenraster 44
Litfaßsäulen 33
LivingFlip 44
LivingImage 44
LivingDimensions 44
LKW 141
Lokomotiven 119
Luftschiffe 189, 226
Luftwerbung 185

M

Magnetkarten für Schließfächer 131
Malbücher 284
Malhefte 282
Malplakate 283
Massenstarts 235
Mastenschilder 62
Medien an Gebäuden 67
Medien an Straßen 47
Medien an Bahnhöfen 131

Stichwortverzeichnis / Register

Mega-Air-Poster 234
Mega-Mobil-Banner 160
MegaLight-Poster 49
Megaprints (Eishockey) 214
Metallschmuckfarben 11, 24
Mobile 18/1-Plakate 157
Mobile Werbeträger 157
Motorroller 163
Müllfahrzeuge 146

N

Nah- und Fernverkehrsmittel 119
Nassdehnung 22
Nassklebeverfahren 24
Nassreißfestigkeit 21
Norm-Farbtafel 70
Nytoskop 28

O

Oberrangwerbung 204
Öffentlicher
Personennahverkehr 96
Offsetdruck 20
Oldtimer 154
Opazität 25

P

Panoramatafeln 215
Papier (Klassische
Plakatwerbung) 21
Papierplakate in IC, EC und ICE 125
Paraglider 192
Parkhäuser 267
Perimeter 28
Permanent-Werbung 203

Pistenmarkierungstafeln 217
Pizzakartons 255
Plakat-Media-Analyse (PMA) 19
Plakatanhänger 160
Plakatbanner 194
Plakate im Fernverkehr 124
Plakate im Nahverkehr 122
Plakate in Schulen 283, 286
Plakate in U-Bahnen 116
Plakatkampagnen 18
Plexiglasbande 210
PMA 119
Popcorntüten 260
Postertrain 158
Postkarten 208, 248, 259, 287
Präsentation 177
Presenting 208
Pre-Test 12
Prismavisionsanlagen 77
Prismenwender 77
Privatfahrzeuge 154
Promotion 129, 140, 214
Prospektverteilung 126
Pylone 56, 179
Pyrotechnik 243

R

Reflektierende Werbung 145
Reiseunterlagen 130, 168
Reiseplan 130
Reiseverbindungen 130
Rikschas 164
Riesenposter 85, 182
Rotoren 65
Rucksäcke 294
Rumpfflächen 97, 102

S

S-Bahnen 122
Sampling 126, 169, 252, 282
Sanitärwerbung 253, 263
Säulenspiegel 35, 36
Schildkasten-Werbeanlagen 73
Schleppbanner 193
Schlepplift-Bügel 220
Schulen 283
Schulhefte 285
Schwimmbäder 275
Scooter 163
Seitenscheibenplakate 105, 122
Seitenwandplakate 122
Servietten 252
Sessellift-Bügel 220
Sessellifthauben 221
Siebdruck 20
Sitzbänke 137
Skiliftwerbung 220
Ski-Ständer, -Bänke 218
Sky-Poster 196
SkyDancer 233
SkyGuys 233
Snowboard-Ständer, -Bänke 218
Sonderpanoramen 219
Sondervermarktung 203
SPA-Anlagen 275
Spannbänder 59
Spannsegel (Eishockey) 214
Spanntransparente 58
Spanntuch-Technik 74
Spezialmittler 17
Spezialwerbeflächen
(Bergsport) 216
Spiegel-Displays 74
Spindwerbung 278
Sponsoring 200, 214

Stichwortverzeichnis / Register

Sponsoring-Pakete 212
Sportwerbung 199
Stadioncards 208
Standballons 231
Standpylone 56
Stereoskopisches Tachistoskop 28
Straßenbahnen 102, 105
Straßensondernutzungs-
gebühren 64
Stromkästen 63
Superposter 75
SwingCards 123

T

Tachistoskop 27
Tankstellen 269
Tankstellen-Dialights 272
Tankstellen-Leuchtkästen 272
Taschen aus LKW-Planen 145
Taschen aus Riesenpostern 88
Tausendkontaktpreis 18
Taxis 148
Ticketautomaten 139
Tickettaschen 168
TimeLight-Poster 54
TKP 18
Toilettenwerbung 253, 263
Towel Bags 281
Townboards 63
TRACE 27
Tracing Advertising
Campaign Effectiveness 27
Traffic Board 99
TrafficBanner 101
Trailer 160
Train-Infoscreen 108
TrainLight-Poster 124
Transparente 73

TrendLights 249
Treppenstufen-Werbung 117
Tunnelwerbung 123
Türen (Tankstellen) 274

U

U-Bahnen 108
U-Bahnstationen 113
Uhrensäulen 53
Uhrentafeln 217
United Screens 270
Universitäten 285
Untereiswerbung 211
Unterfütterung 38

V

Velotaxis 164
Verkehrserziehung 284
Verkehrsmittelwerbung 93
Videoboards 79
Videowürfel 211
Vinylnetze 85
Vision Wall 178
Vitrinen an Bahnhöfen 138
Vitrinen an Flughäfen 175

W

Wandrotoren 65
Wandwerbeflächen 172
Warenproben 126, 169, 252, 282
Wasser & Licht 241
Waterscreens 241
Watershields 241
WelcomeBag 288
Werbe-Rikscha 164

Werbeanhänger 160
Werbebanner 59, 133, 211, 278
Werbebike 162
Werbeflächen an Türen 274
Werbemonitor 27
Werbepostkarten 208, 248, 259, 287
Werberotoren 65
Werbetürme 55, 179
Werbung an
Flughafengebäuden 182
Werbung am Spieler 212
Werbung auf der Eismaschine 212
Werbung im Weltraum 245
Window-Grafics-Folie 97

Z

Zapfpistolen 269
Zappelmänner 233
Zeppeline 189
Zielgruppenaffinität 17
Zigarettenautomaten 251